ADAC Reiseführer

Türkei Südküste

**Strände und Buchten · Antike Stätten · Sport
Landschaften · Museen · Hotels · Restaurants**

von Erica Wünsche

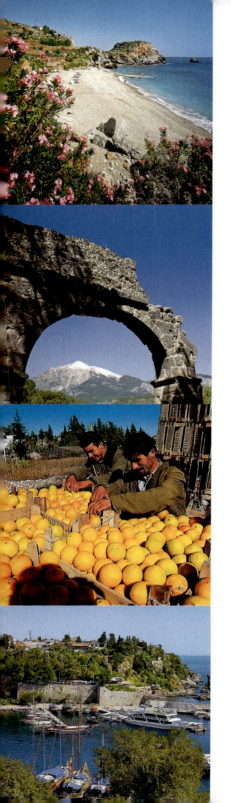

☐ Intro

Türkei Südküste Impressionen   6

Riviera des Ostens

**Geschichte, Kunst, Kultur
im Überblick**   12

Vom legendären Troja über das
Reich der Byzantiner und Seldschuken
zur modernen Türkei

☐ Unterwegs

**Lykien – wildromantische
Türkisküste, Heimat der Götter
und Helden**   18

- **1** Fethiye 19
  Bucht von Fethiye und
  Ölü Deniz 22
- **2** Xanthos 24
- **3** Letoon 29
- **4** Tlos 30
- **5** Pinara 35
- **6** Patara 39
- **7** Kalkan 43
- **8** Kaş 45
- **9** Kyaneai 48
- **10** Üçağız 49
- **11** Kale und Kekova 51
- **12** Demre/Myra 53
  Theater 54
  Meernekropole 54
  Flussnekropole 56
  Nikolauskirche 56
- **13** Andriake 61
- **14** Limyra 62
  Felsnekropolen 64
  Römische Unterstadt 67
  Perikles-Grabmal und
  Akropolis 67
- **15** Arykanda 69
- **16** Hochebene von Elmalı 72
- **17** Kumluca 75
- **18** Rhodiapolis 75
- **19** Olympos 76
- **20** Chimaira/Chimäre 78

21 Phaselis 79
22 Kemer 84
23 Beldibi 87

Die Türkische Riviera – blühende Landschaft mit lebendiger Geschichte 88

24 Antalya 90
Südöstliche Altstadt 91
Nördliche Altstadt 94
Archäologisches Museum 96
Die Strände von Kundu und Lara 98
Saklıkent, Bakırlı Dağ 99
25 Termessos und Termessos-Nationalpark 100
26 Düzlerçamı-Nationalpark 106
27 Karain 107
28 Perge 108
29 Sillyon 114
30 Belek und Aspendos 115
31 Köprülü Kanyon-Nationalpark und Selge 121
32 Side/Selimiye 125
33 Manavgat und Seleukeia 135
34 Karaburun und Alara-Han 137
35 Serapsu-Han 139
36 Alanya 139

Kilikien – hohe Berge, stolze Burgen, boomende Wirtschaft und wenig Touristen 145

37 Laertes und Antiocheia ad Cragum 147
38 Anamur 148
39 Ayatekla 150
40 Silifke 151
41 Alahan 153
42 Demircili und Uzuncaburç/Diokaisareia 155
43 Narlıkuyu und Korykische Grotten 158
44 Korykos/Kızkalesi 160
45 Provinz Mersin 161
46 Tarsus 163
Ausflüge 165
47 Adana 165
48 Karatepe 169

Türkei Südküste Kaleidoskop

Ausflug nach Dalyan und zum Strand
 von Iztuzu 20
Patara für Tierfans 40
Familien gestern und heute 75
Türken und Kurden 90
Wenn Ahmed in die Schule geht .. 124
Kleine Paradiesgärten: Teppiche 129
Weltberühmte Dichter:
 Yaşar Kemal und Orhan Pamuk 166
Mohammed, der Islam und die moderne
 Türkei 168
Die Kunst des Feilschens 177
Das kulinarische Wörterbuch 178
Traumstrände und Türkisbuchten 182

Türkei Südküste –
die schönsten Wanderungen

Von Kaya Köyü nach Ölü Deniz 23
Die Schlucht von Saklıkent 25
Tour zur Schmetterlingsbucht 35
Auf abenteuerlichen Pfaden:
 der Lykische Weg 38
Von Kalkan nach Patara 42
Die Schlucht von Göynük 87

Karten und Pläne

Türkei Südküste:
 vordere und hintere Umschlagklappe
Xanthos 26
Patara 41
Limyra 66
Arykanda 69
Phaselis 82
Antalya 94
Termessos 102
Perge 110
Side 128
Alanya 142
Adana 167

Service

Türkei Südküste aktuell A bis Z   173

Vor Reiseantritt 173
Allgemeine Informationen 173
Anreise 175
Bank, Post, Telefon 175
Einkaufen 176
Essen und Trinken 179
Feste und Feiern 179
Klima und Reisezeit 180
Kultur live 180
Moscheen 181
Museen und Ausgrabungsstätten 181
Nachtleben 181
Sport 181
Statistik 182
Unterkunft 182
Verkehrsmittel im Land 183

Sprachführer   184

Türkisch für die Reise

Register   189

Liste der lieferbaren Titel 188
Impressum 191
Bildnachweis 191

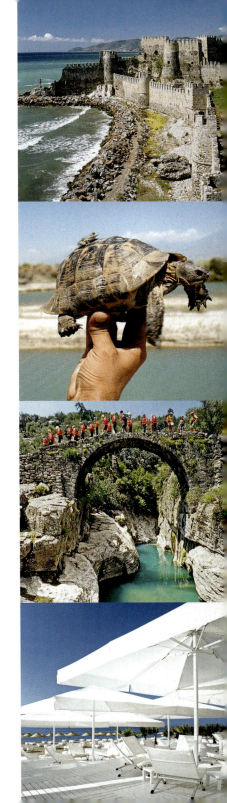

Leserforum

Die Meinung unserer Leserinnen und Leser ist wichtig, daher freuen wir uns von Ihnen zu hören. Wenn Ihnen dieser Reiseführer gefällt, wenn Sie Hinweise zu den Inhalten haben – Ergänzungs- und Verbesserungsvorschläge, Tipps und Korrekturen – dann kontaktieren Sie uns bitte:

**Redaktion ADAC Reiseführer
ADAC Verlag GmbH
Hansastraße 19, 80686 München
Tel. 089/76 76 41 59
reisefuehrer@adac.de
www.adac.de/reisefuehrer**

Türkei Südküste Impressionen
Riviera des Ostens

Herrliche duftende Orangen- und Zitronenhaine, exotisch blühende Bananenstauden, Oleander, Palmen, Feigen- und Maulbeerbäume an einer Küste, die durch bewaldete oder kahlgraue Felsberge begrenzt wird: Die türkische Südküste verdient in weiten Abschnitten wahrhaftig den Namen ›Riviera des Ostens‹. Denn wo sonst im östlichen Mittelmeer sind Uferzonen durch zwei- bis dreitausend Meter hohe **Bergbarrieren** vor kalten Nordwinden geschützt? Wo sonst gibt es im Schutz der Berge genügend Winterregen, welche die Schwemmlandebenen der Flüsse in fruchtbare Gärten Eden verwandeln? Hier gedeihen nicht nur Agrumen, Bananen, Aprikosen, Gemüse und Erdnüsse, hier liegt auch das größte **Waldgebiet** des Mittelmeerraums. Es hat in weiten Bereichen seinen ursprünglichen, typisch mediterranen Charakter bewahrt und besteht aus Steineichen, Erdbeerbäumen, Terebinthen und Baumheiden, aus wild wachsenden Öl-, Johannisbrot- und Judasbäumen. Andere Waldgebiete, speziell in den Bergen, sind mit Rot- und Schwarzkiefern aufgeforstet, die mit ihrem Duft ganze Regionen erfüllen.

Oben: *Die türkische Südküste wird zu Recht Riviera des östlichen Mittelmeers genannt. Ob kleine oder große Boote: Die Küste bietet allen gute Hafen- und Ankerplätze*
Rechts oben: *Das Theater von Aspendos gehört zu den bedeutendsten Stätten der Antike – und doch ist es nur eines von insgesamt dreißig in dieser Region*
Rechts Mitte: *Zarter Duft entströmt der Blüte der Meerstrandnarzisse (Pancratium maritinum)*
Rechts unten: *Ölü Deniz bei Fethiye. In zahllosen Buchten können Urlauber ihren Lieblingsstrand entdecken, es muss nicht unbedingt der berühmteste sein …*

Die türkische Südküste ist längst nicht so stark durch Halbinseln und vorgelagerte Inseln zergliedert wie die Westküste, dennoch weist auch sie deutlich unterscheidbare Regionen auf. Im Westen steht wie ein markanter Eckpfeiler Kleinasiens der **Lykische Taurus**. Wo sich sein Küstensaum dem Meer vermählt, liegen sand- und kiesgerahmte einsame Buchten, die in ihrer Gesamtheit als ›türkisblaue Küste‹ gepriesen werden. Der fruchtbare Mittelabschnitt zwischen Antalya und Alanya gilt als Herz der Riviera, während der östliche Küstenbereich – das antike **Kilikien** – mit seiner teils wilden, teils kultivierten Karstlandschaft weniger lieblich wirkt. Doch auch hier bietet die Küste, was viele Urlauber erseh-

Links: *Alanya wurde mit seinen sehenswerten Bauten und feinen Stränden schon 1965 von den Touristen entdeckt*
Mitte: *Das nur 40 Zentimeter hohe Relief am Sarg einer Frau rührt noch nach zweitausend Jahren ans Herz. Wollkorb, Fächer und Spindel erinnern an ihr Leben, Schwalbe, Schmetterling und Tür an den Übergang ins Jenseits (Museum Side)*
Unten: *Junge Schauspieler vor alten Masken: Am Theater von Myra schlugen Bildhauer Masken in den Fels, wie sie die Darsteller in der Antike trugen*

nen: Sonne, lange Sand- und Kieselstrände; **Badesaison** von April bis Oktober!

Eine Urlaubsregion im Wandel

Jahrhundertelang lag diese Region in einem tiefen Dornröschen-Schlaf, nur kleine Fischerdörfer existierten entlang der Küste. Das Machtzentrum des Osmanischen Reiches war weit entfernt in Konstantinopel, dem heutigen Istanbul; die Handelsrouten führten an den meisten Häfen der Südküste vorüber. Die Region war unwichtig geworden und weitgehend entvölkert.

Mittlerweile hat sich das gründlich geändert. Große Hotels, eingebettet in blühende Gärten und Palmenhaine, entstanden in den einst einsamen Buchten. Ausgestattet sind sie mit allem Komfort, den die Sonnenhungrigen sich von ihrer Urlaubsdestination erwarten. Hier treffen sich Urlauber aus aller Herren Länder. Waren es jahrzehntelang vor allem Mitteleuropäer, die die Türkei ansteuerten, so entdecken seit der Jahrtausendwende mehr und mehr Russen den Reiz dieser Region für sich. Spektakuläre Hotelneubauten wie das architektonisch dem Kreml nachempfunden Kremlin Hotel bei Antalya tragen dieser neuen Klientel Rechnung.

Oben: *Die steilen Felswände der lykischen Westküste – wie hier in Myra – boten sich für großzügig angelegte Höhlengräber geradezu an*
Unten: *Geduldig wartet die Bäuerin am Markttag auf Käufer, den eigentlichen Handel übernimmt der Ehemann*

Die meisten Resorts werden als All-Inclusive-Anlagen betrieben, was das Urlaubsbudget schont. Niemand sollte sich von dieser Rundumversorgung jedoch davon abhalten lassen, die vielen Sehenswürdigkeiten entlang der Türkischen Riviera zu erkunden.

Antiker Glanz und moderne Städte

Denn hier sind durch Archäologen antike Stätten freigelegt worden, die auch dem Laien in imponierender Weise griechisch-römische Kultur vor Augen führen. In Aspendos gibt es das besterhaltene Theater der gesamten Antike, in Perge und Side wandert man auf Straßen, die römische Kaiser und christliche Apostel benutzten.

Zugleich erleben Städte wie Antalya ein rasantes Wachstum. Dank des boomenden Tourismus ist der dortige Flughafen inzwischen der zweitgrößte der Türkei, die Einwohnerzahl hat sich seit den 1970er-Jahren verzehnfacht – und steigt weiter. So kann der Urlauber dort ins türkische Alltagsleben eintauchen, über ausgedehnte Basare schlendern und in riesigen Shoppingcentern auf Schnäppchenjagd gehen.

Oben: *Die Reichhaltigkeit türkischer Märkte an frischem Gemüse und Obst ist faszinierend. Oft vergessen wir, dass unsere Küche durch türkische Zuwanderer um viele Gemüsesorten bereichert wurde*
Unten: *Baumwollpflücker in der Çukurova. Die Türkei gehört zu den größten Baumwollproduzenten der Welt*
Oben rechts: *Touristen schätzen nostalgische Souvenirs wie die traditionellen Kupfer- und Messinggefäße*

Unten Mitte: *Vitaminschub und fruchtiger Genuss in einem: auch frische Granatäpfel sind auf türkischen Märkten im Angebot.*
Unten: *Ein Café schmiegt sich an die Festungsmauern in Antalyas Altstadt*

Mittlerweile haben sich an der türkischen Südküste übrigens viele Deutsche dauerhaft niedergelassen, in der Region um Antalya sollen es bis zu 20 000 sein.

Der Reiseführer

Dieser Band möchte dem interessierten Urlauber die bedeutendsten Stätten der **türkischen Südküste** nahebringen. In drei Hauptkapiteln folgt die Autorin der geographischen Gliederung von West nach Ost, ohne bestimmte Fahrtrouten vorzugeben. Erprobte Rundgänge führen durch Städte und antiken Stätten.

Übersichtskarten, Stadtpläne sowie **archäologische Grabungspläne** erleichtern die Orientierung. Die **Top Tipps** bieten Empfehlungen zu Sehenswürdigkeiten, Restaurants, Hotels oder Stränden. Den Besichtigungspunkten sind **Praktische Hinweise** mit Tourismusbüros sowie verschiedene Hotel- und Restaurantadressen angegliedert. Der **Aktuelle Teil** bietet alphabetisch geordnet Nützliches von Informationen vor Reiseantritt über Einkaufstipps und Sportmöglichkeiten bis zu Verkehrsmitteln im Land. Hinzu kommt ein umfassender **Sprachführer**. Ein **Kaleidoskop** von Kurzessays zu landesspezifischen Themen wie z. B. den sozialen Verhältnissen oder der Handwerkskunst rundet den Reiseführer ab.

Geschichte, Kunst, Kultur im Überblick
Vom legendären Troja über das Reich der Byzantiner und Seldschuken zur modernen Türkei

Die Chimäre gehört zu den lykischen Fabelwesen, die bis heute in unserem Sprachschatz existieren

250 000 v. Chr. Früheste Spuren nomadisierender Jäger in der Karain-Höhle, die bis ins 1. Jh. v. Chr. sporadisch bewohnt war und dann als Kultort galt.
7000 v. Chr. Zeichnungen in der Grotte von Beldibi.
1750–1200 v. Chr. Die Südküste gehört zum Einflussbereich des hethitischen Großreichs. Vielleicht sind die Lykier das in hethitischen Texten erwähnte ›Volk der Luka‹. Kilikien ist in dieser Zeit ein wichtiges Ausfallgebiet der Hethiter nach Süden (Kämpfe und Verträge mit Ägypten).
um 1180 v. Chr. Zerstörung von Troja. Nachhall der Kämpfe in der ›Ilias‹. Homer erwähnt das »tapfere und reiche Volk« der Lykier als Verbündete der Trojaner. Griechische Siedler wandern unter den sagenhaften ›Gründern‹ Mopsos und Amphilochos nach Pamphylien ein. Die Einwanderer gehören verschiedenen Stämmen an (Pamphylien = alle Stämme) und mischen sich in der Folgezeit mit den Einheimischen.
1050–850 v. Chr. Spätethitische Kleinkönigreiche.
840–800 v. Chr. Der hethitische Kleinkönig Asitawanda errichtet die Sommerresidenz von Karatepe.

546 v. Chr. Die Perser erobern die Südküste und setzen Satrapen als Statthalter ein; die lykischen Dynasten regieren in der Folgezeit relativ selbstständig. Es entstehen einzigartige Pfeiler-, Haus- und Felsgräber in Lykien.
ab 500 v. Chr. Zusammenschluss lykischer Städte im Lykischen Bund. Seine Bedeutung schwindet jedoch in der römischen Kaiserzeit.
um 480 v. Chr. Harpyien-Monument in Xanthos.
469 v. Chr. Seeschlacht am Eurymedon: Die Flotte des Atheners Kimon besiegt die Perser.
429 v. Chr. Die Xanthier besiegen ein Flottenkontingent der Athener.
Anfang 4. Jh. v. Chr. Das Nereïden-Monument in Xanthos entsteht. Es verbindet in seiner Architektur lykische und griechische Bauformen miteinander.
um 380/360 v. Chr. Der lykische Dynast Perikles errichtet das Mausoleum von Limyra.

Einer der überraschendsten Funde aus hethitischer Zeit war die Schiffsabbildung im Palast von Karatepe

334/333 v. Chr. Alexander der Große erobert von Makedonien aus die Südküste und überwintert in Phaselis. Die Städte blühen auf und schmücken sich mit Bauten im griechischen Stil. Griechisch wird Amtssprache.
323 v. Chr. Tod Alexanders. Die kleinasiatische Halbinsel wird in der Folgezeit zum großen Streitobjekt seiner Nachfolger. Wechselnde Vorherrschaft der Seleukiden und der Ptolemäer.
190 v. Chr. Aspendos gerät unter die Herrschaft von Pergamon.
159–138 v. Chr. Attalos II. von Pergamon gründet Attaleia (Antalya).
133 v. Chr. Das Reich von Pergamon fällt durch Testament des letzten Königs (Attalos III.) an Rom. Von nun an stärkeres Engagement Roms an der Südküste, die durch ihre Häfen für das Römische Reich strategisch sehr interessant wird.
1. Jh. v. Chr. Einrichtung der Provinz Kilikien, die allerdings vorwiegend Pamphylien umfasst.
79 v. Chr. Der römische Statthalter Verres plündert den Artemis-Tempel in Perge und entwendet dabei kostbare Statuen und Weihegeschenke.
67 v. Chr. Pompejus befreit das östliche Mittelmeer von den Piraten und siedelt einen Teil von ihnen in Kilikien an.
41 v. Chr. Begegnung von Kleopatra und Antonius in Tarsos.
31 v. Chr. Oktavian besiegt Antonius und begründet als Kaiser Augustus eine fast 250-jährige Friedensperiode.
um 10 n. Chr. Paulus wird als ›Saulus‹ und Sohn jüdischer Eltern in Tarsos geboren.

Für die alten Griechen war die ganze Natur beseelt und teilweise personifiziert. So entquillt das Flusswasser des Kestros einer Amphore, auf die sich der Flussgott stützt (Theater von Perge)

um 50 Paulus missioniert in Kleinasien, besucht Attaleia und Perge.
1. und 2. Jh. Die römischen Kaiser bereisen die Südküste. Von ihnen oder zu ihren Ehren werden in den Städten Ehrentore, Brunnen und Getreidespeicher gestiftet.
2. Jh. Die hl. Thekla stirbt in Kilikien (Meryamlik).
um 280 Der hl. Nikolaus wird in Patara geboren. Anfang des 4. Jh. wählt ihn die Gemeinde von Myra zu ihrem Bischof.
284–305 Kaiser Diokletian. Trennung der Verwaltung in Ost- und Westrom. Unterteilung der Provinzen in ›Diözesen‹. Das Christentum gewinnt an Boden.
ab 330 Die Südtürkei gehört zum Byzantinischen Reich, das von christlichem Glauben, römischem Recht und griechischer Sprache bestimmt wird.
392 Kaiser Theodosius I. verbietet die heidnischen Kulte. Die großen Tempel werden zu Kirchen umgebaut oder dienen als Steinbrüche.
399 Die Goten greifen Selge an.
650 Arabische Überfälle an der pamphylischen Küste; Verfall der Städte.
860–869 Antalya von Arabern besetzt.
1071 In der Schlacht von Manzikert/Malazgırt (Ostanatolien) schlagen die muslimischen Seldschuken das byzantinische Heer. Sie errichten nun in Zentralanatolien ein Sultanat mit der Hauptstadt Konya. In der Folge entsteht im Stil der seldschukischen Architektur die Zitadelle von Alanya.
12.–13. Jh. Christliche Armenier übersiedeln von Ost-anatolien nach Kilikien und errichten kleine Königreiche.
1190 Kaiser Friedrich Barbarossa ertrinkt auf dem dritten Kreuzzug im Saleph (Göksu Çayı) vor Silifke.
1207 Antalya geht endgültig in seldschukischen Besitz über.
1220 Ausbau der Festung Alanya.
1231–39 An den wichtigen Handelsstraßen der Südküste lassen die Seldschuken Karawansereien errichten.
1471 Die Osmanen erobern Silifke.
1481–1512 Sultan Beyazıt gliedert Antalya ins Osmanische Reich ein.
1517 Die ganze Südküste gehört zum Osmanischen Reich, das nun auch Syrien, den Libanon und Ägypten umfasst.
17. und 18. Jh. Viele Häfen der Südküste versanden. Das Christentum verliert (u. a. infolge hoher Besteuerung) Anhänger, wird jedoch geduldet.
ab dem 19. Jh. Der aufkommende Nationalismus stellt das Osmanische Reich vor eine Zerreißprobe. Griechenland (1827), Moldau und Walachei (1859) und Serbien (1878) erringen die Unabhängigkeit. In Nordafrika gehen Ägypten und Tunesien verloren. Das Osmanische Reich wird zum ›Schwachen Mann am Bosporus‹.
1908/09 Die Verschwörung der Jungtürken zwingt den Sultan zur Anerkennung einer Verfassung.
1912/13 In den Balkankriegen verliert das Osmanische Reich bis auf Istanbul und Adrianopel alle europäischen Gebiete.
1918 Im Ersten Weltkrieg kämpft das Osmanische Reich auf der Seite Deutschlands und Österreichs. So zählt es auch zu den Verlierern des Krieges. Palästina, Irak und Syrien gehen endgültig verloren. Der Waffenstillstand von Mudros erlaubt den Alliierten, strategisch bedeutende Orte in der heutigen Türkei zu besetzen und reduziert das Reich auf Anatolien. Das Gebiet um Smyrna (Izmir) fällt an Griechenland, die Südküste gerät unter italienischen und französischen Einfluss.
1919–22 Gegen den Verlust der nationalen Integrität erhebt sich Widerstand in Bevölkerung und Militär. Unter dem Generalinspekteur der türkischen Truppen Mustafa Kemal beginnt am 19. Mai

1919 (heute Nationalfeiertag) der Türkische Befreiungskrieg. Er endet mit der Eroberung Smyrnas (Izmir) durch türkische Truppen im September 1922.

1923 Mustafa Kemal (Atatürk) ruft die Türkische Republik aus, die im Frieden von Lausanne ihr heutiges Staatsgebiet erhält. Der Vertrag sieht zudem einen Bevölkerungsaustausch zwischen Griechenland und der Türkei vor, der insgesamt über 2 Mio. Menschen betrifft. Er belastet bis heute das Verhältnis der beiden Staaten.

ab 1924 Kemal setzt die Trennung von Staat und Religion durch, führt die lateinische Schrift ein und sorgt für die rechtliche Gleichstellung von Mann und Frau. Zudem führt er erstmals Nachnamen ein. Für ihn wählt das Parlament den Namen ›Atatürk‹, Vater der Türken. Um die Republik zu stabilisieren, propagiert Atatürk den türkischen Nationalismus, dem sich die auf türkischem Gebiet lebenden Völker unterordnen sollen. Seine CHP (Republikanische Volkspartei) ist einzig zugelassene Partei. Der sog. Kemalismus, der sich an der Politik Atatürks orientiert, wird zur Staatsräson der Türkei.

1938 Nach dem Tod Atatürks führt Ismet Inönü dessen Politik fort.

1939–45 Die Türkei bleibt im Zweiten Weltkrieg neutral.

1946 Präsident Inönü gibt wachsendem Druck aus der CHP und der Bevölkerung nach und lässt eine weitere Partei, die DP (Demokratische Partei), zu.

ab 1950 Adnan Menderes und seine DP gehen aus den ersten freien Wahlen in der Türkei als Sieger hervor. Er wendet sich teilweise vom Kemalismus ab, will die Trennung von Staat und Islam abschwächen und beginnt schließlich, gegen die Opposition vorzugehen.

Mustafa Kemal Atatürk, der Vater der modernen Türkei

1952 Durch den Beitritt zur NATO vermeidet die Türkei, unter sowjetischen Einfluss zu geraten.

1960 Mit einem Putsch setzt das Militär den zunehmend autokratisch regierenden Menderes ab, 1961 wird er zum Tode verurteilt. Im gleichen Jahr übergibt das Militär die Regierung wieder an Zivile. Künftig versteht es sich als eigentlicher Schützer des Kemalismus.

1975 Bülent Ecevit von der kemalistischen CHP verliert die Macht an Süleyman Demirel von der konservativen AP (Gerechtigkeitspartei). Demirel regiert mit einer ›Nationale Front‹ genannten Koalition, der auch die islamistische MSP (Nationale Heilspartei) und die nationalistische MHP (Nationalistische Aktionspartei) angehören. Gemeinsam setzen sie sich für eine ›türkisch-islamische Synthese‹ ein. In den folgenden Jahren spitzen sich die sozialen Probleme in der Türkei zu, Ausschreitungen zwischen Linken und Rechten, kemalistischen und islamischen Gruppen sind an der Tagesordnung.

1980 Unter General Kenan Evren putscht sich das Militär an die Macht und setzt Demirel ab. Vorübergehend verbietet es alle Parteien.

ab 1980 Die Zahl der Touristen wächst. Die Erschließung der Küstenregionen und der Ausbau der Infrastruktur beginnen. Unter Ministerpräsident Turgut Özal von der ANAP (Mutterlandspartei) erlebt die Türkei eine Phase der wirtschaftlichen Liberalisierung. Die Exporte steigen ebenso wie die Inflation Dominierender Flügel in der ANAP sind die gemäßigten Islamisten, die in den folgenden Jahren viele Posten im Innen- und Erziehungsministerium übernehmen.

ab 1984 Im Südosten der Türkei kommt es zum Aufstand der Kurden, die als ›Bergtürken‹ keine Autonomie besitzen.

ab 1987 Die Türkei beantragt die Vollmitgliedschaft in der EG. Zwar nehmen die Staats- und Regierungschefs der EU sie 1999 in die Riege der Beitrittskandidaten auf, machen eine Entscheidung für den Verhandlungsbeginn allerdings von der strikten Einhaltung der sog. Kopenhagen-Kriterien abhängig, die den Schutz von Minderheiten und eine demokratische und rechtsstaatliche Ordnung fordern.

1993 Die Wirtschaftsprofessorin Tansu Çiller wird Ministerpräsidentin. Während ihrer Regierungszeit erlebt die Türkei eine Phase der wirtschaftlichen Stagnation, zugleich eskaliert der Kurdenkonflikt. Erstmals kommt es zu massiven gegen den Tourismus gerichteten Terroranschlägen der kurdischen Arbeiterpartei (PKK) in Antalya.

1995 Auch wegen der wirtschaftlichen Probleme gewinnen islamistische Gruppierungen an Zulauf. Die islamistische RP (Wohlfahrtspartei) zieht als stärkste Kraft ins Parlament ein. Im folgenden Jahr übernimmt deren Vorsitzender Necmettin Erbakan das Amt des Ministerpräsidenten.

1996 Zollunion für gewerblichen Handel zwischen EU und Türkei.

1997 Necmettin Erbakan richtet die Außenpolitik der Türkei neu aus und sucht die Annäherung an islamische Länder wie Iran, Pakistan oder Indonesien. Zudem verschleppt er das vom Nationalen Sicherheitsrat geforderte Vorgehen gegen islamistische Tendenzen. Auf Druck des Sicherheitsrates tritt Erbakan zurück.
1998 Das Verfassungsgericht verbietet Erbakans Wohlfahrtspartei. Umgehend gründen ihre Anhänger eine neue, ähnlich orientierte Partei, die FP (Tugendpartei). 2001 wird auch sie verboten.
1999 Der türkische Geheimdienst verhaftet PKK-Führer Abdullah Öcalan in Kenia. Die gegen ihn verhängte Todesstrafe wandelt das Parlament durch die Aufhebung der Todesstrafe in Friedenszeiten in eine lebenslange Haftstrafe um. Unter Ministerpräsident Bülent Ecevit setzt die türkische Regierung Reformen um, die sich auch gegen die weit verbreitete Folter durch Militär und Polizei richten. Trotz ihrer Erfolge zerbricht seine Regierung 2002 an Korruptionsvorwürfen und einer sich verschärfenden Wirtschaftskrise.
2002 Die konservativ-islamische AKP unter Recep Tayyip Erdoğan, gegründet als Nachfolgerin der Tugendpartei, erringt bei den Parlamentswahlen die absolute Mehrheit. Ihr vorrangiges Ziel ist der Beitritt der Türkei zur EU. Um ihn zu ermöglichen, stärkt sie die Menschenrechte, weitet die Pressefreiheit aus und drängt den Einfluss des mächtigen Militärs zurück. Konterkariert werden diese Maßnahmen durch einen Paragrafen des Strafgesetzbuches, der die Herabwürdigung des Türkentums und der türkischen Republik unter Strafe stellt. Zu den auf seiner Grundlage Angeklagten gehört Literaturnobelpreisträger Orhan Pamuk, den das Gericht aber freispricht. Erst 2008 wird das Gesetz wieder abgemildert.
2005 EU und Türkei beginnen die Verhandlung über den Beitritt. Gleichzeitig erlebt die Türkei einen enormen wirtschaftlichen Aufschwung. Selbst die Finanzkrise der Jahre 2007/08 übersteht sie fast unbeschadet. Zwischen 2003 und 2011 vervierfacht sich ihr Bruttosozialprodukt.
2006 Der türkische Schriftsteller Orhan Pamuk gewinnt den Literaturnobelpreis.
2007 Die Kandidatur Abdullah Güls von der AKP für das Präsidentschaftsamt löst eine schwere innenpolitische Krise aus. Das Militär, sieht die säkulare Ordnung der Türkei in Gefahr und droht indirekt sogar mit einem Putsch. Nach Neuwahlen und einer Verfassungsänderung kann Gül sich schließlich durchsetzen.
2008 Das von der AKP dominierte Parlament erlaubt Studentinnen das Tragen von Kopftüchern an der Universität.
2011 Ministerpräsident Erdoğan verfügt den Abriss eines Denkmals in Kars nahe der türkisch-armenischen Grenze, das an den Völkermord an den Armeniern während des Ersten Weltkriegs erinnern soll. Die populistische Entscheidung ist wohl den Parlamentswahlen im Juni geschuldet. Tatsächlich siegt Erdoğans AKP mit deutlichem Vorsprung.
2012 Frankreich stellt die Leugnung des Genozids an den Armeniern in den 1910er-Jahren unter Strafe. Es kommt zu diplomatischen Verwerfungen zwischen Paris und Ankara.

Demonstration für die Trennung von Staat und Kirche

Unterwegs

Der Tempel des Apoll in Side – traumhaft am Meer gelegen

Lykien – wildromantische Türkisküste, Heimat der Götter und Helden

Lykien gehört zu den schönsten Landschaften der Türkei. Im Zentrum liegt der **Lykische Taurus**, ein herbes, großartiges Bergland mit 2000–3000 m hohen, viele Monate im Jahr schneebedeckten Gipfeln, mit Hochebenen, Almen und Bergseen, Wäldern, Wasserfällen und Schluchten. Mehrere **Flüsse** haben sich vom Hochland einen Weg zur Küste gebahnt. Niemals schiffbar, versorgten sie doch die Anrainer mit Frischwasser und fruchtbarem Erdreich. Schon Homer schwärmt in der ›Ilias‹ von den »schäumenden Fluten des Xanthos« und dem »reichen Volk des großen lykischen Landes«. Der **Waldreichtum** besaß früh wirtschaftliche Bedeutung und ist bis heute beeindruckend.

Die **Küste** wechselt zwischen Steilhängen und Schwemmlandebenen, sie bezaubert durch Buchten, Halbinseln sowie kleine und größere vorgelagerte Inseln, die teilweise in griechischem Besitz sind. Es gibt nur wenige Küsten, die Seglern so herrliche Ankerplätze bieten: glasklares Wasser, das an seichten Stellen auf dem Meeresgrund jeden Stein, ja häufig sogar die Mauerreste versunkener Städte erkennen lässt, Lichtreflexe, die das Meer türkisgrün oder tiefblau leuchten lassen, verschwiegene Buchten, in denen man – als sei man allein auf der Welt – ankern, baden, surfen und sich sonnen kann!

Geschichte Bis ins Dunkel der Frühzeit scheint Lykiens Geschichte zurückzureichen. Ausgrabungen in der Umgebung von Elmalı haben Siedlungsreste der frühen **Bronzezeit** (2600–2200 v. Chr.) ans Licht gebracht und in den Annalen des hethitischen Großreichs (1750–1200 v. Chr.) werden Handelsbeziehungen zum ›Volk der Luka‹ erwähnt, bei dem es sich wohl um die Lykier handelte. Laut Herodot wanderten die Lykier aus **Kreta** ein.

Im 6. Jh.v.Chr. kam Lykien unter **persische Herrschaft**. Alexander der Große befreite das Land endgültig von der persischen Vorherrschaft, doch war die Südwestecke Kleinasiens unter den ihm nachfolgenden Diadochen wieder hart umstritten. Schon damals gab es den berühmten, fast legendären **Lykischen Bund**, von dem erst der griechische Geschichtsschreiber Strabo (64 v.– 23 n.Chr.) Genaueres berichtet. Zu Strabos Zeit bestand er aus 23 stimmberechtigten Städten, die Abgeordnete zu einem Bundes-

Kristallblau ist das Meer um die Yassica-Inseln in der Bucht von Göcek bei Fethiye

1 Fethiye

kongress entsandten. Die bedeutendsten Städte besaßen je drei Stimmen, andere zwei oder nur eine; kleinere Orte schlossen sich auch zu einer Sympolitie (einer gemeinsamen Stimme) zusammen. Die Abgesandten wählten für ein Jahr einen Lykiarchen, dazu Bundesbeamte und Rechtsausschüsse. Aus jeder Stadt wurden untergeordnete Beamte und Geschworene für die Bundesgerichte ausgewählt. Strabo erwähnt, dass der Kongress sogar während der Zugehörigkeit zum Römischen Reich noch viele Fragen eigenständig regelte.

Bei der Ausbreitung des Christentums spielte Lykien eine bedeutende Rolle. **Paulus** besuchte es auf einer seiner Missionsreisen und früh entstanden wohlhabende Gemeinden. Der **hl. Nikolaus** wirkte und starb in **Myra**, seine Grabeskirche blieb bis 1923 ein viel besuchter Wallfahrtsort. Durch die Versandung der Häfen verlor jedoch die Landschaft nach und nach an Bedeutung und Lykien versank in schläfrige Provinzialität.

Erst das Aufkommen des Massentourismus seit den 1970er-Jahren brachte wieder Leben in die Region. Inzwischen zählt sie zu den meistbesuchten Destinationen am Mittelmeer.

Traumbucht der Segler mit wunderbar feinen Sandstränden, zu denen auch der ›schönste Strand der Türkei‹ am Ölü Deniz gehört.

An der Staatsstraße Nr. 400, 50 km vom Flughafen Dalaman; am weiten, von Bergen umgebenen Golf von Fethiye.

Fethiye ist eine moderne Stadt, die ihre Anziehungskraft auf Urlauber ihrer Lage an einer zauberhaften Bucht verdankt. Am Berghang, vom Ortskern gut zu erkennen, existiert eine zweite Stadt: Dort hinterließen uns die Menschen der Antike ihre *Häuser der Toten*. Seit mehr als zwei Jahrtausenden widerstehen sie allen Erdbeben.

Geschichte In der Antike hieß Fethiye *Telmessos* und gehörte noch im 5. Jh. v. Chr. nicht zu Lykien, wahrscheinlich hat erst der Dynast Perikle [s. S. 62 f.] Telmessos zu Lykien geschlagen. 334 v. Chr. ergab sich die Stadt Alexander d. Gr. Hier empfing er die Botschafter, die ihn nach Phaselis in Ostlykien einluden [Nr. 21].

Nach Alexanders Tod gehörte Telmessos kurze Zeit den Ptolemäern, dann den

1 Fethiye

Attaliden, kam 133 v. Chr. an Rom und wurde 43 n. Chr. Teil der Doppelprovinz Lycia et Pamphylia.

451 wird der Bischof von Telmessos als Teilnehmer des Konzils von Chalcedon erwähnt; seit dem Mittelalter hieß die Stadt ›Makri‹ (griech. = die Lange, lang Gestreckte) und erst nach dem Wegzug der Griechen erhielt sie 1934 den Namen Fethiye. 1957 wurde die Siedlung von einem Erdbeben so schwer zerstört, dass nur einige Straßenzeilen mit Altstadthäusern vor dem Felshang im Südosten der Stadt erhalten blieben.

Wichtigster Wirtschaftszweig ist heute der Tourismus. Außerdem leben die Menschen vom Hafen, in dem das Chromerz aus dem Kızıl Dağ verschifft wird. Die Türkei ist einer der größten Chromexporteure der Welt.

Besichtigung Fethiye umgreift die gesamte, von einer Halbinsel geschützte Bucht gleichen Namens. Die meisten **Hotels** befinden sich in ihrem Norden, am kieseligen Çaşlı-Strand. Von dort sind es gut 6 km zur Altstadt. Dank vieler Dolmuşe bereitet die Anfahrt aber keine Probleme. Weitaus schöner als mit dem Bus ist allerdings die Fahrt mit einem der **Water Taxis**, die zwischen Hotels und Innenstadt verkehren.

Wichtigste Straße der Altstadt ist die **Atatürk Caddesi**. Sie führt vorbei an einem blumenbunten Park, zum Jachthafen. Nur wenige Schritte von ihm entfernt stößt man auf das antike **Theater** (Fevzi Çakmak Cd). Einst hatten dort bis zu 5000 Zuschauer Platz. Beim Rundgang stößt man am Straßenrand, auf kleinen Plätzen und zwischen Häusern auf Einzelsarko-

Ausflug nach Dalyan und zum Strand von Iztuzu

Dalyan ist gut 60 km von Fethiye entfernt. Der kleine Ort wird mangels großer Hotels vor allem von Tagesausflüglern aus Marmaris und Fethiye angesteuert. Sie finden hier, was andernorts an der türkischen Küste selten geworden ist: fast unberührte Natur.

Damit das so bleibt, wurde das gesamte Mündungsdelta des Flusses Köyeğiz unter Schutz gestellt. Er strömt südlich von Dalyan durch wogendes Schilf ins Meer. Er mündet vor dem traumhaften Sandstrand von Iztuzu. Ausflugsboote durchqueren das Delta vom Hafen von Dalyan aus und zumindest während der Saison liegt immer ein Schiff bereit. Gegen 18 Uhr müssen alle Ausflügler den Strand wieder verlassen, denn dann beginnt die Schonzeit für die hier brütende Meeresschildkröte Caretta Caretta (s. S. 40)

Gut einen Kilometer von Dalyan entfernt stößt man auf die Ruinen des antiken Kaunos. Die einstige Hafenstadt ist mittlerweile 8 km vom Meer entfernt, erhalten blieben das einige Zuschauerränge des Theaters, eine Tempelruine sowie mehrere Höhlengräber.

Vor imposanter Bergkulisse erstreckt sich der feinsandige Strand von Iztuzu

1 Fethiye

Die Felsnekropole von Fethiye begrenzt weithin sichtbar das flache Stadtgebiet. Hier liegen Haus- und Tempelgräber dicht an dicht: Alle wurden bereits im Altertum ausgeraubt

phage. Diese Gräber zählen zu den schönsten ihrer Art und vertreten drei der vier bekannten lykischen Grabformen. Allen gemeinsam ist, dass der Tote nie *in*, sondern stets *über* der Erde bestattet wurde. Zunächst gibt es die auf einem Sockel **frei stehenden Sarkophage,** von denen derjenige neben der modernen Hauptstraße in der Nähe der Stadtverwaltung (Belediye) den Typ des *Schiffskiel-Sarkophags* vertritt. Diese Sarkophage setzen, wie man heute weiß, die Holzbauweise lykischer Häuser in Stein um und erinnern durch ihr spitzbogiges Dach mit First an einen Schiffskiel. Der Sarkophag stand jahrhundertelang im Wasser und muss zur abgesunkenen Nekropole der antiken Stadt gehört haben; die Erdaufschüttung nach dem Beben von 1957 verbreitete die Uferzone und stellte ihn wieder auf trockenen Boden.

An der Atatürk Caddesi befindet sich auch das kleine **Museum** (Tel. 0252/ 614 49 45, Di–So 8.30–12 und 13–17 Uhr) von Fethiye. Interessant sind der mit Jagdmotiven verzierte *Klinen-Sarkophag* aus Tlos (um 200 n.Chr.); ferner die wichtige dreisprachige *Inschriftenstele* vom Letoon [Nr. 3] und die schwer beschädigte, reliefverzierte *Stufenbasis vom Grabmal des Izraza* aus Tlos [Nr. 4], die wohl einst ein Pfeilergrab trug. Charles Fellows ließ 1843 Gipsabgüsse von den Kampfszenen anfertigen (Britisches Museum, London), die u.a. die Belagerung einer befestigten Bergstadt (Tlos?) zeigen. Bemerkenswert sind ferner Reliefs, die den keuleschwingenden *Kakasbos,* einen in Telmessos verehrten Lokalgott, als Reiter abbilden. Ob in seiner Erscheinung alte syrische Gottheiten fortleben, bleibt unentschieden.

Doch all das ist nur ein kleiner Vorgeschmack auf die größte Sehenswürdigkeit der Stadt. Denn unübersehbar sind die **Felsgräber,** die in die Steilwand am

Fethiye

Stadtrand geschlagen sind. Sie vertreten den Typus des *Tempelgrabs* sowie des *Hausgrabs,* wobei hier vom ionischen Tempel bzw. lykischen Haus lediglich die Fassaden übernommen wurden, während der in den Fels gearbeitete Grabraum ein schlichter Rechtecksaal ist. Eine ganze Anzahl von Felsgräbern liegt neben- und übereinander; zum aufwendigsten und schönsten, dem sog. **Grab des Amyntas**, führt eine Betontreppe empor. Das Grab ist in Form eines ionischen Tempels gestaltet und stammt aus dem 4. Jh.v.Chr., ursprünglich waren die Kapitelle und Giebelakrotere farbig gefasst. Der inschriftlich als »Amyntas, Sohn des Hermagios« bezeichnete Grabherr ist im Übrigen nicht bekannt. Die Vorhalle seines Grabs überrascht durch die perfekte Steinimitation einer antiken Tempeltür mit Türflügeln, Bronzebeschlägen und Schmuckrosetten.

Bucht von Fethiye und Ölü Deniz

Die volle Schönheit der bergumkränzten **Bucht von Fethiye** erschließt sich vor allem den Seglern, die hier einen Urlaub verbringen können. Da gibt es die von den Griechen verlassene **Insel Tersane**, ungezählte verschwiegene Felsbuchten wie die **Karpi-Bucht**, Sandstrände und in **Göcek** am Nordweststrand des Golfs eine Marina, die alle Versorgungseinrichtungen für Jachten besitzt.

Ausflugsboote fahren von Fethiye zu den **Badestränden** Küyük Kağı, Katrancı und Belceğiz. Und natürlich zum berühmtesten aller türkischen Strände, zum **Ölü Deniz** (= Totes Meer) in der von Kiefernwäldern gerahmten gleichnamigen Bucht. Wer früh kommt (im April/Mai) oder auch frühmorgens im Sommer, erlebt die ansonsten viel besuchte, weiße Lagune am türkisblauen Wasser noch immer als strahlendes Kleinod der Natur.

Wer Ölü Deniz von Fethiye aus mit dem Auto ansteuert, der passiert nach gut 4 km den verwunschen wirkenden Ruinenort **Kaya Köyü**. 1923, beim großen Bevölkerungsaustausch nach dem türkisch-griechischen Krieg, mussten ihn die Griechen verlassen. Seither ist der von einer markanten Burg bewachte Ort dem Verfall preisgegeben. Seine dachlosen Häuser ziehen sich den Hang hinauf, Büsche haben kopfsteingepflasterte Wege überzogen: Ein stiller, doch stimmungsvoller Ort vor karger Kulisse.

Praktische Hinweise

Information

Iskele Karşısı, beim Jachthafen, Fethiye, Tel. 02 52/614 15 27, www.fethiye.net

Hotels

****LykiaWorld Ölüdeniz**, 15 km südlich von Fethiye, 3 km von Ölü Deniz, Tel. 02 52/617 02 00, www.lykiaworld.com. Ausgezeichnetes Feriendorf am 750 m langen Kies-/Sandstrand.

****Letoonia Oteli/Club**, Paçarız Burnu (etwa 5 km nördlich von Fethiye), Tel. 02 52/614 49 66, www.letooniaresorts.com. Weitläufige und sehr schön gelegene Anlage auf einer Halbinsel im Golf von Fethiye. Neben einem kleinen Sandstrand auch Badeplateaus.

***Meri Oteli**, Ölü Deniz (16 km südlich von Fethiye), Tel. 02 52/617 00 01, www.hotelmeri.com. Am nördlichen Ufer der Bucht, herrlicher Blick; mit Privatstrand an der für Tagesausflügler frei zugänglichen Lagune.

1 Fethiye

Mag man Ölü Deniz auch mit noch so vielen Urlaubern teilen: Der Strand ist ein Traum

Von Kaya Köyü nach Ölü Deniz

Eine herrliche Wanderung durch alte Wälder führt vom Ruinenort Kaya Köyü hinunter zum Strand Ölü Deniz. Einfach sind es etwa 8 km. Zunächst geht es gut 100 Höhenmeter bergauf, sodann 300 Höhenmeter bergab.

Der Einstieg zur Wanderung befindet sich nahe der verfallenen Kirche von Kaya Köyü. Von dort weisen rote Punkte oder Pfeile den Weg entlang schattiger Pfade. Anfang und Ende der Tour erreicht man jeweils mit dem Dolmuş von Fethiye aus.

Lesern, die ein GPS-Gerät besitzen, schicken wir gern die **GPS-Daten** zu dieser Tour zu. Schreiben Sie dazu bitte eine E-Mail an reisefuehrer@adac.de, Betreff ›Ölü Deniz‹.

**Yacht Hotel, Yat limani karsisi, Fethiye, Tel. 02 52/614 15 30, www.yachthotel turkey.com. Nahe der Altstadt mit schönem Blick auf den Hafen..

Beyaz Yunus, Kidrak Yolu Uzeri 1, Ölü Deniz, Buchung nur über den britischen Anbieter Exclusive Escapes, www.exclusiveescapes.co.uk. Von der Terrasse blickt man weit hinaus auf die lykischen Berge, das Meer und den Strand von Ölü Deniz.

Restaurants

TOP TIPP **Antik**, Kilise Yanı Kaya Köyü, Tel. 0252/6180098. Das Lokal befindet sich neben der alten Kirche von Kaya Köyü. Besonders gut munden die Gözleme, dünne, mit Schafskäse mit Kräutern oder Hackfleisch gefüllte Teigfladen.

Işkele Restaurant, Yanı Gemi Iskele, Tel. 02 52/614 94 23. Die ganze Vielfalt der türkischen Küche von Fisch bis Fleisch in angenehmer Atmosphäre am Hafen.

Palm Restaurant, im Idee Hotel, Calis Beach, Tel. 02 52/622 11 64. Typisch türkische Feuertöpfe und Pfannengerichte.

1 Fethiye

Reis Restaurant, Hal ve Pazar Yeri 60, nahe dem Fischmarkt, Tel. 0252/6125368. Garantiert frischer Fisch, besonders, wenn man ihn sich direkt am Fischmarkt besorgt und dann im Lokal zubereiten lässt. Dazu leckere Beilagen.

Şat Beach Club, am Ende von Çaşli Beach, Tel. 0252/6132303, www.satbeachrestaurant.com. Hier gibt es Burger, Salate, Pizza und Salate.

2 Xanthos

Grabmäler von einzigartiger Schönheit – großartige Ruinenstätte im Xanthostal.

48 km südwestlich von Fethiye, 15 km nördlich von Kalkan beim Dorf Kınık. In der Dorfmitte von Kınık braunes Hinweisschild, auf Erdstraße 600 m bergan.

So bedeutend sind die steinernen Zeugnisse von Xanthos, dass die UNESCO sie 1988 in die Riege ihres Weltkulturerbes aufnahm.

Geschichte Bisher sind in Xanthos keine Siedlungsspuren vor dem 8. Jh.v.Chr. nachweisbar. Die ersten ›Schlagzeilen‹, die Xanthos macht, beziehen sich auf die schrecklichen Ereignisse anlässlich der Belagerung durch den persischen Feldherrn Harpagos 546 v.Chr. Herodot schildert in seinen ›Büchern der Geschichte‹ ausführlich, wie sich die Lykier im Xanthostal Harpagos entgegenstellten, vor ihm zurückweichen mussten und sich in der Stadt Xanthos verschanzten. Als ihre Situation ausweglos wurde, schlossen sie Frauen, Kinder und Sklaven in der Burg ein und zündeten diese an, sie selbst suchten im Kampf den Tod. Nur 80 Familien, die wahrscheinlich gerade auf den Yailas, den Sommerweiden, waren, überlebten und gründeten Xanthos neu.

Im 5. Jh.v.Chr. vernichtete ein Feuer Xanthos und schließlich folgte die dritte Katastrophe, als 42 v.Chr. der Caesarmör-

Durch die Schlucht von Saklıkent führt ein anspruchsvoller Wanderweg

2 Xanthos

Die ältesten und markantesten Gräber Lykiens sind Pfeilergräber, in denen der Tote hoch über der Erde bestattet wurde. Sollte der Verstorbene dem Himmel näher sein oder das Erdreich nicht verunreinigen? – Links das Harpyien-Grab

Die Schlucht von Saklıkent

Knapp 30 km östlich von Fethiye beginnt die **Schlucht von Saklıkent** (20 km östlich Fethiye auf der Straße 400, dann Richtung Kemer, ausgeschildert, alternativ mit Dolmuş ab Fethiye). Große Parkplätze, auch Restaurants und Andenkenläden befinden sich an ihrem Eingang. Nach dem Kassenhäuschen (ca. 4,5 L Eintritt) folgt man einem Holzsteg oberhalb des schnell dahinströmenden Fluss. Nach einiger Zeit endet der Weg an einem kleinen Kiesplatz.

Hier gilt es, den Strom zu überqueren – entweder allein, oder mithilfe der kräftigen Männer, die in der Hochsaison am Ufer bereit stehen. Anschließend geht es mal durch niedriges, dann wieder durch reißendes Wasser weiter. Die Warnhinweise, nur mit Führer weiterzugehen, sollte man beherzigen.

Da man unweigerlich nass wird, gilt es auch, Foto- oder Videokamera wasserdicht verpacken. Hin und wieder muss man sogar ein wenig klettern. Unterwegs ragen die Felswände bis zu 300 m hoch auf. Der ohne allzu große Probleme begehbare Weg endet an einem Wasserfall.

der **Brutus** vergeblich Geld und Truppenkontingente forderte. Als seine Soldaten schon innerhalb der Stadtmauern waren, zündeten die Xanthier den Rest der Stadt an, warfen ihre Frauen und Kinder ins Feuer und töteten sich gegenseitig. Brutus war über die sich abspielenden Szenen so erschüttert, dass er eine Belohnung für jeden geretteten Xanthier aussetzte – so überlebten 150 Bürger das Inferno.

Während der römischen Kaiserzeit, als Xanthos wieder zu Wohlstand kam, wurden die hiesigen Pfeilergräber schon als ›Antiquitäten‹ gewürdigt und bei Bauarbeiten notfalls sorgsam umgesetzt. In der **byzantinischen Epoche** entstanden mehrere Kirchen und ein Kloster, doch seit dem 10. Jh. veröete die Stadt nach mehreren Raubüberfällen und wurde nie wieder besiedelt.

Im Jahre 1838 entdeckte Charles Fellows Xanthos und konnte vom Sultan in Konstantinopel die Erlaubnis zum Abtransport großer Teile der Grabanlagen, u.a. vom Nereïden-Monument, erreichen. Erst seit 1950 wird die Ruinenstätte von

2 Xanthos

französischen Archäologen systematisch ausgegraben.

Besichtigung Die Ruinenstadt liegt 80 m über dem Koca Çayı, dem antiken Fluss Xanthos. So weit das Auge reicht überziehen mittlerweile Gewächshäuser seine fruchtbaren Ufer. Vom Dorf Kınık fährt man leicht bergan und gelangt auf den großen **Parkplatz** [1] am Rand der römischen Agora.

Vom Parkplatz geht man zunächst zum römischen Theater jenseits der Straße. Durch zwei am Rand aufgestellte **Pfeilergräber** [2] erhält es eine ganz besondere Note. Beide vertreten den Typ des lykischen Pfeilergrabs in schönster Ausprägung: Sinn der hohen Türme scheint der Glaube gewesen zu sein, dass die Seele der Verstorbenen von geflügelten Wesen (Sirenen) zu den Inseln der Seligen getragen werde und die Toten aus diesem Grund möglichst hoch über der Erde zu bestatten seien.

Das **Harpyien-Monument** besteht aus einem Sockel, über dem sich ein 5,43 m hoher Monolithpfeiler erhebt. Er trägt oben die von hellen Reliefplatten eingefasste Totenkammer. Der Tote lag also in luftiger Höhe. Dreistufig überkragende Platten bildeten ein Flachdach, das vielleicht von einer Statue bekrönt wurde. Da die Reliefs der Totenkammer 1,02 m und die überkragenden Deckplatten 0,65 m

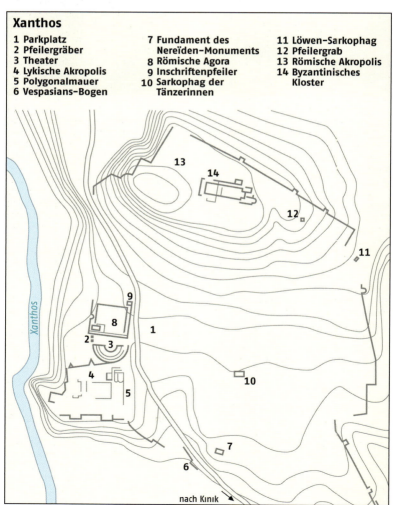

Xanthos
1 Parkplatz
2 Pfeilergräber
3 Theater
4 Lykische Akropolis
5 Polygonalmauer
6 Vespasians-Bogen
7 Fundament des Nereïden-Monuments
8 Römische Agora
9 Inschriftenpfeiler
10 Sarkophag der Tänzerinnen
11 Löwen-Sarkophag
12 Pfeilergrab
13 Römische Akropolis
14 Byzantinisches Kloster

2 Xanthos

hoch sind, muss das Pfeilergrab mit Aufsatz früher mindestens eine Höhe von 8 m gehabt haben.

Die Relieffriese der Totenkammer (hier Kopien; Originale im Britischen Museum, London) zeigen sitzende Gestalten, heroisierte Tote, die von Angehörigen Waffen, Eier, Granatäpfel, Blumen und Hähne als Opfergaben bekommen, während Mischwesen – halb Frauen, halb Vögel – die als Kleinkinder dargestellten Seelen der Toten forttragen. Fellows sah hier die sagenhaften Harpyien der Argonautensage dargestellt – so erhielt das Pfeilergrab seinen Namen. Heute spricht man von Sirenen, welche die Seelen der Verstorbenen zu den Inseln der Seligen bringen. Nach den qualitätvollen, einst rot und blau bemalten originalen Friesplatten wird das Monument in den Beginn des 5. Jh.v.Chr. (um 480) datiert.

Beim benachbarten **Pfeilergrab** ist der Pfeiler aus vier aufrecht stehenden Steinplatten zusammengesetzt und trägt auf der überkragenden Stufenplatte einen lykischen Sarkophag mit Spitzbogendeckel. Das Monument ist insofern einzigartig, weil hier Pfeiler- und Sarkophaggrab miteinander verbunden sind und der Pfeiler eine zweite Totenkammer enthält. In unmittelbarer Nachbarschaft steht ein weniger interessantes römisches Turmgrab (1. Jh.n.Chr.).

Das im 2. Jh.n.Chr. erbaute **Theater** [3] ist recht gut erhalten und weist typische Merkmale der Römerzeit auf: Die Seiteneingänge sind überwölbt und verbinden Zuschauerraum und die halbkreisförmige Orchestra mit dem Bühnenhaus zu einem Ganzen; wenn man sich das Bühnengebäude in voller Höhe vorstellt, ein fast moderner Raumeindruck. Von der Prunkfassade des *Bühnenhauses* liegen viele Trümmer am Boden. Römische Schauspiele wurden hier realistisch aufgeführt, d.h., man ließ ein Haus abbrennen oder enthauptete einen zum Tode Verurteilten, wenn das Stück solche Szenen vorschrieb.

Nun geht man auf den Stufen des Zuschauerraums empor und betritt die **Lykische Akropolis** [4], deren Ruinenbestand infolge mehrfacher Zerstörung und Neubebauung ziemlich unübersichtlich ist. Mauerreste einer byzantinischen *Kirche*, eines lykischen Gebäudes *(Palast?)*, einer *Zisterne* und eines kleinen *Heiligtums* sind auszumachen. Hinreißend ist der Ausblick vom steilen Westabfall des Akropolishügels über den Xanthos-Fluss und das weite, von Bergen

gesäumte Tal. Im nicht einsehbaren Oberlauf ist der Fluss wild und schnell, südlich von Xanthos weiten sich Flussbett und Tal. Hier werden verschiedene Gemüse, vorwiegend Tomaten, angebaut.

Wendet man sich anschließend nach Osten und verlässt den Hügel, so ist auf der Ostseite der Akropolis die schöne, aus dem 5. Jh.v.Chr. stammende, **Polygonalmauer** [5] zu bewundern, in die ein Pfeilergrab eingemauert wurde.

Interessierte gehen auf der Straße knapp 200 m zurück in Richtung Kınık und entdecken auf der westlichen Straßenseite im Gebüsch die Reste des *Stadttors* und des **Vespasians-Bogens** [6]; auf der Ostseite der Straße steht das **Fundament des Nereïden-Monuments** [7]. Im Nereïden-Monument wurde erstmalig eine Verbindung von altlykischen Elementen mit griechischen Tempelformen vorgenommen, durch die ein völlig *neuer Grabtyp* entstand. Lykisch ist der hohe Sockel, die rechteckige, an drei Seiten von Totenbetten umgebene Grabkammer, aber auch die Thematik der Reliefs an Sockel und Architrav. Sie zeigen u.a. die Belagerung und Eroberung einer lykischen Stadt mit zinnenbewehrten Mauern. Doch nun nimmt ein ionischer Tempel die Stelle eines lykischen Sarkophags oder Hausgrabs ein. Dieser neue, äußerst dekorative Grabtyp machte Schule: Wir finden ihn in den Mausoleen von Trysa und Limyra [Nr.14] und, in riesige Dimensionen gesteigert, im Grabmonument des Satrapen Mausolos von Halikarnassos (377–353 v.Chr.).

Von den leider sehr enttäuschenden Resten des Nereïden-Monuments geht man zurück zur nur teilweise ausgegrabenen **Römischen Agora** [8], die auf dem Gelände der lykischen Agora entstand und von Säulenhallen umgeben war. Direkt am Ostrand steht ein schönes **Hausgrab** aus römischer Zeit, das auf einem Stufensockel das typisch lykische, flach gedeckte Holzwohnhaus als Haus des Toten – in Stein übersetzt – zeigt.

Für die Forschung außerordentlich wichtig ist ein nicht ganz so imponierendes Denkmal am Nordrand der Agora: der **Obelisk** oder **Inschriftenpfeiler** [9]. Er ist Teil eines ursprünglich 11 m hohen Pfeilermonuments, das eine reliefverzierte Grabkammer trug und von einer Rundplastik gekrönt war (Relieffragmente im Archäologischen Museum, Istanbul).

Außerordentlich an diesem Grab ist die vollständige Beschriftung des mono-

2 Xanthos

Auch der ›Inschriftenpfeiler‹ war ursprünglich ein hohes Grabmonument

lithischen Pfeilers, die in lykischer Sprache und einem zwölfzeiligen griechischen Epigramm die Taten eines Kherei, Sohn des Harpagos, preist. Das Epigramm fasst den langen lykischen Text zusammen, der durch die vielen Eigennamen historisch eingeordnet werden konnte. Danach besiegte Kherei 429 v. Chr. eine von Athen gesandte Flottenexpedition, die von Melesandros geführt wurde. Ziel der Athener war, von Xanthos finanzielle und personelle Unterstützung im Kampf gegen Sparta zu erwirken; durch den Sieg über Melesandros entzog sich die lykische Stadt allen Forderungen. Kherei wird ferner als grandioser Ringer und Kämpfer gerühmt, so hat er viele Städte erobert und an einem Tag sieben arkadische Hopliten (Schwerbewaffnete mit einem großen Schild) besiegt. Die lange Auflistung der Heldentaten wurde durch Reliefs der Totenkammer ergänzt. Für Historiker, Epigraphiker und Archäologen ist dieses Denkmal gleichermaßen aufregend, denn die Person des Kherei ist als lykischer Dynast von Porträtmünzen bekannt, seine Taten lassen sich geschichtlich einordnen und die Dokumentation der Taten in Stein steht am Anfang einer langen Reihe von Rechenschaftsberichten im griechisch-römischen Raum.

Nun kann man noch das Gelände jenseits der Feldstraße und die römische Akropolis besichtigen; für diesen Rundgang muss man gut 45 Minuten veranschlagen. Man geht vor dem Haus der Ausgräber entlang durch das unausgegrabene einstige Wohngebiet und trifft auf den **Sarkophag der Tänzerinnen** [10], von dem nur der gewölbte Deckel am Boden liegt. Er wurde nach den Reliefs auf den Schmalseiten so benannt. Auf den Langseiten des Deckels sind eine Eberjagd sowie eine Szene zu sehen, bei der ein Krieger triumphierend den Schild des vom Pferd gleitenden Besiegten berührt. In der Nähe legten die Ausgräber die Fundamente einer großen byzantinischen Kirche mit einer halbkreisförmigen Priesterbank (Synthronon) in der Mittelapsis frei, die schönen Mosaike (zwei Hirsche trinken das Wasser des Lebens aus einer Amphore) kamen ins Museum Antalya [Nr. 24].

Man wendet sich nach Norden, kommt am Rest des **Löwen-Sarkophags** [11] vorbei (die um 560 v. Chr. entstandenen Reliefs befinden sich in London) und kann außerhalb der Stadtmauer zahlreiche **Gräber der alten Nekropole** entdecken. Nahezu an der höchsten Stelle der Akropolis ragt – nun innerhalb der Mauer – ein weiteres, sehr gut erhaltenes **Pfeilergrab** [12] auf, dessen Marmorplatten der Totenkammer keine Reliefs besitzen (vielleicht waren sie bemalt). In der Felswand erkennt man eine ganze Reihe lykischer **Hausgräber** mit schönen kassettierten Fassaden. Deutlich sind die Rillen zu sehen, in denen die steinernen Schiebetüren bewegt werden konnten. Die Grabkammern sind in den anstehenden Felsen geschlagen.

Auf dem Gipfel der **Römischen Akropolis** [13] liegen – sicher am Ort eines antiken Tempels – die Ruinen eines **Byzantinischen Klosters** [14]. Das Gelände ist von Gestrüpp überwuchert, der Blick von freien Partien des Hügels auf das Stadtgebiet und das von Bergzügen flankierte Tal ist jedoch unvergesslich.

ℹ Praktischer Hinweis

Ein Restaurant gibt es in Xanthos nicht, doch der Wärter von Xanthos betreibt einen Kiosk mit Getränken, man sitzt im Schatten der Pinien. Die Lokantas im Dorf Kınık sollte man meiden.

3 Letoon

Lykisches Heiligtum für Leto und deren Kinder Apollon und Artemis.

Zwischen Kınık und Kalkan Abzweigung von der Straße 400 (braunes Schild); 4 km auf Nebenstraße.

Das Letoon war einst das bedeutendste Heiligtum Lykiens. Imposante Tempelfundamente bezeugen bis heute seinen hohen Rang in der Antike.

Geschichte Seit wann das Heiligtum existierte, ist nicht endgültig geklärt, Grabungen brachten aber Funde aus der Zeit um 800 v. Chr. ans Tageslicht; zweifellos war die Geschichte des Letoons eng mit der von Xanthos verbunden.

Seinen Namen verdankt es jedenfalls der Leto, einer der vielen Geliebten des Zeus. In seinen Metamorphosen berichtet Ovid von ihr, sie habe mit Zeus den »gewaltigsten und strahlendsten« seiner Söhne, nämlich Apollon, gezeugt. Nach der Entbindung floh Leto vor dem Zorn Heras, der eifersüchtigen Gattin des Zeus, mit ihren Säuglingen Apollon und Artemis nach Kleinasien (nicht in allen Legenden sind Artemis und Apollon Zwillinge).

In Lykien machte sie Rast und wollte aus einem Teich Wasser trinken. Als die lykischen Bauern der durstigen Leto das Trinken aus dem Teich, »der ja allen gehört«, verwehrten, wurden sie zur Strafe in Frösche verwandelt.

Ovid hat in seinen ›Metamorphosen‹ das Gelände des Letoons so genau geschildert, als ob er die Stätte gekannt habe. Bis heute ist das Gebiet sumpfig, in jedem Frühjahr stehen viele Ruinen im Wasser. Wen wundert's, dass die zu Fröschen verwandelten Bauern noch heute im Gebiet des Letoons quaken!

Im 19. Jh. wurde das wichtigste Heiligtum Lykiens wieder entdeckt und ab 1962 von französischen Ausgräbern freigelegt.

Besichtigung Das Gelände ist gut überschau-, aber nicht immer gut begehbar. Imponierend sind die drei parallel geordneten Tempelfundamente, die auf einer Felsterrasse in der sumpfigen Niederung liegen. Von den nach Süden orientierten Tempeln war der westlichste, auf den man vom Parkplatz kommend zuerst stößt, **Leto** geweiht. Er war ein ionischer Peripteros mit 6 x 11 Säulen und mit 15,75 x 30,25 m etwas größer als der östlichste Tempel. Ein kleiner runder Opferstein in der Cella (Hauptraum) gab mit

Die Reliefs der Grabkammer des Harpyien-Grabs (Abb. S. 25) zeigen auf Sesseln sitzende Tote, denen Angehörige Opfergaben bringen. Sirenen tragen die Seelen der Verstorbenen in andere Gefilde

3 Letoon

Die meisten Fundamente der Säulenhalle des Letoons liegen unter Wasser

dem Namen ›Leto‹ den entscheidenden Hinweis auf die Widmung. Lykische Münzen im Fundament datieren den Bau in das zweite Viertel des 2. Jh.v.Chr.

Der mittlere, 8,70 x 18,20 m große Tempel wird **Artemis** zugeschrieben, er besaß keine Ringhalle, sondern war ein Antentempel. Seine Cella umschließt im Nordteil einen Felsblock – wahrscheinlich befand sich hier eine sehr alte Kultstätte, die in hellenistischer Zeit neu gefasst wurde.

Neben dem relativ kleinen Antentempel stand der dorische **Apollon-Tempel** mit einem Säulenkranz von 6 x 11 Säulen und knapp 28 m Länge. In seiner Cella ist ein Bodenmosaik erhalten, das mit Bogen, Köcher und Leier eindeutig auf Apollon verweist. Apollon war nicht nur der göttliche Sänger und Seher, sondern auch der »Fernhintreffende«, der mit Pfeil und Bogen Verletzungen, Krankheit und Tod bringen konnte. Der um 200 v.Chr. entstandene Tempel besaß einen älteren Vorgängerbau aus dem 4. Jh.v.Chr.

In der Nähe des Apollon-Tempels wurde 1973 eine **Stele** mit einer **Inschrift** in aramäischer, griechischer und lykischer Sprache aufgefunden. Diese ›Trilingue‹ ist in mehrfacher Beziehung von großer Bedeutung: als Schlüssel zur lykischen Schrift und Sprache und als historisches und religiöses Dokument. Aramäisch war die offizielle Hof- und Diplomatensprache der persischen Großkönige. Der Text handelt von der Einsetzung eines Kults für den karischen Gott Basileos Karios im ersten Regierungsjahr des Perserkönigs Artaxerxes III. (358 v.Chr.) durch den Satrapen Pixodaros, der bisher nur als Dynast von 340–334 v.Chr. bekannt war.

Im Norden wurde der Tempelbezirk von einer hellenistischen **Säulenhalle** begrenzt, deren ionische Säulentrommeln heute meist im Grundwasser stehen. Hier stießen die Ausgräber auf Reste aus dem 8.–5. Jh.v.Chr., die das Letoon als archaischen Kultplatz ausweisen.

Noch weiter nordöstlich schmiegt sich das gut erhaltene hellenistische **Theater** an den Hang, das durch einen tempelartigen *Giebel mit Maskenfries* am überwölbten Zugang zur Orchestra auffällt. Im Süden des Kultbezirks sind die Ruinen eines **Nymphäums** erhalten sowie die einer **Klosteranlage** mit dreischiffiger Basilika. Im 7. Jh. wurde das Kloster zerstört.

4 Tlos

In weitem Gelände verstreute Ruinenstadt mit mächtigem, an mehreren Flanken fast senkrecht abstürzendem Akropolisfelsen.

37 km südöstlich von Fethiye über dem Xanthostal. 23 km von Fethiye wird östlich von Kemer der Koca Çayı, der antike Xanthos, überquert, dann fährt man auf einer Nebenstraße nach Süden (Hinweisschild ›Tlos‹ bzw. ›Tlos Restaurant‹). Auch bei der Anfahrt von Süden (Kalkan) ist Tlos an der Straße 400 ausgeschildert. Die Ruinen liegen im Dorfgebiet von Kale Köy.

Faszinierend ist die Lage von Tlos auf der Ostseite des **Xanthostals** auf einem bis zu 477 m Höhe ansteigenden **Plateau**. Vom Gipfel, der einst die Stadtburg trug (heute Ruine der türkischen Befestigung), überblickt man das ganze mittlere Xanthostal.

Hinweis: Nach längeren Regenfällen sollte man auf den Besuch der Felsnekropole am Akropolishang verzichten. Der Auf-

4 Tlos

stieg zur Nordostnekropole und Akropolis kann dann sehr rutschig und das Gelände am Fuß der Nekropole sumpfig sein. In jedem Fall empfiehlt sich festes, geschlossenes Schuhwerk.

Geschichte Über die frühe Geschichte der Stadt ist nichts bekannt, doch machte der Fund eines Bronzebeils aus dem 2. Jt. v. Chr. klar, dass Tlos wohl zu den **ältesten Siedlungsgebieten** im Xanthostal gehört. Hethitische Inschriften des 14. Jh. v. Chr. erwähnen eine Stadt namens ›Dalawa‹ im Land der ›Lukki‹, die sicher mit Tlos identisch ist. Denn man fand Münzen und Inschriften des 4. Jh. v. Chr., auf denen der Ort ›Tlava‹ heißt. Dass die Stadt, die das besonders fruchtbare mittlere Xanthostal kontrolliert, innerhalb des Lykischen Bundes sehr einflussreich war, beweisen die drei Stimmen, die ihr bei Abstimmungen zustanden. Aus dem 4. Jh. v. Chr. stammen zahlreiche **Felsgräber**, teilweise mit interessantem Reliefschmuck, von denen das Grab des Bellerophon weitaus am bekanntesten ist.

Als ständige Rivalin der in Sichtweite auf dem Westufer des Xanthos liegenden Stadt Pinara konnte sie diese in **römischer Zeit** an Ausdehnung und Ansehen überflügeln und sich mit dem Titel ›glänzende Metropolis der lykischen Nation‹ schmücken. Nach dem schweren Erdbeben 141 n. Chr. erhielt sie nebst Myra die größte Geldsumme zum Wiederaufbau vom lykischen **Mäzen Opramoas** [s. S. 75 f.]. Zahlreiche, teilweise bemerkenswert gut erhaltene Ruinen erinnern an diese Epoche.

In byzantinischer Zeit war Tlos Bischofssitz, verlor jedoch trotz der beherrschenden und sicheren Lage im Mittelalter an Bedeutung. Im 19. Jh. errichtete ein besonders grausamer Ağa namens Kanlı Ali (= blutiger Ali) eine **Burg** auf den Ruinen der alten Akropolisbefestigung.

Tlos wurde, wie Pinara, 1838 von Charles Fellows wieder entdeckt, doch erst nach 1970 wurden die Ruinen kartografisch erfasst. Wegen der Lage abseits der Durchfahrtsstraße ist Tlos heute immer noch ein sehr wenig besuchter Platz,

4 Tlos

dessen grandiose Berglage aber mindestens ebenso faszinieren wie seine antike Ruinenstätte.

Besichtigung Die Dorfstraße führt zum Teehaus unter einer großen Platane. Dort findet man den Wärter (= Bekçi) von Tlos, der die Besucher gern begleitet. Der umfassendste Überblick über das antike Stadtgelände bietet sich von der im Westen imponierend aufragenden Akropolis aus, die man deshalb nach der Nordostnekropole (Morgensonne) besucht.

Die **Felsnekropole:** Schon bei der Anfahrt faszinieren die Felsgräber an den Steilwänden der Akropolis, stellenweise wirkt der Kalkfelsen von Grabeingängen durchlöchert wie ein Sieb, auch die Fassade des berühmten ›Bellerophon-Grabs‹ ist zu sehen. Speziell im Nordosten und Norden imitieren die erhaltenen Grabfassaden die Frontansicht der mit Rundhölzern flachgedeckten lykischen Häuser mit ihren kassettierten Außenwänden; mehrere besitzen in den Vorhallen Reliefschmuck (vorwiegend Kampfszenen) und Inschriften, die Grabräume sind häufig mit steinernen Ruheliegen ausgestattet. Diese am steilen Hang gelegenen Gräber sollte man nur in Begleitung des Wärters aufsuchen.

Das bekannteste, das **Grab des Bellerophon**, liegt ziemlich tief am Fuß des Felsens. Es hebt sich von den übrigen durch seine Tempelfassade ab, die allerdings im Vergleich zu den schönen ionischen Tempelgräbern von Fethiye recht simpel wirkt. Giebel und Pfeiler des ›Antentempels‹ sind nur grob behauen und wirkten wahrscheinlich ursprünglich durch ihre Bemalung wesentlich eindrucksvoller. Das Grab wurde auch nicht wegen seiner Fassade berühmt, sondern weil im 19. Jh. Fellows in der geräumigen Vorhalle ein Relief des lykischen Helden Bellerophon auf seinem Flügelpferd Pegasos entdeckte. Die Mythen vom tapferen Bellerophon waren ja so eng mit Lykien und speziell dem Xanthostal verknüpft, dass viele lykische Geschlechter ihre Abstammung auf diesen Helden zurückführten [s. S. 20].

Die in den eigentlichen Grabraum führende Wand der **Vorhalle** besitzt drei *Türen:* in der Mitte eine Scheintür mit in Stein imitierten Bronzebeschlägen, rechts und links echte Türöffnungen, auf deren hohen Schwellen schlecht erkenn-

4 Tlos

Auf der Akropolis von Tlos erhebt sich eine trutzige Festung, etwas unterhalb sind die Felsgräber zu erkennen

bare Tierreliefs (Hunde? Pferde?) angebracht sind. Über der linken Tür erkennt man das Relief eines Panthers oder Leoparden – nicht, wie man annehmen möchte, die Chimäre, die der Held zu töten hatte.

An der linken Wand der Vorhalle befindet sich das *Bellerophon-Relief* – der bärtige Held reitet nach rechts, sein nackter Körper wird vom mächtigen Flügel des sich aufbäumenden Pegasos verhüllt. Der Speerarm ist nach hinten erhoben, zweifellos war die Lanze aufgemalt. Als Fellows das Grab entdeckte, konnte er noch Farbspuren der gemalten Satteldecke erkennen.

Das Grab wird wie die benachbarten Felsgräber ins 4. Jh.v.Chr. datiert; aus verschiedenen Jahrhunderten stammen dagegen die zahlreichen *Spitzbogen-Sarkophage*, die noch in römisch-byzantinischer Zeit im Umkreis der Akropolis und am neuen Stadtrand entstanden.

Die **Akropolis** wird heute vorwiegend von der *Festungsruine* des 19. Jh. eingenommen, die auf den Grundmauern der alten lykischen Burg steht. Im Nordwesten des ca. 400 × 350 m großen Plateaus liegen Reste eines lang gestreckten Gebäudes, das als Pferdestall gedient haben mag. Die hoch anstehenden Mauern auf der Ostseite gehörten zum Wohnteil der Burg des ›blutigen Ali‹. In die Festung des 19. Jh. wurden zahlreiche Spolien verbaut. Zweifellos lag auf und am Akropolisfelsen in lykischer Zeit das *Wohngebiet* der lykischen Burgstadt. Sie war von einer Mauer umgeben, die in der Kaiserzeit erneuert bzw. überbaut wurde. Im nördlichen Abschnitt sind Säulentrommeln und Sarkophagteile verbaut, während im Südteil sauber gefügte Haussteine verwendet wurden, hier ist auch eine Toranlage erhalten. Vo dort oben kann man auch die an der weniger steil abfallenden Südflanke dem Hang abgewonnenen Stadtterrassen gut erkennen.

Denn in römischer Zeit dehnte sich Tlos im flacheren Gelände am **Fuß des Burgfelsens** immer weiter aus. Nach dem etwas beschwerlichen Besuch der Felsgräber und der Besteigung der Akropolis lässt sich das Gelände dieser **römisch-byzantinischen** Stadt als Spaziergang absolvieren. Man findet hinter dem einstigen *Stadion* die Grundmauern eines *Hallenbaus* und einer *Palästra,* die Quadermauern der *Thermenanlagen* und das von Bäumen beschirmte *Theater.* Alles ist so großzügig angelegt, dass die Dorfbauern die ehemaligen Plätze und Gebäude heute als Getreidefelder nutzen. Die kaiserzeitliche Neustadt blieb allerdings unbefestigt, man benutzte sogar den gerade verlaufenden Nord-Süd-Abschnitt der Mauer als Rückwand für die Sitzreihen des Stadions. Im Osten wird die heute als Acker genutzte Stadionebene von einem langen zweistöckigen **Hallenbau** begrenzt, der sich mit Arkaden zum Stadion öffnete.

Man folgt der Dorfstraße in Richtung Süden und erkennt auf der Ostseite der dreischiffigen Halle eine **Wasserleitung,** welche die im Süden liegenden Thermenanlagen mit Frischwasser aus den Bergen versorgte. Zwischen den Thermen und der Halle wird ein etwa 100 m langer und fast ebenso breiter Platz als **Palästra** gedeutet.

Die Ruinen der **Thermenanlagen** sind besonders interessant. Die kleinere von beiden grenzt an die Palästra, sie war wie die folgende aus großformatigen Qua-

33

4 Tlos

Auf mächtigen Unterbauten erheben sich die Thermen von Tlos. Ihre Bogenfenster waren einst mit Glasfenstern versehen – ein seltener Luxus in der Antike

dern errichtet und besaß hohe tonnengewölbte Räume. Vor allem gibt jedoch die *Exedra* des Südostraumes der größeren Thermenanlage mit ihren gut erhaltenen sechs Bogenfenstern einen hervorragenden Eindruck von der Großzügigkeit und Qualität römischer Bauten. Seit dem 1. Jh. n. Chr. wurden die Thermen mit großen, in Holzrahmen gefassten Glasfenstern ausgestattet. Dass diese Bauten nicht billig waren, zeigt die Summe von 60 000 Denaren, die Opramoas von Rhodiapolis im 2. Jh. n. Chr. für das Theater und die »Exedra in den Thermen« stiftete, womit sicher die hier erhaltene Apsis gemeint ist. Heute kann man von der Ruine den Blick über das südliche Xanthostal schweifen lassen und in der Ferne das Meer erahnen.

Nordöstlich der Thermen befinden sich die Trümmer eines kaiserzeitlichen *Tempels*, noch weiter nördlich lag eine byzantinische *Basilika* mit Querschiff und innen runder Apsis. Von der ungefähr 80 x 80 m großen *Agora* östlich davon zeugen wenige Überbleibsel, so im Nord- und Südwesten Ecksäulen mit herzförmigem Querschnitt.

Das **Theater** liegt nördlich der Straße. Es stammt aus dem 1. und 2. Jh. n. Chr. Für die Entstehung in der römischen Kaiserzeit spricht, dass das Gebäude über flachem Gelände hochgezogen wurde und nicht die natürliche Schräge eines Hangs nützte. Zwei Ränge sowie die Fundamente des Bühnenhauses sind deutlich zu sehen sind. Nördlich vom Theater liegen viele *Sarkophage* im Wald verstreut.

Praktische Hinweise

Hotel

The Mountain Lodge, Yaka Köyü (2 km vor dem Ruinengelände von Tlos), Tel. 0252/638 25 15, www.themountainlodge.com. Nette familiäre Unterkunft (Nov.–März geschl.) mit einfachem Restaurant.

Restaurant

Tlos Restaurant, Kale Köy. Das sog. Restaurant ist sehr bescheiden.

5 Pinara

In prächtiger Berglandschaft versteckte Ruinen mit der mächtigsten, von Grabhöhlen durchsiebten Akropolis des Xanthostals.

Über dem Westufer des antiken Xanthos (heute Koca Çayı). Beschilderte Abzweigung von der Staatsstraße 400 (ca. 20 km südlich Kemer bzw. 37 km nördlich Kalkan) nach Westen über Minare Köy (5 km) ins Ruinengebiet (2 km).

Pinara ist vor allem durch die einzigartige **Felsnekropole** am weithin sichtbaren Akropolishang mit Hunderten von **Grabhöhlen** bemerkenswert. Interessant sind auch die übrigen Grabanlagen von Pinara, die durch ihre Typenvielfalt imponieren. So sind neben Felsgräbern mit unterschiedlichen Haus- und Tempelfassaden auch Pfeiler- und Sarkophaggräber erhalten. Besonders bekannt sind die Flachreliefs im sog. Königsgrab, welche die Silhouette einer lykischen Stadt (vielleicht Pinara) darstellen.

Hinweis: Pinara wird noch wenig besucht. Im Frühjahr sollte man auf eine stabile Wetterlage achten, denn wer im Bergland von einem Gewitter überrascht wird, kann nur mit Glück noch schnell in einem Grabhaus Schutz finden. Vorsicht bei der Abfahrt nach Minare – steile Piste!

Geschichte Der Historiker Menekrates (4. Jh. v. Chr.) aus Xanthos bezeichnete Pinara als xanthische Gründung. Und zwar habe man wegen der drohenden Überbevölkerung die älteren Bürger in drei Gruppen aufgeteilt. »Eine Gruppe zog zum Berg Kragos und gründete eine Stadt auf einem abgerundeten Gipfel. Sie gaben ihr den Namen Pinara, was ›abgerundet‹ bedeutet, denn die Lykier nannten alle runden Dinge pinara.«

Spätere Historiker, zuerst Arrian, erwähnen Pinara im Zusammenhang mit der Eroberung Lykiens durch Alexander d. Gr. (334 v. Chr.) als eine der lykischen Städte, die sich kampflos unterwarfen. Obwohl Pinara zu den sechs mächtigen und einflussreichen Städten des **Lykischen Bundes** gehörte, die mit drei Stimmen votieren konnten, wissen wir über die frühe Geschichte, von wenigen Erwähnungen einmal abgesehen, fast nichts.

Im Ruinenbestand lassen mehrere lykische Pfeilergräber auf einen gewissen Wohlstand im 5. Jh. v. Chr. schließen. Das große Theater weist mit seinem rein griechischen Grundriss auf Prosperität in hellenistischer Zeit hin, entsprechend der Lage am Ostrand dürfte die Stadt damals ihre größte Ausdehnung gehabt haben. Dagegen scheint Pinara in der Kaiserzeit im wahrsten Sinn des Wortes ins Abseits geraten zu sein.

Immerhin war die Stadt in **byzantinischer Zeit** Bischofssitz. Im Mittelalter muss ein schweres Erdbeben die Bevölkerung zum Wegzug gezwungen haben. Die benachbarte Ortschaft Minare ist zum großen Teil aus Spolien erbaut, in seinem Namen lebt auch weiterhin der antike Ortsname fort. Dabei spielte die Lautverwandtschaft mit dem türkischen Wort für ›Minarett‹, minare, zweifellos eine Rolle.

Die Ruinen von Pinara wurden 1840 von Charles Fellows wieder entdeckt und von mehreren archäologisch interessierten Reisenden, u.a. George Scharf, gezeichnet. Im 20. Jh. haben Ekrem Akurgal und Bean diverse Pläne von Pinara veröffentlicht, die 1978 durch Untersuchungen von Wolfgang Wurster erheblich ergänzt und verbessert wurden.

Besichtigung Die 715 m hohe Felskuppe der Akropolis hat man bei der Anfahrt wegweisend im Blick, besonders charakteristisch sind die Reihen dunkler rechteckiger **Felshöhlen**, die wie eingestanzt in

Tour zur Schmetterlingsbucht

Diese Wanderung (einfach 16 km, 350 HM bergab) erschließt die stille Küstenlandschaft zwischen Fethiye und Kalkan. Dabei folgt sie einem Teilstück des Lykischen Weges. Startort ist Alınca (ca. 20 km auf Landstraße ab Esen an der D 400). Von hier geht es auf gut zu begehenden Pfaden durch Macchia zur zauberhaften Schmetterlingsbucht. Freilich muss man sich vorab um An- und Abreise kümmern. Wer nicht auf gleicher Strecke zurückwandern will, muss sich zum Startort bringen und anschließend an der Landstraße, die oberhalb der Bucht verläuft, wieder abholen lassen.

Einfacher geht es natürlich auch: Die Schmetterlingsbucht ist nur 7 km von Ölü Deniz entfernt.

Lesern, die ein GPS-Gerät besitzen, schicken wir gern die **GPS-Daten** zu dieser Tour zu. Schreiben Sie dazu bitte eine E-Mail an reisefuehrer@ adac.de, Betreff ›Ölü Deniz‹.

5 Pinara

Schon aus der Ferne fasziniert die von Grabhöhlen durchlöcherte Akropolis von Pinara! Plinius bezeichnete die dort arbeitenden Steinmetzen als »Vogelmenschen«

die senkrecht abfallende Wand wirken. Das Stadtgebiet am Fuß des Felsens verteilt sich auf mehrere, nord-südwärts verlaufende Terrassen und Senken, die im Osten und Süden wallartig begrenzt sind. Der starke Pinien- und Macchiabewuchs, die benachbarte Schlucht sowie der durch Erosion stark zerklüftete Felsboden machen das weitläufige Gelände nur in begrenztem Ausmaß begehbar.

Der vom Dorf Minare nach Pinara führende Saumpfad (Wanderweg) erreicht das Ruinengelände in der Nähe des großen Theaters; auf der unbefestigten Fahrstraße, die kurz vor dem Dorf Minare links bergauf führt, gelangt man mit dem Auto ohne Probleme an den Südfuß des Unterburgfelsens. Der Wärter ist hier meistens anwesend.

Das weitläufige, grandiose Berggelände wird durch die nur an der Südflanke über einen zerklüfteten Hang zugängliche **Akropolis** klar beherrscht, doch wird man sich bei einer normalen Besichtigung mit dem Anblick dieses steilen Felsklotzes begnügen. Untersuchungen zeigten, dass das nahezu dreieckige Akropolisplateau lediglich als militärischer Stützpunkt und Fluchtburg diente. Die für Pinara typischen, wabenartig angeordneten **Grabkammern** am steilen östlichen Akropolishang konnten nur mithilfe von an Seilen hängenden Gerüsten oder Strickleitern ausgemeißelt werden, auch die Bestattungen dürften recht waghalsige Unternehmungen gewesen sein.

Nahe beim Parkplatz liegen an der Felswand der unteren Burg mehrere Felsgräber mit Hausfassaden, darunter das sog. **Königsgrab**. Die Kassetten der Fassade sind weitgehend zerstört, erhalten blieb der reliefgeschmückte Türsturz und der von einem dreigeteilten Architrav mit ›Zahnschnitt‹ getragene Giebel. Berühmt sind die vier *Flachreliefs* an den Seitenwänden der Vorhalle; je zwei übereinander angeordnete Reliefs zeigen lykische Stadtansichten mit zinnenbewehrten

Mauern, Türmen, Häusern und Grabmonumenten, darunter auch Pfeilergräbern (stark beschädigt).

Das Königsgrab vertritt den Typus eines Hauses mit Satteldach. Leider sind Vorhalle und Grabraum schwer beschädigt; allgemein glaubt man, dass das Königsgrab wegen seiner großzügigen Anlage und ungewöhnlichen Stadtreliefs einem lokalen Herrscher gehörte.

Man geht nun am Fuß des Bergrückens nach Norden und erkennt rechts im Gelände die spärlichen Ruinen römischer Thermen. Links ist ein weiteres sehr interessantes Felsgrab erhalten, das als **Stierkopf-Grab** bekannt ist. Seine Fassade ist im unteren Teil zerstört, gut erhalten blieb dagegen der kassettierte Spitzgiebel, der am Dachfirst Hörner und Ohren eines Stierschädels aufweist.

Über Steinstufen steigt man auf den in Nord-Süd-Richtung verlaufenden Felsrücken und kann einen Teil des **Stadtgeländes** besichtigen, das im Süden von der Unterburg beschützt wurde. Die Ruinen sind vom stärksten Bewuchs befreit, dennoch sind Lage und Bestimmung der einstigen Bauten nicht leicht auszumachen. Reste des *Stadttors* und der *lykischen Mauer* sind gut zu erkennen, ebenso das südlicher gelegene, recht zerstörte *römische Odeon*, das auch als ›kleines Theater‹ bezeichnet wird. Wahrscheinlich diente es vorwiegend als Bouleuterion. Denn vor dem Odeon lag (im Westen) die fast gänzlich zerstörte *Agora*, der sich im Süden eine Ladenstraße anschloss. Der überwucherte Hügel der *Unterburg* begrenzt den hier schwer zu begehenden Felsrücken. In der Unterburg residierte wohl der Lokalherrscher oder Statthalter von Pinara.

Man geht nun nach Norden zurück und sieht auf einem Platz unter Pinien die Trümmer eines *römischen Podiumtempels*. Daneben erstreckt sich eine durch Stützmauern erweiterte Terrasse, die früher von Säulenhallen umgeben war (die Ecksäulen haben, wie in Aphrodisias oder Tlos, einen herzförmigen Querschnitt).

Am besten verlässt man anschließend die Stadtterrasse auf dem Weg, den man auch heraufkam (Steinstufen), geht vom ›Stierkopf-Grab‹ in nördlicher Richtung weiter und gelangt schließlich zur **Nordnekropole** mit mehreren frei stehenden Spitzgiebel-Sarkophagen. An Tagen mit klarem Himmel hat man von hier einen herrlichen Panoramablick nach Osten, wo über dem Xanthosufer die im Frühjahr von Schnee bedeckten, mächtigen Gipfel des Ak-Gebirges aufragen (viele Berge werden von den Türken Ak-Dağ genannt, was schlicht und einfach ›weißer Berg‹ heißt).

Von der Nordnekropole bietet sich auch eine gute Sicht auf das jenseits einer Senke gelegene große **Theater**, das an den Hang gebaut ist und eine mehr als halbkreisförmige Cavea mit 27 Sitzreihen besitzt. Vom Bühnenhaus sind nur noch Fundamente und einige Säulentrommeln erhalten.

Der Besuch des Theaters lohnt sich, weil von hier die Aussicht nach Westen auf die Akropolis mit ihren Grabkammern

In den Dörfern darf man der Hausfrau beim Backen des Fladenbrots zuschauen. Der Teig muss dünn ausgerollt werden

5 Pinara

Auf weiten Strecken führt der Lykische Weg an der Mittelmeerküste entlang

 Auf abenteuerlichen Pfaden: der Lykische Weg

Wer glaubt, an der türkischen Südküste seien keine abgelegenen Orte mehr zu entdecken, den belehrt der Lykische Weg, eine 509 km lange **Fernwanderroute** von Fethiye nach Antalya, eines besseren. Stundenlang trifft der Wanderer auf seinen Pfaden keine Menschenseele, während er durch die nach Pinien duftende Landschaft streift. Der Lykische Weg führt meist oberhalb der Küste, manchmal auch direkt am Strand entlang, dann geht es wieder hinauf in die Berge des Taurus und über saftige Almen hinweg. Unterwegs kommt der Wanderer an einigen der bedeutendsten archäologischen Stätten der Südküste, darunter Xanthos, Phaselis, Myra oder Patara vorbei. Diese Orte bieten sich damit auch als Einstieg an.

Leider lässt die **Beschilderung** stellenweise sehr zu wünschen übrig. Einen guten Orientierungssinn und vor allem viel Zeit sollte man also schon mitbringen, will man den gesamten Lykischen Weg oder auch nur einige seiner Etappen erwandern.

Ausgewiesen wurde die Route 1999 von der Engländerin Kate Clow, die auch einen **Wanderführer** (The Lycian Way, Upcountry-Verlag, www.lycianway.com) über den Weg verfasste. Wer nicht die gesamte Strecke zurücklegen will, dem seien die Abschnitte von Alinca über Faralya (6 Stunden, s. S. 35) weiter nach Patara (5 Stunden) und von Beycik zum Berg Tahtali Dağı (9 Stunden) empfohlen. Ein zweiter, ebenfalls von Kate Clow markierter Fernwanderweg, der **St. Pauls Weg**, orientiert sich teilweise an der ersten Missionsreise des Apostels und führt von Perge nach Yalvac. **Infos:**

Lupe Reisen, Weilbergstr. 12 a, 53844 Troisdorf, Tel. 0228/654555, www.lupereisen.com

Middle Earth Travel, Gaferli Mah. Cevizler Sokak 20, Goreme, Nevsehir, Tel. 0384/2712559, www.middleearthtravel.com

Wikinger Reisen (www.wikinger-reisen.de) bietet Wanderungen auf dem Lykischen und auf dem Paulusweg an.

besonders eindrucksvoll ist. Auf dem Rückweg zum Parkplatz sieht man gut die Felsgräber der **Südnekropole**, die in die steile Bergflanke jenseits des Bachs gearbeitet sind.

Praktische Hinweise

Tee und kalte Getränke sind in Minare erhältlich.

6 Patara

Die antike Hafenstadt und der feine Sandstrand von Patara ringen um die Aufmerksamkeit der Besucher.

8 km nordwestlich von Kalkan Abzweigung von der Straße 400 (braunes Schild), 3 km Teerstraße.

Diese Kombination gibt es kaum noch an der türkischen Westküste: eine einsame Ruinenstätten in der Nähe eines Superstrandes, unverbaut von Hotelburgen. Zwar fahren vom benachbarten Kalkan Bootsausflüge zum Strand und Segeltörns nach Patara; im Dorf Gelemiş gibt es mehrere Pensionen, an der Ruhe, die hier herrscht, ändert das jedoch wenig.

Geschichte Patara war spätestens seit dem 7. Jh.v.Chr. besiedelt. Herodot erwähnt das **Apollon-Orakel** von Patara, das allerdings nur im Winter tätig war, wenn der Gott nicht auf Delos weilte. In der hellenistischen Zeit wird über das Orakel nichts berichtet, es erlebte aber im 2. Jh.n.Chr. eine Renaissance, als der Mäzen Opramoas den Patarern 20 000 Denare spendete für »Apollon, den Gott ihrer Ahnen, der nach langem Schweigen jetzt wieder begonnen hat, Weissagungen zu verkünden«. Anscheinend bestand das Orakel bis zur Schließung aller Orakelheiligtümer durch Theodosius im Jahre 392.

Patara unterwarf sich 334 v.Chr. freiwillig Alexander und war während der Diadochenkämpfe eine wichtige **Marinebasis**, so spielte der Hafen bei der Eroberung von Rhodos durch Antigonos 315 v.Chr. und Demetrios 304 v.Chr. eine Rolle. Womöglich tagte im Bouleuterion von Patara sogar der Rat des 205 v. Chr. entstandenen **Lykischen Bundes**. Die Bedeutung der Stadt wird auch aus der Tatsache ersichtlich, dass sie die Archive des Lykischen Bundes verwaltete. Die Regeln des lykischen Bundes mit seinem föderalistischen, aus zwei Kammern bestehenden Parlament dienten 2000 Jahre später den Vätern der amerikanischen Verfassung als Vorbild.

In der **römischen Kaiserzeit** blühte die Stadt auf und wurde Sitz des Statthalters der Provinz Lycia et Pamphylia. Die meisten Ruinen stammen aus dieser Zeit. Der Hafen wurde von Schiffen aus Phönizien, Ägypten und Griechenland ange-

Der feine Sandstrand von Patara ist nicht nur ein Badeparadies: Er gehört auch zum (nächtens) geschützten Eiablagegebiet der Meeresschildkröten

Patara

Patara für Tierfans

Für Naturfreunde ist das gesamte, von Hügeln und Bergzügen umrahmte Gebiet überaus interessant. Wie der berühmte Dalyan-Strand ist auch der Strand von **Patara** ein Eiablagebiet der **Meeresschildkröten** (Caretta caretta). Wächter sollen dafür sorgen, dass der 12 km lange Strand Mai bis August nachts nicht betreten wird.

TOP TIPP

Ferner beobachten Zoologen im Gelände von Patara das **Hardun** (Agama stellio). Das bis zu 40 cm lange Hardun ist eine urtümliche Reptilienart und besitzt stachelförmige Schuppen an der Körperoberseite. Unkundige können es für eine (allerdings seltsam große) Eidechse halten (die Familie der Agamen gehört zu den Echsen).

In den Sanddünen nisten **Nachtschwalben** und **Cistensänger** und im Sumpfgebiet des auf Landkarten als ›Ova-See‹ (Ova Gölü) verzeichneten Gebiets finden sich **Graureiher**, **Weißstörche** und manchmal auch **Purpurreiher** ein.

In spätbyzantinischer Zeit begann die Verlandung des Hafenbeckens, an der Küste entstanden große Wanderdünen, die bis heute nicht zur Ruhe gekommen sind und sich immer mehr landeinwärts schieben. Mittlerweile wurde diesem Prozess zumindest im Bereich der antiken Ruinen Einhalt geboten und nach und nach immer mehr Bauten freigelegt. Gemeinsam mit der Universität von Ankara vermaß die Universität von Magdeburg bis 2007 das Theater von Patara.

Besichtigung Das Ruinengebiet von Patara ist mit einer Ausdehnung von 1,5 x 0,5 km ausgesprochen weitläufig, im Frühjahr streckenweise sumpfig und schlecht begehbar. An windigen Tagen wird der feine Sand aufgewirbelt und erschwert die Bewältigung der weiten Wege. Die Straße durchquert zunächst die **Nekropole**, die von Macchia überwachsen ist und erst teilweise von den Ausgräbern freigelegt wurde. Obwohl die Grabanlagen aus römischer Zeit erhalten blieben, besitzen die Sarkophage typisch lykische Formen mit spitzbogigem Deckel.

Das **Stadttor** [1] entstand zu Beginn des 2. Jh. zu Ehren des römischen Statthalters Mettius Modestus, eine griechische Inschrift auf der Nordseite verkündet, dass der Bogen »vom Volk von Patara, Metropolis der lykischen Nation« errichtet wurde. Die stolze Bezeichnung, die Xanthos degradiert, signalisiert die Wertsteigerung Pataras in der römischen Kaiserzeit – Hafenstädte waren im endlich sicher gewordenen Seehandel landeinwärts gelegenen Städten wie Xanthos oder Pinara überlegen. Das Tor hat die übliche Form eines dreitorigen Triumphbogens und besitzt auf beiden Seiten *Konsolen* für Büsten, die laut Inschrift Mettius und seine Familie darstellten. Die drei Nischen der oberen Zone dürften Kaiserbilder enthalten haben.

Auf dem **Hügel** [2] westlich vom Stadttor wurden griechische *Keramikscherben* aus dem 6. und 5. Jh.v.Chr. sowie ein *Apollonkopf* gefunden. Ruinen eines Apollon-Tempels fanden sich aber nicht.

Südlich vom Hügel stößt man auf die Ruine einer **Therme** oder **Schiffswerft** [3], ebenso schlecht erhalten ist die noch weiter südlich liegende *Kirche* mit basilikalem Grundriss und halbrunder Apsis. Besser zu identifizieren ist die am Weg liegende **Vespasians-Therme** [4], die laut Inschrift mit Mitteln des Lykischen Bundes finanziert wurde (69–79). Vespasian

laufen, wie wir u.a. aus der Apostelgeschichte erfahren. So wechselte hier Paulus am Ende seiner dritten Missionsreise das Schiff. Und im 3. Jh. wurde **Nikolaus** in Patara geboren, der als **Bischof von Myra** berühmt wurde und allen Christen als Patron der Seefahrer und Freund der Kinder vertraut ist. Drei Kirchenruinen bezeugen, dass das Christentum hier nicht nur zahlreiche, sondern auch vermögende Anhänger besaß; beim Konzil von Nicäa (325) vertrat Bischof Eudemus von Patara ganz Lykien.

hatte nach einer kurzen Zwischenzeit unter Kaiser Nero, in der Lykien nochmals frei war, die Provinz Lycia et Pamphylia wieder hergestellt. Fünf miteinander verbundene, ehemals überwölbte Räume sind auszumachen, die erwähnte Inschrift befindet sich über einem der Durchgänge. Die 105 x 48 m große Anlage wurde später, als der Stadtbereich verkleinert wurde, in die Stadtbefestigung einbezogen. Spätestens hier muss man den Wagen endgültig parken und den Weg zu Fuß fortsetzen (die Piste führt weiter zum Strand).

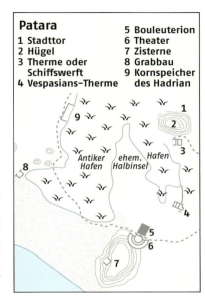

Nun kommt man zum **Bouleuterion** [**5**], wo im 2. vorchristlichen Jahrhundert der Rat des Lykischen Bundes tagte. Von der Cavea, den Zuschauerrängen mit dem Ehrensitz im Zentrum, blicken die Mitglieder des Rates zum Redner. Das Bühnengebäude dahinter wurde erst später angebaut, als das Bouleuterion zum Odeion, also zu einer Bühne für Singspiele umfunktioniert wurde.

Das Stadtgebiet wird im Süden durch einen 60 m hohen Felshügel begrenzt, der in der Antike die Südwestseite der Hafeneinfahrt markierte. An seinen Nordhang schmiegt sich das **Theater** [**6**], sicher ein hellenistischer Bau, der in römischer Zeit nach einem Erdbeben erneuert wurde. Eine Inschrift an der Ostseite des Bühnengebäudes besagt, dass im Jahr 147 die Bürgerin Vilia Procula die von ihrem Vater begonnene Ausgestaltung des Bühnenhauses fortführte. Seit seiner Ausgrabung erkennt man die saubere Hausteinarbeit und das weit geschwungene Rund noch besser.

Das Rund von Pataras Theater schmiegt sich an den Hang der Akropolis

6 Patara

Anschließend sollte man den im Rücken des Theaters aufsteigenden **Felshügel** besteigen. Auf seiner Kuppe befindet sich eine ca. 10 m tiefe runde **Zisterne** [7], deren Fassungsvermögen auf über 600 000 l geschätzt wird. Man sieht von der Hügelkuppe auf den fantastischen Sandstrand und das Meer und kann sich gut vorstellen, dass der feine Sand, der uns entzückt, die Alten wenig erfreute, denn er verstopfte die Hafeneinfahrt. Im Norden der Lagune ist das versumpfte **Hafenbecken** zu erkennen, auch eine in das Hafenbecken hineinragende Landzunge lässt sich ausmachen, auf der ein Teil der Stadt lag (Tempelruine).

Wenn die Bodenbeschaffenheit es zulässt, kann man westwärts wandern, wo unter dem Sand ein *Fundament* zu erkennen ist. Vielleicht gehört es zu einem **Grabbau** [7]. Weiter nördlich, am ehemaligen Westkai des Hafens, steht hinter Buschwerk verborgen der **Kornspeicher des Hadrian** [8], der durch eine Inschrift identifiziert werden konnte. Das 69 m lange und 19 m breite Granarium enthält acht durch Türen nahe der Außenmauer verbundene Räume, die wahrscheinlich überwölbt und eingeschossig waren. Die lange, zweistöckige Fassade wird durch ein Gesims unterteilt, im Erdgeschoss gliedern Türen, darüber Fenster den Bau.

Von Kalkan nach Patara

Schon der Einstieg in diese Wanderung (einfach 20 km, 500 HM) beeindruckt. Sie beginnt nämlich am Römeraquädukt von Demikkemer (5 km westlich von Kalkan, an der D400).

Anschließend geht es durch das Bergland an der Küste durch die Macchia. Unterwegs hat man stets das blaue Mittelmeer im Blick. Der Pfad endet am südlichen Ende des weiten Strandes von Patara. Kurz vor dem Ziel zweigt ein Weg ab zum Ausgrabungsgelände [Nr. 6]. An- und Abreise lassen sich zumindest während der Hochsaison mit den auf der D 400 verkehrenden Dolmuşen organisieren. Allerdings sollte man sich vorab im Hotel informieren.

Lesern, die ein GPS-Gerät besitzen, schicken wir gern die **GPS-Daten** zu dieser Tour zu. Schreiben Sie dazu bitte eine E-Mail an reisefuehrer@adac.de, Betreff ›Ölü Deniz‹.

Auf den Konsolen über den Türen standen natürlich früher Büsten. Der in Italica/Spanien geborene ›Reisekaiser‹ Hadrian (117–138) und seine Frau Sabina besuchten Patara wahrscheinlich im Jahr 129, als sie auch in Andriake [Nr. 13] Station machten. Der große Speicherbau ist ein deutlicher Beweis für die wichtige Funktion der lykischen Häfen als Umschlagplätze im Getreidehandel zwischen Ägypten und Rom.

Etwas abseits, im Süden des Geländes, entdeckten türkische Archäologen 2005 sogar den womöglich ältesten bekannten **Leuchtturm** der Welt, sie datieren ihn auf das Jahr 60 v. Chr.

ℹ Praktische Hinweise

Hotels

Hotel Dardanos, Patara, Tel. 02 42/843 51 51, www.pataradardanoshotel.com. Kleines Familienhotel mit Restaurant und Bar. Shuttleservice zum Strand.

Hotel Orkinos, Patara, Tel. 02 42/843 52 38, www.orkinos.de. Mittelgro-

7 Kalkan

ßes Hotel mit Pool, nach Klimaanlage fragen. Shuttleservice zum Strand von Patara.
Lighthouse Hotel, Patara, Tel. 02 42/ 843 51 07, www.pataragoldenlighthouse. com. Familiäres Frühstückshotel mit gepflegtem Garten und Pool.

7 Kalkan

Segler schätzen den Hafen des an den kargen Felshang geschmiegten Fischerorts.

Direkt westlich unter der Staatsstraße 400.

Die Häuser des Dorfs werden heute von einer Moschee überragt. Jahrhundertelang bildeten die Griechen die Bevölkerungsmehrheit, woran die griechischen Stilelemente vieler Häuser in Hafennähe erinnern. Kalkan und Kaş sind zwischen Fethiye und Antalya die einzigen Küstenorte, in denen in etwas größerem Um-

Trotz fehlender Strände entwickelt sich Kalkan zum beliebten Touristenort. Von hier aus kann man alle Stätten des berühmten Xanthostals in Tagesausflügen kennen lernen

fang **Fischfang** betrieben wird, doch gibt es auch hier keine Fisch verarbeitende Industrie. Die Bewohner von Kalkan besitzen Obstgärten, Felder und Weiden in den Bergtälern oberhalb der Ortschaft, wo sie traditionell die Sommermonate verbrachten. Erst der nach 1980 einsetzende **Tourismus** sorgte nun auch im Sommer im Dorf für Betrieb; mehrere Teppich-, Textil- und Souvenirläden sind seither entstanden, kleine Hotels und Pensionen bieten Unterkunft in familiärer Atmosphäre.

Kalkan ist wegen der wenigen ortsnahen Badestrände kaum für einen längeren Erholungsurlaub zu empfehlen, bietet sich jedoch als Standort für interessante Ausflüge an. Bedeutendste Sehenswürdigkeiten der lykischen Antike in der Umgebung sind die Stätten

7 Kalkan

Xanthos, Letoon und Patara [Nr.2,3,6]. Ein großartiges Landschaftserlebnis bietet zudem die Schlucht von Saklıkent [s. S. 23].

Außerdem ist der Urlaubsort Charterhafen für Motorsegeljachten (schon in Deutschland vorab buchen). Hier herrscht noch weniger Hektik als in Bodrum oder Fethiye. Lohnende Abstecher lassen sich per Motorboot zum westlich gelegenen Strand von Patara unternehmen.

Ganz zauberhaft ist auch der **Kaputaş-Strand** in einer engen Schlucht. Er ist über die Küstenstraße in Richtung Kaş zu erreichen. Etwa 7 km nach Kalkan führen steile Stufen zu ihm hinab. Auch die **Blaue Grotte** (Mavi Mağara) ist ein beliebtes, wenn auch keineswegs mit Capri vergleichbares Ausflugsziel.

Praktische Hinweise

Unterkunft

****Patara Prince Hotel**, 1 km östlich von Kalkan, Tel. 02 42/844 39 20, www.pataraprince.com. Terrassenartig an den Hang gebaute Hotelanlage.

****Villa Mahal**, etwas außerhalb von Kalkan Richtung Kaş, Tel. 0242/8443269, www.villamahal.com. Allseits als eines der besten Hotels Lykiens gefeiertes Haus, individuell, teuer, exklusiv. Hoch über dem Meer, Bootservice nach Kalkan.

***Pırat Oteli**, Kalkan Marinası, Kalkan, Tel. 02 42/844 31 78, www.hotelpirat.net. Direkt am Jachthafen, Terrassenrestaurant, Pool. Gerade die herrliche Aussicht auf das Mittelmeer macht den Aufenthalt zu einem Genuss.

Restaurant

Belgin's Kitchen, Yali Boyu 1, Kalkan, Tel. 02 42/844 36 14. Spezialität des Lokals in einer alten Olivenöl-Manufaktur ist die türkische Ravioli-Variante Mantı.

TOP TIPP **Aubergine**, direkt am Hafen, Kalkan, Tel. 02 42/844 33 32, www.kalkanaubergine.com. Köstliche, fantasievoll gewürzte Gerichte. Erstklassiger Service, abends sitzt man unter beleuchteten Bäumen. In der Saison unbedingt Tisch vorbestellen.

8 Kaş

Für viele der sicherlich malerischste Hafenort an der türkischen Südwestküste.

Über eine gut ausgebaute Serpentinenstraße von der oberhalb am Ort vorbei führenden Staatsstraße 400 zu erreichen. An der Kurve: fantastischer Blick auf die roten Walmdächer der Kleinstadt und die von Halbinseln und Inseln gerahmte Bucht.

Die kurvenreiche Straße von Kalkan nach Kaş (27 km) wurde in 100 bis 200 m Höhe in den Felsen der Steilküste gesprengt und bietet immer wieder spektakuläre Ausblicke auf das Meer, besonders die Nachmittags- und Abendstimmungen sind wunderschön. Der Charme von Kaş besteht in der **bezaubernden Lage** am Fuß der Felsküste: Von einer buchtenreichen Halbinsel und Inseln geschützt, mit weißem Leuchtturm, schaukelnden Segel- und Motorjachten und sehr hübschen Grünanlagen ist Kaş genau so, wie man sich einen kleinen Hafen an der Mittelmeerküste erträumt. Teilen muss man ihn deshalb auch mit vielen anderen Besuchern.

Geschichte Kaş liegt auf dem Areal des antiken Antiphellos, das bis zum 4. Jh. v. Chr. lediglich als Hafen der in 750 m Höhe landeinwärts angesiedelten Stadt Phellos diente. ›Phellos‹ bedeutet im Griechischen ›steinige Gegend‹, so dürfte der heute von Macchia überwucherte einstige Hauptort kaum reich gewesen sein.

Oben: *Im Hafen von Kaş liegen neben Ausflugs- auch noch Fischerboote vor Anker*
Unten: *Kaş, das antike Antiphellos, ist der malerischste Hafenort der lykischen Küste. Alte Häuser mit Holzbalkons verleihen der Hauptstraße liebenswerten Charme*

8 Kaş

In hellenistischer Zeit stieg das vorher nur aus wenigen Häusern und Speichern bestehende **Antiphellos** (das Phellos ›gegenüber‹ lag, wie der Name besagt) zum Hauptort auf und behielt diese Stellung bis heute. Plinius erwähnt Antiphellos als **Ausfuhrhafen** für Schwämme, sicher wurde aus dem bewaldeten Hinterland auch Holz verschifft.

Kaş besaß bis 1923 eine griechische Bevölkerungsmehrheit; die vorgelagerte **Insel Megiste**, auf der die Johanniter eine Burg besaßen, gehört noch heute zu Griechenland. Als Bodrum vielen Intellektuellen und Künstlern zu sehr zur Schickimicki-Stadt mutierte, entdeckten sie Kaş für sich. Heute boomt der einst so verträumte Ort, der Hafen ist ein beliebter, wenn auch nicht sehr geräumiger Treffpunkt der Jachten.

Viele Türken aus Kaş waren als Gastarbeiter in Deutschland und leben nun, nach der Rückkehr in ihre Heimat, vom örtlichen Tourismus.

Besichtigung Im kleinen Ort kann man sich nicht verlaufen, und da man viele Deutsch sprechende Türken trifft, ist der Rundgang kurzweilig und vergnüglich. Eher zufällig stößt man unterwegs auch auf eine Kirchenruine, die an das Christentum erinnert, das hier bis zum Auszug der Griechen praktiziert wurde.

Den zentralen Platz am **Jachthafen** (Cumhuriyet Meydanı) flankieren Grünanlagen und Palmen, von den Cafés und Restaurants hat man einen prächtigen Blick auf das Hafenrund.

Im Hafen werden auch **Bootstouren** vor allem nach Kekova [Nr.11] oder zur griechischen Insel Megiste (Tagestour, Passkontrolle, im Sommer Mo–Fr, www.meisexpress.com) angeboten. Fischerboote bringen Badegäste zu den umliegenden bezaubernden Buchten.

Wahrscheinlich hatte der weiße **Leuchtturm** auf der Hafenmole einen antiken Vorgänger, denn der Damm liegt auf einem Riff, das bereits den alten Hafen schützte. Der auf der Mole stehende Sarkophag wurde erst später, beim Hafenausbau, hierher gebracht und weist keinerlei besonderen Merkmale auf.

Die bekannteste Attraktion ist der auf vielen Postkarten abgebildete **Hyposorion-Sarkophag** vom Ende des 4. Jh. v.Chr. Vom Hafenplatz geht man durch die leicht bergan führende Postane-Gasse (Postane Sokağı) nach Osten. Hier haben sich alte griechische Häuser mit schönen, z.T. überdachten Holzbalkons erhalten, deren ursprünglicher Charakter aber durch den Einbau von aufdringlich wirkenden Souvenirläden im Erdgeschoss verfälscht ist. Die kurze Gasse weitet sich zu einem kleinen Platz, auf dem der gut erhaltene Sarkophag im Schatten einer alten Platane steht.

Er überrascht durch seine Höhe von über drei Metern, allein das Hyposorion, der Unterbau mit der zweiten Grabkammer, ist 1,5 m hoch. Auf ihm steht ein Sarkophag mit Spitzbogendeckel und hohem First. Die von Kassetten gerahmte Tür ist aufgebrochen, an den Langseiten tragen ›Holzbalken‹ den wie ein gewölbtes Dach geformten Sarkophagdeckel. Als Löwenköpfe gestaltete Bossen dienten beim Aufsetzen des Deckels als Halt für die Seile. Eine achtzeilige, schwer lesbare Inschrift auf der Südseite des Hyposorion ist in der bis heute nicht entzifferten lykischen Dialektform verfasst, die auch auf dem ›Inschriftenpfeiler‹ von Xanthos [s. S. 27] verwendet wurde.

Für Antiken- und Landschaftsfans lohnt sich der Weg vom Hafenplatz auf der Hauptstraße nach Westen. Links von der Straße findet sich die wenig eindrucksvolle Ruine eines kleinen **Tempels**, von dem nur fünf Quaderlagen erhalten sind. Weitergehend kommt man zum hellenistischen **Theater**, das ungefähr 500 m vom Hafenplatz direkt nördlich der Straße liegt. Olivenbäume beschirmen den Zugang. Das Theater ist nach griechischer Art an den Hang gebaut und bildet mit seinen 26 Sitzreihen mehr als einen Halbkreis; ein Bühnengebäude fehlt allerdings. Von den oberen Reihen der nach Süden orientierten Sitzplätze hat man über die Ölbäume hinweg einen herrlichen Blick auf die felsige Halbinsel Bucak, die vorgelagerten Inseln und das azurblaue Meer.

Wie stets lagen die **Nekropolen** am Stadtrand, leider sind die frei stehenden Sarkophage an den einstigen Ausfallstraßen fast alle zerstört. 1842 zählte Spratt noch mehr als hundert. Während die unpraktischen Deckel als Viehtränken Verwendung fanden oder liegen blieben, wurden die Sarkophagkästen als Platten, Schwellen und Türstürze in den Häusern verbaut. Dagegen blieben die oberhalb der Stadt gelegenen Felsnekropolen besser erhalten. Ihr markantestes Grab liegt ca. 200 m nordöstlich über dem Theater und wird von den Forschern als **dorisches Grab** bezeichnet. Der einem

Das Restaurant Fes ist nur eines von mehreren Lokalen am Hafen von Kaş

griechischen Haus nachempfundene, frei stehende ›Bau‹ ist aus dem gewachsenen Fels geschlagen und wirkt durch das fehlende Dach recht plump, einziger Fassadenschmuck sind flache Eckpilaster und Rahmenprofile der 2 m hohen Türöffnung. Die Schiebetür fehlt, im Inneren ist der von Bean beschriebene Fries mit 21 kleinen Tänzerinnen an der Rückwand praktisch kaum noch zu erkennen.

Schließlich kann man noch zur weiter östlich über der Stadt liegenden Felsnekropole hinaufsteigen, von deren Hausgräbern noch einige begehbar sind. Sie weisen allerdings keine auffälligen Besonderheiten auf.

Praktische Hinweise

Information
Cumhuriyet Meydanı, Nr.6 (Hafen), Kaş, Tel. 02 42/836 12 38

Sport
Bougainville Travel, Çukurbağli Caddesi, Kaş, Tel. 02 42/836 37 37, www.bougainville-turkey.com. Die Guides kennen die besten Single Trails für Mountainbiker, bieten Canyoning und Kayakfahrten auf dem Meer.

Hotels
***Ekcici Oteli**, Arısan Sokak 1, Kaş, Tel. 02 42/836 14 17, www.ekiciotel.com. 150 m vom Zentrum und kleiner Badebucht entfernt, am Hang gebaut, mit Pool.

***Hotel Hadrian**, Dogan Kasaroglu Sok. 10, Kaş, Tel. 02 42/836 28 56, , www.hotel-hadrian.de. Familiäres Hotel mit einfach ausgestatteten, aber schönen Zimmern und Swimmingpool. Vor allem für Rundreisende.

***Sardunya Otel**, Hastane Caddesi, Kaş, Tel. 02 42/836 30 80, www.sardunyaotel.com. Kleiner Privatstrand.

Klubhotel Aquapark, Çukurbağ Yarımadase, Kaş, Tel. 02 42/836 19 01, www.aquapark.org. Einsam an Steilküste auf der Halbinsel gelegen.

Restaurants
Sardunya Restaurant, Hastane Caddesi, Kaş, Tel. 02 42/836 30 80. In hübschem Garten an der Straße zum Theater. Gute Fischgerichte.

Sempati, Tel. 02 42/836 24 18, www.sempatirestaurant.com. Uzuncarsi Gürsoy Caddesi, Kaş. Liebevoll betriebenes Familienlokal, nahe dem Hafen.

Zwischen Hafen und Hauptstraße finden sich zahlreiche kleine Restaurants – leider heute alle mit fast identischen Speisekarten und Preisen. Es ist ratsam, die Preise für Fisch vor der Zubereitung zu vereinbaren.

9 Kyaneai

Die ›Stadt der Sarkophage‹.

Oberhalb der Staatsstraße 400 auf halber Strecke zwischen Kaş und Myra; 200 m über dem Dorf Yavu.

Kyaneai liegt beherrschend auf einem Felsplateau über dem Dorf Yavu und ist von dort auf einem stark ansteigenden Pfad zu erreichen (ca. 40 Minuten).

Neben verschiedenen **Nekropolen** mit Hunderten von Grabdenkmälern ist vor allem das **Theater** von Kyaneai wegen seiner Lage bemerkenswert: Eingebettet in die lykische Bergwelt gibt es einen schönen Blick auf die Mittelmeerküste mit ihren Halbinseln und Inseln frei. Wer etwas mehr Zeit hat, sollte sich auch die **Oberstadt** ansehen.

Geschichte   Kyaneai teilt mit anderen, sogar bedeutenderen lykischen Städten das Schicksal, erst in der römischen Kaiserzeit von Geographen beschrieben worden zu sein. Doch geben die lykischen Inschriften und Felsgräber einen Hinweis auf das hohe Alter der lykischen Stadt, die seit dem 2. Jh. v. Chr. eigene Münzen prägte. Der heute sichtbare Ruinenbestand lässt auf eine Blütezeit während der frühen römischen Kaiserzeit schließen. Der bekannteste Bürger war *Jason*, Sohn des Nikostratos, der im 2. Jh. n. Chr. lebte und ein Jahr als Lykiarch amtierte. Erst im 14. Jh. wurde die Stadt verlassen. Bis 2001 führte die Universität Tübingen hier Ausgrabungen durch.

Besichtigung   Man sollte sich in Yavu einem ortskundigen Führer (auch Dorfjungen) anvertrauen, denn nur so kann man Hin- und Rückweg variieren. Der etwas längere, aber weniger steile Weg führt am Südhang des Akropolisfelsens vorbei, folgt in größeren Abschnitten dem antiken Treppenpfad und führt zum ursprünglichen Westeingang der Akropolis – der steilere Weg durchquert die mit ungezählten Sarkophagen bestückte Ostnekropole und erreicht die Akropolis auf der Ostseite.

Während die Ostnekropole vorwiegend die üblichen Sarkophaggräber aufweist, kommt man auf der **Südroute** an sehr unterschiedlichen Grabmonumenten vorbei. So steht linker Hand der **Hyposorion-Sarkophag**, nach den Löwenköpfen auf dem Deckel auch Löwensarkophag genannt, der aus dem anste-

henden Felsen gearbeitet wurde. Ihm benachbart ist ein **Pfeiler** mit Inschriftresten; von zwei weiteren Pfeilermonumenten sind nur die Einlassspuren im Fels erhalten.

Auf der rechten Seite des Pfads sind in die Felswand verschiedene **Hausgräber** mitunter in mehreren Reihen übereinander gearbeitet. Bemerkenswert ist ein auf hohem Sockel aus dem Fels gemeißeltes Hausgrab mit einem besonders hohen Spitzbogengiebel, der von Stierhörnern gekrönt ist.

Ein Stück weiter erkennt man oben an der Südwand des Akropolisfelsens ein ungewöhnlich gestaltetes **Tempelgrab**, das sog. Ionische Grab. Es soll die Front eines Antentempels darstellen, besitzt aber in der Mitte zwischen den Anten lediglich eine, allerdings schön gearbeitete, ionische Säule. Griechischem Formempfinden widerspricht auch der unförmig wirkende Sarkophagkasten auf dem gut erhaltenen Giebel, der die Stelle eines Giebelakroters einnimmt.

Über dem Eingang von der Vorhalle des Tempelgrabs zur Grabkammer erläutert eine Grabinschrift die seltsame Anordnung, wonach der Sarkophag auf dem Giebel für den *Grabherrn Perpenenis* und seine Frau bestimmt war, die eigentliche Grabkammer und die Grabhöhle neben dem Sarkophag für die übrige Familie. Die Inschrift wird ins 3. Jh. v. Chr. datiert. Der sorg- und ahnungslose Umgang mit griechischen Tempelformen lässt auf selbstbewusste ›Neureichs‹ schließen. Immerhin war der Ort geschickt gewählt: gut sichtbar, aber schwer zugänglich.

Den Eingang zur **Oberstadt** erreicht man auf der Westseite. Das ca. 150 x 250 m messende Felsplateau war nur an der steil abfallenden Südostseite nicht ummauert, mehrere Tore führten in die Stadt. Am in byzantinischer Zeit zugemauerten Westtor links vorbei erreicht man einen Ziegenpfad, der unmittelbar hinter dem Tor nach rechts führt. Geradeaus geht es auf die **Akropolis**, wo sich eine kleine Kapelle und mehrere Zisternen befinden. Geht man weiter nach Nordosten, erreicht man die *Akropolisbasilika*. Folgt man der Abzweigung vom Ziegenpfad nach links am Felsmassiv vorbei, so erreicht man nach einer kleinen Felsstufe rechts die **Agora**. Die dortigen **Großen Thermen** sind die besterhaltenen Gebäude Kyaneais. Unmittelbar hinter ihrer Nordwand steht der schönste Sarkophag der Stadt, der aber größtenteils im Erdreich steckt. Auf jeder Seite des Deckels befindet sich das prächtige Relief eines Viergespanns in voller Fahrt.

Über die **Westnekropole** erreicht man das Theater: Man hat die lykischen Berge oberhalb von Kaş ständig im Blick, die höchste Erhebung, der Asas Dağ, erreicht nur wenige Kilometer von der Küste entfernt 1800 m Höhe. Das **Theater** ist an einen niedrigen Hang gebaut und nach Süden orientiert; der *Zuschauerraum* ist relativ klein, größer als ein Halbkreis und umfasst 25 Sitzreihen. Er wird durch ein Diazoma in zwei Ränge unterteilt. Besondere Sorgfalt haben die Steinmetzen der Sitzreihe unterhalb vom Diazoma gewidmet: Sie weisen bequeme Rücklehnen auf. Als die Schauspieler nicht mehr in der Orchestra, sondern auf dem Proskenion auftraten (seit dem 3. Jh. v. Chr.), lagen ja die besten Sitzplätze nicht mehr in der untersten Reihe, sondern höher. Vor zu starker Sonneneinstrahlung konnten die Zuschauer außerdem durch Sonnensegel geschützt werden, Einlasslöcher für die tragenden Holzpfosten blieben in mehreren Reihen erhalten.

Von den mehr als dreißig Theatern der Südwestküste gewähren nur wenige einen derart freien und bezaubernden Blick aufs glitzernde Mittelmeer (noch schöner beim winzigen Theater von Simena [Nr. 11]).

Auf dem Rückweg kann man noch einmal nachvollziehen, warum Kyaneai die **Stadt der Sarkophage** genannt wird. Denn in so dichter Folge wie hier findet man Sarkophaggräber nur noch in Termessos [Nr. 25].

10 Üçağız

Von Inseln und Landzungen beschützte Traumbucht, glasklares Wasser, ungestörte Natur und Ruinenromantik.

Üçağız liegt 17 km südlich der Staatsstraße 400 am Meer.

Der kleine Fischerort Üçağız, das antike Teimioussa, wird kaum wegen seiner

In einer Bucht bei Kekova kann man im glasklaren Meer die versunkenen Mauerreste von Sualti Sehir entdecken und ihrem Geheimnis nachspüren

10 Üçağız

wenig eindrucksvollen Ruinen und Gräber aufgesucht, sondern als Ausgangshafen für eine unvergessliche Motorbootfahrt durch die Bucht von Kekova.

Die Ruinen des antiken Orts liegen unmittelbar am Ostrand des Hafens. Am bekanntesten sind die beiden benachbarten **Felsgräber** am Uferplatz mit dem *Flachrelief* eines nackten Jünglings. Die übrigen im Gelände verstreuten Sarkophage bieten lediglich vom Wasser aus einen malerischen Anblick.

Beim Aushandeln von Route und Preis für eine **Bootsfahrt im Kekova-Golf** sollte man darauf achten, dass das Boot nicht nur nach Kale übersetzt, sondern eine echte Rundfahrt unternimmt (Badegelegenheit). Dazu gehört außer dem Aufenthalt in *Kale* auch die Fahrt entlang der Küste der *Insel Kekova,* der Blick auf im Meer versunkene Ruinen und ein Halt in *Tersane* an der Westküste Kekovas [s. S. 52].

Im Südwesten bewachen die beiden Inseln *Kara Ada* und *Toprak Ada* die schmalen Durchgangspassagen von der Bucht zum Meer. Beiden Inseln sieht man an, dass sie jahrhundertelang als Steinbruch dienten.

Das von einer Burg überragte Simena: Nach Abstechern zur Antike lässt sich die Gegenwart in einer Lokanta am Meer genießen

Bei einem Ganztagsausflug kann man vom Westende der Bucht eine Wanderung über den Isthmus zur Ruinenstätte von **Aperlai** (in der Bucht von Sıcak Iskelesi) unternehmen (ein Pfad führt in 20 min. nach Westen). Aperlai lag am Isthmus einer die Bucht im Westen begrenzenden Halbinsel, sein einstiges Stadtgebiet ist heute unbewohnt, lediglich Reste der *Stadtmauer*, Ruinen von zwei *Kirchen* und kaiserzeitliche Spitzbogendeckel-Sarkophage der *Ostnekropole* blieben erhalten. Ein Teil der Stadt mit den Hafenanlagen und mehrere Sarkophage der Nekropole liegen unter dem heutigen Wasserspiegel.

i Praktische Hinweise

Restaurants und Bars in Üçağız und besonders viele auf Ausflugsverkehr eingestellte Lokale in Simena; bei Ganztagsausflügen ist Picknick am Bacceplatz möglich. Zimmer werden vermietet, **Hotels** in Kaş [Nr. 8] oder Myra [Nr. 12].

11 Kale und Kekova

Kale besitzt das kleinste – aus dem Felsen des Akropolishügels geschlagene – Theater Lykiens in besonders malerischer Umgebung.

Kale liegt in einer durch die vorgelagerte Insel Kekova fast geschlossenen **Bucht** und gehört zu den sehenswertesten Plätzen an der lykischen Küste. Ihren türkischen Namen verdankt die Ortschaft der sie überragenden Burgruine, türkisch *Kale*. Von der antiken Stadt Simena, die sich einst hier befand, blieben nur bescheidene Überreste erhalten.

Da keine ausgebaute Straße nach Kale führt, empfiehlt sich die Anreise mit dem Boot. Viele Jachtkreuzfahrten haben den Ort im Programm, aber auch von Kaş, Üçağız und Demre aus gibt es in der Saison täglich Bootstouren nach Kale und zur vorgelagerten Insel Kekova.

Wer gut zu Fuß ist, kann die Siedlung von Üçağız aus erreichen. Die Wanderung entlang eines Schotterpfades dauert etwa 45 Minuten und ist gut 2,5 km lang.

Geschichte Das antike ›Simena‹ war offensichtlich eine bescheidene, unbedeutende Siedlung, die nur zusammen mit Aperlai, Apollonia und Isinda im Lykischen Bund eine Stimme besaß (wobei vielleicht Apollonia erst in römischer Zeit dazu kam). In Inschriften wurden die Bürger dieser vier miteinander verbündeten Städte als ›Aperliten‹ bezeichnet, nach Aperlai, der größten der vier Städte. Alle Städte lagen im Umfeld der großen Bucht, die heute zu den beliebtesten Anker- und Badeplätzen der Segler gehört. Da mehrere Grabinschriften anscheinend aus dem 4. Jh.v.Chr. stammen, muss Simena wohl eine längere Geschichte haben, von der jedoch nichts überliefert ist.

Besichtigung Der ganze Ort ist auf kleinstem Raum an einen **Hang** gestaffelt und bei der Ankunft vom Meer her zu überblicken. Es bietet sich ein wahrhaft malerisches Bild: Am höchsten Punkt flattert über den grauen Mauern der Burg die rote türkische Fahne vor dem Blau des Himmels im Wind. Sicher war früher die Uferzone breiter, denn Teile des antiken Simena liegen unter dem Wasserspiegel, der hier wie an weiten Teilen der lykischen Küste angestiegen ist. Man erreicht das Ufer über lange Holzstege und Steinmolen, die zu Lokalen am Ufer gehören bzw. durch ein auf Pfählen erbautes Restaurant hindurchführen (die Bootsführer favorisieren natürlich bestimmte Restaurants, an deren Stegen sie festmachen). Der winzige **Hafen** kann nur von flach gebauten Motor- und Ruderbooten angelaufen werden.

Die wenigen antiken Ruinen Simenas, wie eine römische Thermenanlage, sind durch moderne Häuser überbaut. Man hält sich am rechten Ortsrand und steigt entweder sofort zur Burg auf (kurze Klettertour unterhalb vom Theater) oder wählt den bequemeren Aufweg über die im Osten angrenzende **Nekropole**. Hier stehen im hügeligen Gelände zwischen Macchia und einigen Olivenbäumen zahlreiche Sarkophage mit Spitzbogendeckeln, manche auf zweistufigem Unterbau.

Von Nordosten betritt man den Bereich der mittelalterlichen **Burg**, die auf antiken Fundamenten ruht und mit ihren Türmen und langen Mauern mit Schwalbenschwanz-Zinnen fast ein bisschen operettenhaft wirkt. Von hier hat man einen fantastischen Rundblick über die gesamte Bucht und die im Süden vorgelagerte Insel Kekova.

Innerhalb der unteren Burgmauern steht das **kleinste Theater Lykiens**: Es ist

11 Kale und Kekova

Nur ein Sarkophag kündet von der im Meer versunkenen Nekropole des alten Simena. Die Bucht wird von der Insel Kekova begrenzt

vollständig aus dem Burgfelsen geschlagen, besitzt sieben Sitzreihen und konnte höchstens 300 Personen aufnehmen, was wahrscheinlich der Zahl der freien Bürger entsprach. Reste eines Bühnenhauses sind nicht erkennbar. Auf dem knappen Raum hätte es auch kaum Platz gehabt.

In jedem Fall bietet die malerische Bucht mit dem das Sonnenlicht reflektierenden, oft einem silbernen Spiegel gleichenden Meer und den Höhenrücken der Landzungen und vorgelagerten Inseln dem heutigen Besucher eine unvergessliche Kulisse.

Westlich der Burg sind zwei schwer zugängliche **Felsgräber** erhalten, die bereits bei der Anfahrt zu erkennen sind. Steigt man durch die schmalen Gassen des Dorfs wieder hinab zum Ufer und geht westwärts, so sieht man einen frei im Wasser stehenden **Steinsarkophag** – eines der beliebtesten Fotomotive der lykischen Küste. Die kleine Felsinsel dahinter trägt noch deutlich sichtbare Meißelspuren und ist der Rest eines in der Antike benützten Steinbruchs, auch hier lag der Wasserspiegel natürlich ursprünglich niedriger.

Kekova

Die nach Kale fahrenden Boote gleiten meistens an der Nordküste der unbewohnten **Insel Kekova** entlang, wobei sie für kurze Zeit den Motor abstellen, um die Wasseroberfläche ruhig zu halten. Dann kann man *unter Wasser* Steinstufen, Rampen und Mauerreste erkennen. Die steil am Ufer aus dem Meer aufragenden Felswände von Kekova zeigen Umrisse von Giebelhäusern, die hier mit der Rückseite in den Fels eingelassen waren.

Im Westen lag der griechische Ort **Tersane**, von dem in Ufernähe die eindrucksvolle *Apsis* einer Kirche erhalten ist. Nur in den unbewohnten Gegenden, wo die christlichen Ruinen als Ausflugsziele interessant sind, wird man an die rund 2000 Jahre alte christliche Tradition Kleinasiens erinnert (einzige Ausnahme: Myra/Demre).

Praktische Hinweise

Kale ist voll auf den Tagestourismus eingestellt. Am Ufer liegt ein **Lokal** neben dem andern – kein Wunder, dass sich Speiseangebote und Preise ähneln. Besonders romantisch sitzt man auf der kleinen Landzunge, welche die Bucht mit dem im Wasser stehenden Sarkophag vom Hauptufer trennt.

12 Demre/Myra

Eindrucksvollste Felsnekropole der lykischen Küste – und durch die Nikolauskirche eine der ehrwürdigen Stätten des Christentums.

Die Küstenstraße 400 führt mitten durch die Kleinstadt Demre, die das Ruinengebiet von Myra heute umschließt. Die Zufahrten zu den Ruinen und zur Nikolauskirche sind gut ausgeschildert.

Die relativ kleine Ebene von Demre gehört mit der wesentlich größeren von Limyra zu den fruchtbarsten Landstrichen an der türkischen Südküste. Einst lebte hier der hl. Nikolaus, der den Kindern Europas bis heute am 6. Dezember Nüsse und Schokolade in die Schuhe steckt.

Geschichte Dort, wo sich heute die Ebene von Demre erstreckt, breitete sich einst eine weite Bucht aus. Bereits in prähistorischer Zeit verwandelte sie sich durch das von Flüssen antransportierte Schwemmmaterial zu gut bebaubarem Ackerland. Strabo berichtet, dass Myra, das heutige Demre, im **Lykischen Bund** zu den sechs einflussreichen Städten gehörte, die drei Stimmen abgeben konnten; die frühe Stadtgeschichte ist jedoch nicht literarisch belegt. Mauerreste auf der Akropolis bezeugen eine Bebauung oder Befestigung seit dem 5. Jh. v. Chr., vor allem sind die Gräber der beiden Felsnekropolen, die ab 400 v. Chr. errichtet wurden, eindrucksvolle Beweise für den Wohlstand der Bürger in vorrömischer Zeit.

Nach der Zeitenwende mehren sich die Hinweise auf die Bedeutung der Stadt. Im Jahr 18 n. Chr. kam der Stiefsohn von Kaiser Tiberius, **Germanicus**, mit seiner Frau **Agrippina** nach Myra; zu Ehren der beiden wurden ihre Statuen im Hafen Andriake aufgestellt. Für den **Apostel Paulus**, der auf seinem Transport als Gefangener nach Rom bald darauf (60 n. Chr.) in Myra das Schiff wechseln musste, gab es zwar keine Ehrenstatue, dafür aber eine Erwähnung der Stadt in der Apostelgeschichte (27,5). Dass der Gefangene mit seiner Begleitung hier auf ein aus Alexandrien kommendes Schiff umstieg, ist ein klarer Hinweis auf die weitreichenden Seeverbindungen Myras.

Im Jahr 141 n. Chr. zerstörte ein schweres Erdbeben alle wichtigen Gebäude, die umfangreichen Restaurierungs- und Neubaumaßnahmen sind durch prahlerische Inschriften der Mäzene bekannt. Unter ihnen war der Lykiarch und Millionär **Opramoas** aus dem östlich gelegenen Rhodiapolis der spendabelste. Myra verdankte ihm u.a. Gelder zum Aufbau des »größten und schönsten Heiligtums« der Artemis Eleuthera sowie des Theaters und einer kostbar ausgestatteten Exedra am Gymnasium. Er sorgte auch dafür, dass die Stadt zur ›Metropolis‹, also ›Mutterstadt‹ aufstieg, dem politischen und wirtschaftlichen Zentrum der Region.

Das **Heiligtum der Artemis Eleuthera** scheint in dieser Zeit das wichtigste der Region gewesen zu sein, es war wahrscheinlich mit einem uralten Baumkult verbunden. Münzen des 3. Jh. n. Chr. zeigen jedenfalls das Kultbild der Artemis in einer Baumkrone.

Für das junge Christentum war das Wirken des **Nikolaus von Myra** von großer Tragweite. Zahlreiche Legenden und Wundergeschichten knüpften sich an den um 280 in Patara geborenen Kirchenmann, der als Bischof zum Helfer der Armen und in Not Geratenen wurde [s. S. 57] und Myra in einen viel besuchten christlichen Wallfahrtsort verwandelte. So verwundert es auch nicht, dass die Stadt unter Kaiser Theodosius II. (408–450 n. Chr.) zur Hauptstadt Lykiens erklärt wurde.

Obwohl der Ruhm Myras als Wallfahrtsort während des ganzen Byzantinischen Reichs nicht verblasste, konnten die Kaiser seit dem 7. Jh. die Stadt nicht mehr vor Überfällen und Plünderungen durch Seepiraten und muslimische Araber schützen. Zusätzlich sorgten zahlreiche Erdbeben, das Absinken der Küste und die Geröllmassen des Myrosflusses für die Abwanderung der Bevölkerung. Über Jahrhunderte blieb der nun Demre genannte Ort ein ärmliches Dorf. Doch seit Fertigstellung der Küstenstraße (1982) dominieren Agrumenpflanzungen sowie riesige Plastik- und Glasgewächshäuser die Landschaft.

Myra wurde bereits im 19. Jh. durch englische, französische und deutsche Reisende wieder ins Bewusstsein der westlichen Welt gerückt. Eine Ausgrabung der Wohnstadt Myra steht noch aus, die Nekropolen wurden von Jürgen Borchhardt (1975) und George E. Bean (1978) untersucht.

Besichtigung Das moderne Demre präsentiert sich als schnell gewachsene

12 Demre/Myra

türkische Kleinstadt. Vom **antiken Myra** blieben nur das Theater und die Nekropolen. Eine Nebenstraße (Hinweisschild an der Hauptstraße) führt an Gewächshäusern vorbei direkt zum **archäologischen Gelände** mit dem Theater und der Meernekropole. Noch bevor man den leichten Aufstieg ins Theater unternimmt, hat man einen großartigen Blick auf die steil aufragende Felswand mit ihren bienenwabenartig dicht beieinander liegenden, unterschiedlichen Grabhäusern.

Beide liegen in so unmittelbarer Nachbarschaft, dass man auf den Gedanken kommt, die Menschen hätten für ihre Selbstdarstellung lediglich die Bühne gewechselt. Die Felsgräber beim Theater werden als ›Meernekropole‹ bezeichnet, obwohl das Meer in historischer Zeit nie bis hierher reichte. Weiter im Osten liegt über einem schmalen Flusstal die ebenfalls in eine steile Felswand geschlagene ›Flussnekropole‹.

Theater

Auf dem Weg zur Nekropole, gleich links hinter dem Souvenirstand bei den Gewächshäusern, kommt man an einem Bruchstück vom Fries des römischen Bühnenhauses vorüber. Es zeigt drei Masken, welche verschiedene Charaktere des Theaters darstellen. Das **Bühnenhaus** steht teilweise noch bis zur Mitte des ersten Stockwerks und war mit Nischen, Skulpturen und Reliefs – wie dem schon erwähnten Maskenfries – geschmückt. Viele Blöcke des **Fassadenschmucks** sind in Sturzlage am Boden, am Mauerwerk kann man deutlich die nach dem Erdbeben von 141 n. Chr. durchgeführten Restaurierungsarbeiten, wie zusätzliche Entlastungsbögen, erkennen. Die Cavea besitzt einen Durchmesser von ca. 110 m und ist recht gut erhalten. Nach griechischer Art wurde der natürliche Hang für die Zuschauersitze genutzt, allerdings konnte nur der Mittelteil der Sitzreihen in die steile Felswand geschlagen werden, die seitlichen Ränge wurden über Gewölbesubstruktionen hochgezogen. Zu den oberen Sitzreihen führen in der Mitte des Umgangs Treppenstufen, hier verweist eine Inschrift auf die Büste der Tyche, der Stadtgöttin mit der Mauerkrone. Überall sind Einlasslöcher für Holzpfosten erhalten, denn die Sitzplätze des nach Süden gerichteten Theaters konnten durch Sonnensegel geschützt werden.

Oberhalb der Sitzreihen befinden sich in der aufragenden Felswand zahlreiche **Hausgräber**, die überwiegend den Typ des flach gedeckten lykischen Hauses vertreten.

Meernekropole

Nun verlässt man das Theater wieder auf der Westseite und besucht die Nekropole. Zuerst trifft man auf ein **Grabhaus** am Fuß der Steilwand, dessen Sockel heute im Erdreich steckt. Sein Giebel zeigt ein Relief von zwei mit Rundschilden bewaffneten Kriegern.

Der Zugang zu den Grabhäusern bleibt aus Sicherheitsgründen gesperrt. Isoliert steht links (westlich vom Theater) auf einem Felsvorsprung das schönste, vollplastisch ausgearbeitete **Hausgrab** Lykiens: An der Stirnseite besitzt es die typische zweistöckige Fassade in Kassettenbauweise, an den Langseiten ragen ›Holzbalken‹ aus der Wand. Das Dach ist als Satteldach gearbeitet, jede Einzelheit kopiert das lykische Holzwohnhaus.

Noch höher am Hang liegt das berühmteste und interessanteste **Felsgrab** der Meernekropole. Hier wird der Vorteil eines Höhlengrabs im Vergleich zum frei stehenden Einzelgrab deutlich, denn der aus der Felswand geschlagene **Grabraum** ließ sich nachträglich beliebig erweitern. So konnte man zwei parallel liegende Räume verbinden, wie es hier erst vor kurzem durch ein in die Wand geschlagenes Loch geschah, oder die Höhle konnte tiefer in den Felsen getrieben werden, z. B. für die Beisetzung weiterer Familienmitglieder oder für spätere Opferhandlungen.

Berühmt ist das Grab wegen der außen über dem Grabraum angebrachten **Reliefs**, die nicht vollends gedeutet sind. Am linken Felsvorsprung steht der verklärte Tote in Frontalansicht, mit kurzem Lederpanzer bekleidet, den Kurzmantel über der Schulter. In der Linken hält er einen Speer, die Rechte greift nach Helm und Rundschild, welche ihm sein Knappe reicht. Körperbau und das bärtige Gesicht zeigen einen *lykischen Krieger* im besten Mannesalter; Rüstung, Barttracht (für die zeitweilig eine Bartsteuer erhoben wurde), Diener und Ausstattung des Grabs verraten, dass er zur lykischen Oberschicht gehörte. Der wesentlich kleiner dargestellte Knappe muss nicht unbedingt ein Junge gewesen sein, hier wird auf das schon im alten Ägypten angewandte ›Bedeutungsschema‹ zurückgegriffen, das Untergebenen kleinere Körpermaße zuweist.

12 Demre/Myra

Die imponierende Meernekropole des antiken Myra mit den beredten Mienen des Maskenfrieses des römischen Bühnengebäudes im Vordergrund

Der Bildhauer hat geschickt den unregelmäßigen Fels für die Einteilung in einzelne Szenen genutzt. So sind auf dem im rechten Winkel anschließenden Abschnitt zwei *nackte Krieger* dargestellt, malerisch umweht vom Kurzmantel, der rechte Soldat stützt sich auf seine Lanze, der Rundschild ist kaum erkennbar. Vermutlich handelt es sich bei diesen beiden um Heroen, die dem Toten im Jenseits beistehen, vielleicht sogar Ahnen seines Geschlechts sind. Die östlich angrenzende Szene gehört – als *Totenmahldarstellung* – zu den häufigsten im griechischen und römischen Totenkult, ist aber durch ihre Monumentalität doch etwas Besonderes. Der *Tote* liegt auf seinem Ruhebett, der Kline, beim Mahl. Die erhobene Rechte hielt das trichterförmige Trinkgefäß (Rhyton). Am Kopfende des Betts sitzt auf einem Hocker die *Ehefrau* des Grabherrn, sie ist in ein faltenreiches Gewand mit Mantel gehüllt; zwischen Mann und Frau steht eine weitere Gestalt im Hintergrund, wohl eine Familienangehörige. Am Fußende befinden sich die Diener: eine die Doppelflöte haltende Musikantin und ein Knabe, der eine Schale reicht, auf der Speisen lagen. Die Totenmahldarstellungen zeigen den Verstorbenen inmitten seiner häuslichen Umgebung in der immerwährenden Gemeinschaft mit der Familie – ein Gedanke, der auch den real veranstalteten Mahlzeiten zugrunde lag, zu denen sich die Angehörigen am Grab zu bestimmten Zeiten einfanden.

Die übrigen in Hausform gebildeten Felsgräber der Meernekropole sind weniger reich ausgestattet. Sie besitzen im Innern meist schlichte Wandbänke, nur wenige sind als Klinen (mit erhöhtem Kopfteil und Löwenfüßen) ausgearbeitet. Bean beschreibt 1978 noch farbig gefassten Reliefschmuck, der so heute nicht mehr erkennbar ist.

Flussnekropole

Gleiches gilt für die Farben des ›Bemalten Grabes‹ in der Flussnekropole. Um diese zu erreichen, geht man von der Meernekropole ostwärts (der Wärter zeigt gern den Weg oder begleitet die Besucher); für den Abstecher muss man mindestens eine Stunde veranschlagen. Man sollte hier früh am Morgen (vor 10 Uhr) sein, um die Felswand in guter Beleuchtung zu sehen.

Die in die Steilwand geschlagenen Höhlengräber täuschen mit ihren Fassaden wieder vorwiegend flach gedeckte Häuser vor. Die Ausnahme ist das am oberen südlichen Rand der Gruppe gelegene **Tempel- oder Löwengrab**, zu dem Treppenstufen hinaufführen. Hier wird, wie in Fethiye [Nr.1] und Kaunos, die Front eines ionischen Tempels mit Faszienarchitrav, Zahnschnitt und Giebel gezeigt. Das Thema des Giebelreliefs, ›Löwe schlägt Stier‹, ist ein altes Symbol für Kraft und Überlegenheit; es steht hier für die Tapferkeit und Stärke des Grabinhabers. Auch die Pilaster der *Vorhalle* tragen Kapitelle in Löwenkopfform. Sie werden von seltsamen Fabelwesen flankiert, langhaarigen weiblichen Gestalten, deren Rock aus Rankenwerk besteht. Ob sie Tänzerinnen oder Göttinnen sind, ist nicht entschieden.

Über dem Türsturz zeigt ein Totenmahlrelief wieder den Grabherrn mit seiner Familie. Von der einst reichen Ausmalung des Vorraums sind nur noch einige blaue Farbspuren übrig geblieben.

Wendet man sich nach dem Abstieg nach links und folgt dem Pfad nach Norden, muss man nochmals Felsstufen emporsteigen, um zum berühmten **Bemalten Grab** zu kommen. Es handelt sich um ein besonders reich geschmücktes Grab, das wahrscheinlich aus dem 4. Jh.v.Chr. stammt. Charles Fellows sah vor 150 Jahren noch Reste der Bemalung in Rot, Blau, Gelb und Purpur, so erhielt das Felsgrab seinen Namen. Leider sind von den Farben kaum noch Spuren zu erkennen. An der Fassade ist das lebensgroße Relief des auf einen Wanderstab gestützten, bärtigen Toten ausgemeißelt, auf unregelmäßigen Felspartien weiter rechts sind seine Frau mit Tochter sowie weitere Angehörige und Diener zu erkennen. In der *Vorhalle* schließlich zeigt ein Relief den Toten mit einem Trinkgefäß in der Rechten auf dem Ruhebett, eine andere Darstellung präsentiert seine Gattin zusammen mit den Kindern.

Nikolauskirche

Die Kirche (ausgeschildert als Noel Baba-Müzesi) wurde über dem Grab des später heilig gesprochenen Bischofs Ni-

Geschickt hat der Bildhauer die unregelmäßige Felswand fürs Bildprogramm genutzt, dessen Hauptthema das Totenmahl ist. Der Tote wird mit Speise, Getränk und Musik versorgt

12 Demre/Myra

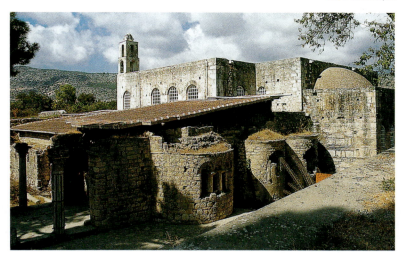

Leider verhindert das heutige Schutzdach den hier noch möglichen Blick auf den mittelbyzantinischen Bau im Hintergrund. Im Vordergrund die ältesten Teile der Nikolauskirche

kolaus von Myra (griechisch: Nikólaos) erbaut, der bis heute weit über die christliche Welt hinaus bekannt ist. Spätestens seit dem 11. Jh., als seine Gebeine nach Bari verschleppt wurden, gehörte Nikolaus zu den wenigen in der Ost- und Westkirche gleichermaßen hochverehrten Heiligen. *Geschichtlich* ist seine Erscheinung kaum belegt, er soll um 280 in Patara geboren sein, in der ersten Hälfte des 4. Jh. in Myra als Bischof gewirkt und als solcher am Konzil in Nicäa 325 teilgenommen haben.

Schon früh rankten sich um den Bischof von Myra *Legenden*, von denen manche ursprünglich mit einem anderen Nikolaus verknüpft waren, der als frommer Eremit in der Nähe der Stadt lebte. Eine dieser Geschichten bezieht sich auf das Fällen des heiligen Baums der Artemis Eleuthera von Myra, also dem sichtbaren und endgültigen Auslöschen des heidnischen Kults. Dieses denkwürdige Ereignis ist auf Münzen dargestellt. Bischof Nikolaus von Myra galt zunächst als *Beschützer der Armen und Kranken*. So symbolisieren in der darstellenden Kunst seine Attribute, drei Goldkugeln, sein tatkräftiges Eingreifen zugunsten der Armen: Als er beim Vorübergehen an einem Haus drei Schwestern klagen hörte, dass sie wegen ihrer Armut keine Ehemänner bekämen, warf er ihnen drei Bälle ins Zimmer. Die Bälle verwandelten sich in Goldkugeln und sicherten den Mädchen die Mitgift. Aus dieser Legende entwickelte sich die Sitte, am Nikolaustag, dem 6. Dezember, Kinder und Bedürftige im Namen des Heiligen zu beschenken.

Nach seinem Tod ereigneten sich *Wunder* an seinem Grab, vor allem kam es zu *Krankenheilungen*. Dass dem Wunderglauben ein wenig durch den Verkauf eines speziellen Öls, das an seinem Sarkophag gewonnen wurde, nachgeholfen wurde, ist nach dem neuen Grabungsbefund nicht mehr nur reine Spekulation [s. S. 58]. Im 10. Jh. schrieb Kaiser Konstantin Porphyrogennetos über die Stadt Myra: »Dreifach gesegnete, myrrhenduftende Stadt der Lykier, wo der mächtige Nikolaus, Diener Gottes, dem Stadtnamen gemäß Myrrhe ausströmt.« Da der Stadtname Myra viel älter ist, scheint der »Myrrhen-ausströmende Nikolaus« zu den publikumswirksamen Legenden und Erscheinungen des Wallfahrtsorts gehört zu haben.

Bald galt Nikolaus auch als Beschützer und Helfer der *Seeleute*, für den Heiligen eines großen Hafenorts nichts Ungewöhnliches, denn er übernahm damit voll die Funktion antiker Gottheiten. Als Schutzpatron der Seeleute gewann er eine so außerordentliche Bedeutung, dass noch heute in jedem christlichen Hafenort des Mittelmeers eine Nikolauskirche oder -kapelle steht.

Baugeschichte Die Ruine liegt in einer bis zu 7 m tiefen Bodensenke. Obwohl bereits im 5. Jh. die Wallfahrten einsetzten,

57

stammen die ältesten Bauteile aus der Zeit nach dem verheerenden Erdbeben von 529, das im gesamten Mittelmeerraum schwerste Schäden anrichtete. Es handelt sich um zwei kleinere Apsiden und auch Teile des Nordgangs, die im 8. Jh. in einen repräsentativen Neubau einbezogen wurden.

Die **Hauptkirche** ist eine stark restaurierte ehem. *Kuppelkirche* des 8. Jh. mit einem auf dem Gebiet der heutigen Türkei seltenen Synthronon im Bema (halbrunde Priesterbank im Allerheiligsten) sowie Emporen und Exonarthex (äußere Vorhalle). Diese Kirche öffnet sich zu den nördlichen und südlichen Seitenschiffen mit je drei Arkaden, im Süden grenzt ein weiteres Nebenschiff an, das in einer Nische wahrscheinlich das *Grab des Heiligen* barg. Jedenfalls dürfte hier bis zum Raub der Reliquien ein Sarkophag gestanden haben, dessen in Bruchstücken erhaltener dachförmiger Deckel Einarbeitungen für Ölspenden zeigt. Das Öl konnte durch ein Loch im Sarkophagsockel wieder aufgefangen werden und galt durch die Berührung mit den Gebeinen als heilkräftig.

Bei einem arabischen Überfall erlitt die Kirche 1034 schwere Zerstörungen, der byzantinische Kaiser Konstantin IX. Monomachos (1042–1055) ließ sie wieder aufbauen und um einen **Klosterkomplex** erweitern. Bald darauf hatte Myra erneut unter Überfällen von See zu leiden, am schlimmsten traf jedoch die Pilgerstätte 1087 der Raub der Gebeine des Heiligen durch christliche Seefahrer. Nur unter höchst ärmlichen äußeren Bedingungen blieb nach der Machtübernahme durch die islamischen Turkstämme im 13. Jh. die örtliche Tradition bestehen: Man zeigte restliche Gebeine des Heiligen in einem anderen Sarkophag. 1853 engagierte sich der russische Zar Nikolaus I. für die Kirche seines Namenspatrons, u. a. ließ er die eingestürzte Kuppel durch ein Kreuzgratgewölbe ersetzen. 1962/63 wurde die vom Schwemmsand fast zugedeckte Kirche freigelegt, 1989 übernahm die Universität Ankara in Zusammenarbeit mit der Museumsverwaltung Antalya Ausgrabung und Restauration der Anlage.

Besichtigung Die Kirche liegt heute im Stadtgebiet und ist gut ausgeschildert, Parkmöglichkeit an der Ausfallstraße nach Kaş. Durch das neuzeitliche Schutzdach wird der Überblick leider sehr beeinträchtigt. Man betritt das Gelände von Süden und hat einen Blick auf die Ostpartie der Bauten mit ihren vier Apsiden: Die Hauptapsis der einstigen Kuppelkirche besitzt einen Polygonalabschluss, die südlichen Apsiden sind rund.

Zunächst gelangt man von Süden her in eine korridorartige, nach Norden führende **Eingangshalle**. Sie öffnet sich mit dreiteiligen Säulenarkaden nach Osten und Westen, die Säulen tragen spätantike Kompositkapitelle. Der Gang trifft auf eine kleine kreuzförmige **Kapelle**, deren halbrunde Apsis durch ein Arkadenfenster belichtet wird. Deutlich sind Fresken-

Der attische Rankensarkophag galt einige Zeit als Grab des hl. Nikolaus. Das Kreuz wurde erst nachträglich eingearbeitet

12 Demre/Myra

Durch die Fenster im Obergaden fällt Sonnenlicht in die ehrwürdige Nikolauskirche

reste zu erkennen. Nach Westen schließt ein lang gestreckter **Grabraum** an. Hier steht in einer Nische ein schöner attischer *Rankensarkophag* mit eingearbeitetem Kreuz, der einige Jahrhunderte als Sarkophag des hl. Nikolaus galt; auch hier sind an den Wänden *Freskenfragmente* erkennbar. Diese wie ein drittes südliches Nebenschiff der Hauptkirche wirkende Anlage dürfte um 1118 entstanden sein.

Über schönen *Marmorboden* (Opussectile-Arbeit = farbige, in Mustern verlegte Marmorplatten) geht man weiter nach Norden und gelangt in den kapellenartigen Abschluss des **zweiten südlichen Nebenschiffs** der Hauptkirche. Unter dem schlichten Fenster befindet sich in der Apsis ein Arkosolgrab, das Zar Nikolaus I. restaurieren ließ, da es im 19. Jh. als Nikolaus-Grab galt. Ursprünglich dürf-

59

12 Demre/Myra

Jesus teilt beim Letzten Abendmahl das Brot mit den Jüngern: Fresko in der Nikolauskirche

te sich das Grab des Heiligen im westlich angrenzenden vierjochigen Schiff befunden haben; wahrscheinlich wurde deshalb dieser Bereich im 8. Jh. als zusätzliches Nebenschiff in die Hauptkirche integriert. Heute steht in der ersten Südnische ein stark beschädigter *Säulensarkophag* aus dem 2. Jh.n.Chr. mit Deckel in Form einer Kline.

Nach Norden weitergehend, gelangt man in das eigentliche **Südschiff** der Hauptkirche, dessen Apsis wie die vorhergehende aus dem 6. Jh. stammt. Der wie ein quadratischer Teppich wirkende Marmorboden besitzt im Zentrum eine runde rot-braune Marmorplatte, die von Opus-sectile-Bordüren, also einer Art Mosaik, gerahmt ist.

Sehr eindrucksvoll ist das Zentrum der **Hauptkirche**. Die innen runde *Apsis* wird durch drei große Fenster erhellt, hier findet sich auch das über einem Rundgang aufgemauerte *Synthronon* mit dem Bischofssitz. Der Altar war von einem Ciborium überspannt, dessen vier antike Säulen wieder aufgestellt wurden. Im Norden und Süden gewähren Arkaden Zugang zu den Nebenschiffen. Der quadratische Mittelraum der Kirche war ursprünglich von einer belichteten Kuppel überwölbt, vielleicht entstanden die plump wirkenden Arkadenpfeiler erst nach dem Einsturz einer ersten Kuppel. Deutlich erkennt man überall die Spuren von Restaurierungen aus verschiedenen Jahrhunderten, u.a. stammt das gesamte Mauerwerk über dem durchlaufenden Gesims aus dem 19. Jh.

An das nördliche Seitenschiff grenzt ein **mittelbyzantinischer Anbau**, in dem die Treppe zu den *Emporen* untergebracht ist (nicht immer zugänglich). Hier oben bietet sich ein ausgezeichneter Blick auf den Kirchenraum.

Nun kann man durch die beiden Vorhallen den **Vorplatz** im Westen der Kirche erreichen, in dem ein doppeltes Arkosolgrab an der südlichen Begrenzungsmauer auffällt. **Äußere und innere Vorhalle** (Exo- und Esonarthex) wurden im 19. Jh. stark ergänzt. Dadurch wurden aber auch die originalen Reste geschützt. So fand man bei neueren Untersuchungen *Wandinschriften*, die über Schiffsrouten- und Zollbestimmungen der Häfen von Myra und Phaselis berichten. Auch die Freskenfragmente blieben vor weiterer Zerstörung bewahrt.

Zweifellos besaß die Kirche früher ausgedehnten **Fresken- und Marmorschmuck**. Die interessantesten Freskenreste befinden sich im *Esonarthex*. Man erkennt mehrere Gruppen von Bischöfen, die sich um einen Altar mit Kreuz scharen, in der Gruppe im Südjoch steht rechts vom Altar der Kaiser mit einer perlenbesetzten Krone. Die Bilder werden als Konzilsdarstellungen gedeutet.

Seit Myra 1923 von den Christen verlassen wurde, residiert der Titularbischof von Myra in Istanbul; 1992 wurde am 6. Dezember ein feierlicher Gottesdienst in der Kirche von Myra gehalten, bei dem Mönche aus der russischen Kirche von Niederaltaich/Bayern dem orthodoxen Bischof eine Nikolaus-Ikone überreichten. Derartige Gottesdienste bedürfen einer Sondergenehmigung durch die türkische Regierung. Im Übrigen versucht das Tourismusministerium die Lokaltradition durch ein ›Santa-Klas-Fest‹ zu bewahren.

Praktische Hinweise

Hotel
(nur für Übernachtungen geeignet, besitzt aber Zimmer mit Dusche u. WC)
*Kıyak Oteli, Merkez Ilkolulu Arkası (an der Abzweigung von der Straße 400 zum Stadtzentrum, ›Şehir Merkesi‹), Demre, Tel. 02 42/871 20 92. Im Hotel kann man die Bootsfahrt nach Kekova buchen, am besten am Tag vor der Ankunft in Andriake.

Restaurants
Güneyhan Restaurant, Müze Cad., Noel Baba Kilisesi Yanı (neben Nikolauskirche), Demre, Tel. 02 42/871 50 19. Großes, leistungsfähiges Lokal.
Tadım Restaurant, Müze Cad., an der Straße zur Nikolauskirche, Demre.

Myra: Das Kompositkapitell des Säulengangs gehörte zu einem römischen Bau. Es zeigt deutliche Spuren des Steinbohrers der Steinmetzen

13 Andriake

Badefreuden am Sandstrand und römische Ruinen.

5 km südwestlich von Demre, nahe der vierspurigen Küstenstraße.

Nur wenige Kilometer sind es von Demre, dem antiken Myra, nach Andriake. Wo einst Handelsschiffe anlegten, schaukeln heute Gulets auf den Wellen des Mittelmeers. Mit ihnen kann man Ausflüge in die Buchten der Umgebung unternehmen.

Geschichte Andriake liegt an der Mündung des Flusses Andrakos, der während der Sommermonate zu einem schmalen Rinnsal schrumpft. Wann Andriake gegründet wurde, ist nicht bekannt, doch wird berichtet, dass es bereits im 3. Jh. v. Chr. in das Verteidigungssystem von Myra einbezogen war.

In der römischen Kaiserzeit gehörte Andriake zu den wichtigsten Häfen an der Route von Rom nach Osten; u.a. machte Kaiser Trajan auf seinem Partherfeldzug 114 n. Chr. hier Station. Nur kurze Zeit später (129 oder 131 n. Chr.) kam **Hadrian** nach Andriake. Zu seinen Ehren wurden am großen Getreidespeicher (Granarium) Büsten von ihm und seiner Frau Sabina angebracht. Noch am Ende des 4. Jh. war der **Hafen** ein wichtiger Umschlagplatz für das Getreide aus Ägypten. Durch Versumpfung verlor er jedoch schon in mittelbyzantinischer Zeit seine Bedeutung.

Besichtigung Eine Stichstraße von der E 90 führt direkt zur Anlegestelle der Gulets. Kurz vorher quert eine kleine Brücke den Andriakos. Linkerhand breitet sich der feine **Sandstrand** von Andriake aus Er ist ungewöhnlich flach und daher für Kinder sehr gut geeignet.

Hält man sich dagegen rechts, so betritt man das Areal des antiken Andriake. Die meisten im sandigen, teils sumpfigen Gelände verstreut liegenden Ruinen sind nur für Fachleute interessant. Es handelt sich bei ihnen um die Ruinen eines **Nymphäums** (mit schönem Keilsteinbogen), einer Wassermühle und einer byzantinischen Kirche. Etwas weiter oberhalb der Kirche liegt am Hang des schmalen Tals eine **Nekropole**.

Wirklich empfehlenswert ist dagegen der Weg zum Granarium, einem der zwei relativ gut erhaltenen Getreidespeicher Kleinasiens (der zweite in Patara [Nr. 6]).

13 Andriake

Um zu dieser **Speicherstadt** zu gelangen, geht man ungefähr in Höhe der Brücke durch das leicht hügelige Gelände nach Südosten. Im Altertum durchspülte der Andrakos-Fluss das Hafenbecken und sorgte für Frischwasserzufuhr. Am einstigen Kai ist die ehem. südliche *Uferstraße* gut auszumachen, sie war 7 m breit und überdacht. Hier standen mit der Stirnseite zum Hafen dicht an dicht zahlreiche *Speicherhäuser*, deren Fundamente erhalten sind.

Eindrucksvollste Ruine ist das **Granarium**, das etwas weiter im Süden durch seine beachtlichen Maße auffällt: Es ist 65 m lang, zweistöckig und besitzt noch den Ansatz des Giebeldachs. Über die acht großen Eingängen verlief in voller Breite eine lateinische *Inschrift*, die den Speicher als ›Horrea‹ (griech. = Vorrat) bezeichnet und auf Kaiser Hadrian, den Großneffen Kaiser Trajans, hinweist. Die Inschrift wird über dem linken Mitteleingang durch Büsten Kaiser Hadrians und seiner Frau Sabina unterbrochen; zwischen den Fenstern über der rechten Mitteltür erkennt man *Reliefs* von zwei Lanzen und einem Schild, ein Hinweis, dass der Speicher unter militärischem Schutz, d.h. staatlicher Verwaltung, stand. Dass der Getreidespeicher noch in frühbyzantinischer Zeit in gleicher Funktion genutzt wurde, zeigt eine weitere, weniger repräsentative Inschrift vom Ende des 4. Jh. neben dem rechten Mitteltor. Interessant ist auch ein *Votivrelief* neben der zweiten Tür von rechts, das die ptolemäischen Gottheiten Sarapis und Isis mit Greif und Schlange zeigt. Die Fassade wird im Übrigen durch Doppelfenster über den acht Eingangstüren gegliedert. Im Innern waren die durch die Außentüren erreichbaren Räume durch kleine Nebentüren miteinander verbunden. Wie die Lagerung genau funktionierte, kann man nur vermuten.

Im Osten des Granariums liegt der einst von Geschäften umgebene **Marktplatz**, der nach seinem Plattenbelag ›Plakoma‹ genannt wurde. Unter dem Marktplatz befindet sich eine *Zisterne*. Sie sicherte die Wasserversorgung der Siedlung, bis im 2. Jh. ein Aquädukt erbaut wurde. Weiter im Osten liegen im sandigen Gelände die Fundamente von zwei *Kirchen*. Vom Wohnbezirk, der sich südlich der Agora am Hügel entlangzog, ist kaum etwas zu erkennen, etwas besser ist ein Beobachtungsturm im Westen erhalten, der lange für einen Tempel gehalten wurde.

ℹ Praktische Hinweise

Restaurant

Strandlokal **Çalpan Restoran**, Andriake Çayağı. Am Westende des archäologischen Grabungsgeländes (s. o.).

Wichtig: Wer von hier aus mit dem Boot nach Simena/Kekova [Nr.11] fahren möchte, sollte sich einen Tag vorher anmelden bei: **Bot Tur Adakı** (Bootsverleih) der Brüder Ali und Halil Ibrahim Yörükoğlu, Demre. Am einfachsten zu erreichen ist es über das Kıyak Oteli in Demre [s. S. 61]. Es empfiehlt sich, vorab den Preis auszuhandeln!

14 Limyra

Lykisch-römische Ruinenstätte, die 1966 durch die Entdeckung des Grabmonuments des lykischen Dynasten Perikles (Anfang 4. Jh. v. Chr.) berühmt wurde.

Nördlich der Küstenstraße 400 gelegen. Von Kaş kommend fährt man bei Finike 5 km in Richtung Elmalı nach Norden, dann in Turunçova (nach rechts abbiegen) auf der Nebenstraße in Richtung Kumluca, braunes Schild. Die Straße durchquert das Ausgrabungsgelände.

Von Antalya kommend erreicht man die Ruinenstätte ebenfalls am unkompliziertesten über die Straße Finike-Elmalı. Man kann aber auch bei Kumluca von der Küstenstraße abbiegen und über eine Nebenstraße ins Ruinengelände gelangen (bei der Überquerung eines Nebenarms des Alakır Çayı kurz vor Limyra rechts eine alte Bogenbrücke).

Über die Besiedlung in der Frühzeit liegen bislang keine Erkenntnisse vor, die Lykier nannten den Ort Zemuri. Im Vergleich mit den bekannten lykischen Metropolen Xanthos und Myra galt Limyra eher als unbedeutend, erst die Entdeckung des **Grabmonuments** wies dem Ort einen neuen Rang in der lykischen Geschichte zu. Aus griechischen Quellen ist ein König oder Fürst **Perikles** überliefert, heute bestehen keine Zweifel mehr, dass dieser lykische Fürst in Limyra residierte.

Sechs Grabinschriften in lykischer Sprache enden mit dem Satz: »unter der Herrschaft des Perikles«. Vier dieser Gräber stehen in Limyra, zwei davon besitzen Reliefs, die in das zweite Viertel des

14 Limyra

Andriake gehörte zu den wichtigsten Getreideumschlagplätzen des Römischen Reiches: Der Getreidespeicher war Kaiser Hadrian gewidmet

4. Jh. v. Chr. datiert werden. Da Perikles – griechischen Quellen zufolge – sowohl Telmessos (Fethiye) wie auch das auf der Ostseite der lykischen Halbinsel gelegene Phaselis belagerte, scheint er in der ersten Hälfte des 4. Jh. v. Chr. ein mächtiger Lokalherrscher gewesen zu sein, obwohl Lykien nominell dem persischen Satrapen in Sardes unterstand. Offenbar beteiligte sich Perikle im Jahr 366 v. Chr. am schließlich niedergeschlagenen Satrapenaufstand gegen den persischen Großkönig. Das Grabmal auf der Akropolis von Limyra zeigt, dass Perikle vor dem **Satrapenaufstand** in puncto Machtanspruch und Kunstförderung in direkter Konkurrenz zu den Hekatomniden von Halikarnassos stand. Dafür sprechen auch die großartigen **Porträtmünzen**, die Perikles mit dem typischen Bart der lykischen Adeligen zeigen; sie gehören zu den seltenen frühgriechischen Porträtmünzen.

Nach dem Eroberungsfeldzug Alexanders d. Gr. geriet Limyra unter wechselnde Herrschaften der Diadochenfürsten, bis es 188 v. Chr. von den Römern im Vertrag von Apameia mit ganz Lykien den **Rhodiern** zugesprochen wurde. Der Lykische Bund wehrte sich in mehreren Aufständen gegen das verhasste Rhodos und konnte von den Römern 167 v. Chr. die Lösung vom rhodischen Inselstaat und eine begrenzte Autonomie innerhalb der römischen Verwaltung erreichen. Im **Lykischen Bund** besaß Limyra drei Stimmen, was für die Bedeutung der Polis spricht.

Im Jahr 4 n. Chr. starb in Limyra der auf einem Armenienfeldzug schwer verwundete Enkel und Adoptivsohn des Augustus, **Gaius Caesar**. Ihm wurde ein großes Kenotaph errichtet, dessen Kernbau noch heute aus dem Sumpfgelände der Unterstadt ragt. Nach dem schweren Erdbeben von 141 n. Chr. unterstützte der Mäzen **Opramoas** großzügig den Wiederaufbau des Theaters. In byzantinischer Zeit überschwemmte der Fluss Limyros mehr und mehr den römischen Stadtbereich und die Menschen siedelten sich im ehem. Hafengebiet der Stadt, Phoinikos, dem heutigen Finike, an. Unter Sultan Beyazıt I. Yıldırım (1389–1403) wurde das Gebiet ins Osmanische Reich eingegliedert.

Schon Evliya Çelebi beschrieb Mitte des 17. Jh. in einem seiner Reiseberichte die »paradiesischen Zitronen-, Orangen- und Granatapfelhaine« bei Limyra, heute ist zu den Agrumenpflanzungen der Tomatenanbau in Gewächshäusern gekommen: Tomaten braucht jede türkische Hausfrau zur Herstellung ihrer speziellen Würzpaste. Im Vergleich zur **Landwirtschaft** spielt der Tourismus in der Gegend von Finike-Limyra nur eine untergeordnete Rolle.

Die Ruinen von Limyra wurden im 19. Jh. zuerst von Charles Robert Cockerell besucht. Spratt und Forbes beschrieben

14 Limyra

bereits 1847 die Akropolis der lykischen Stadt, doch machte erst die Entdeckung der Ruinen des Perikles-Grabmals am Akropolishang durch Jürgen Borchhardt Limyra über die Fachwelt hinaus bekannt. Ab 1969 wurden die Ausgrabungen durchgeführt und veröffentlicht, Teile des Fries- und Skulpturenschmucks blieben am Ort, andere kamen ins Archäologische Museum von Antalya.

Die Ruinen von Limyra liegen an einem karstigen Ausläufer des Toçag Dağı. Sie lassen sich in drei Bereiche einteilen. Für nicht speziell archäologisch interessierte Besucher sind die **Felsnekropolen** mit dem römischen Theater das lohnendste Gebiet. Einen gewissen Spürsinn sollte mitbringen, wer die römisch-byzantinische **Unterstadt** erkunden will, sind ihre Ruinen doch im sumpfigen Gelände am Fuß von Akropolishang und Nekropole verstreut. Auch für die Besteigung des **Akropolishügels** braucht man Ausdauer, zu entdecken gibt es an und auf ihm eine Prunktreppe und die Basis des Perikles-Grabmals sowie Reste der Unter- und Oberburg.

Felsnekropolen

Die Felsnekropolen von Limyra spannen sich um den ganzen Ausläufer des Toçag Dağı, auf dem einst auch die lykische Akropolis und die lykische Wohnstadt lagen. Leider kann man als Tourist die malerischste Gräbergruppe nur von der Ferne (und mittels eines Umwegs) anschauen: Es handelt sich um sehr hoch im fast senkrechten Felsen ausgemeißelte **Hausgräber** über der Straße nach Elmalı. (Man fährt ca. 1 km über Turunçova hinaus nach Norden in Richtung Elmalı. Um die mit sehr schönen Fassaden geschmückten Gräber auf der Ostseite der Straße würdigen und auch fotografieren zu können, benötigt man unbedingt ein Fernglas bzw. Teleobjektiv.)

In Limyra gruppieren sich die interessantesten Gräberfelder um das **Römische Theater** [1], das direkt nördlich der Straße liegt (Hinweisschild). Es ist, wie in Myra, zum Teil an den Fuß der Felswand gelehnt, allerdings entschieden kleiner. Sicher besaß es einen hellenistischen Vorgänger, doch ist davon nichts mehr zu sehen; die vorhandene Bausubstanz stammt vorwiegend aus dem 2. Jh.n.Chr. Nach dem mehrfach erwähnten Erdbeben von 141 unterstützte Opramoas aus dem benachbarten Rhodiapolis den Wiederaufbau mit 20 000 Denaren. Während vom Bühnenhaus nur wenige Quaderschichten erhalten blieben, beeindruckt die Stützmauer des Zuschauerraums durch sauber gebosstes Mauerwerk. Der gedeckte Umgang, der den Zuschauerraum umgibt und Zugang zum Diazoma gewährt, ist heute Grabungsdepot; leider sind die Sitzreihen ihrer Steinbänke beraubt, sodass der Eindruck nicht gerade überwältigend ist. Von den oberen Rängen überblickt man gut die verhältnismäßig große Orchestra des Theaters und die über ein weites Gelände verteilten Ruinen der römischen Unterstadt.

Das Theater liegt ungefähr in der Mitte der nach Süden orientierten, weitläufigen Felsnekropole und teilt diese in eine Ost- und Westgruppe.

Die bemerkenswerteste Anlage der Ostnekropole ist kein Felsgrab, sondern ein isoliert auf hohem Unterbau östlich vom Theater stehendes **Sarkophaggrab** [2]; um das auffallende Monument zu erreichen, muss man im Uhrzeigersinn das Theater umrunden. Ursprünglich befand sich die Grabanlage – was nur in Ausnahmefällen vorkam – innerhalb des lykischen Stadtgebiets, sie muss deshalb einer bedeutenden Persönlichkeit gehört haben. Eine Inschrift bezeichnet als Grabherrn *Chñtabura*, der vielleicht nicht nur ein besonders verdienstvoller Adeliger, sondern womöglich ein Verwandter (jüngerer Bruder?) des Perikles war. Der gut erhaltene Spitzbogendeckel des lykischen Sarkophags trug wahrscheinlich eine Statue, seine Giebelseiten sind mit antithetischen Greifenreliefs geschmückt. Vertiefungen auf dem vorkragenden Gebälk des Unterbaus lassen auf weiteren plastischen Schmuck schließen.

Fellows veröffentlichte bereits Mitte des 19. Jh. Zeichnungen von den heute stark verwitterten **Reliefs**, welche die Basis des Grabmals schmücken. Sie haben durch J. Borchhardt eine interessante Deutung erfahren. Während die Motive an Nord- und Südseite (Pferdegespann; Totenmahl und Opfer) der lykischen Tradition entsprechen, zeigt die Westseite den stehenden, jugendlich-athletischen Chñtabura zwischen zwei sitzenden alten Männern. Borchhardt erklärt die Szene als *Totengericht*, bei dem sich der seines Gewandes – und seiner Ämter – entledigte Verstorbene vor den Totenrichtern Aiakos und Rhadamanthys verantworten muss.

64

14 Limyra

Limyra, Westnekropole: Nur der Nachruhm machte Helden unsterblich. So zeigt sich der lykische Adlige Trbbenimi noch im Tod als siegreicher Kämpfer

Die weiter östlich liegenden Felsgräber der umfangreichen **Ostnekropole** [3] sind weniger interessant; sie zeigen durchweg die charakteristischen, dem Holzhausbau entlehnten Fassaden vor relativ kleinen Grabräumen. Leider wurden viele davon, insbesondere in Straßennähe, von Bauern als Bienenstöcke zweckentfremdet. Erst neuerdings haben sich Ausgräber intensiv dieses Bezirks angenommen und durch die Freilegung mehrerer Gräber weitere Zerstörungen verhindert.

Wer die schönsten Gräber der **Westnekropole** sehen möchte, muss am steinigen, z.T. macchiabedeckten Hang herumklettern, am sichersten findet man sie in Begleitung des Wärters. Der Weg hinauf, hinter den Gewächshäusern, ca. 300 m westlich vom Theater, ist nicht leicht zu finden, aber sehr lohnend. Man entdeckt hier alle Varianten der lykischen Hausfassade, die meisten Grabhäuser sind flach gedeckt, einige besitzen Giebeldächer. Andere zeigen mit Reliefs von ionischen Säulen und Firstakroteren Anklänge an Tempelfassaden. Relativ häufig findet man *figürlichen Reliefschmuck*. Von diesen reliefverzierten Gräbern sind das Grab des Trbbenimi und das des Tebursseli am bedeutendsten.

Das **Trbbenimi-Felsgrab** [4] liegt relativ weit oben am Hang und zeigt den Toten als siegreichen Kämpfer; er ist mit einem Lederpanzer über kurzem Chiton bekleidet, sein von einer Rundfibel gehaltener Kurzmantel flattert im Wind. Mit der linken Hand packt er den auf der Flucht zu Boden gegangenen Gegner am Haarschopf, während er das Kurzschwert stoßbereit in der rechten hält. Durch die Inschrift ›unter der Herrschaft des Perikles‹ wird das Grab in die erste Hälfte des 4. Jh.v.Chr. datiert.

Ganz ähnlich verhält es sich mit dem am unteren Hang gelegenen und leichter erreichbaren **Tebursseli-Grab** [5], das mit der Inschrift ›als Perikles den Arrtum̃para besiegte‹ und den dargestellten Kampfszenen sogar direkten Bezug auf die Kämpfe um die Vorherrschaft in Lykien in dieser Zeit nimmt. Der limyrische Herrscher Perikles besiegt hier mit seinen Gefolgsleuten Arrtum̃para, den Herrscher über Telmessos und das Xanthostal. Sicher waren Feinheiten der sehr schönen Flachreliefs zusätzlich aufgemalt.

Römische Unterstadt

Bereits in hellenistischer Zeit griff die ursprünglich am Hang gelegene Wohnstadt auf die Ebene über. Im 2. Jh., dem

14 Limyra

›Goldenen Jahrhundert‹, dürfte sie ihre größte Ausdehnung gehabt haben, während sie in den folgenden unruhigen Zeiten in eine **Ost- und Weststadt** aufgeteilt und separat durch Mauern geschützt wurde. Südwestlich vom Theater wird die Straße von einem gut erhaltenen Stück der byzantinischen westlichen **Stadtmauer** begleitet, die im 5. und 6. Jh. z.T. aus älterem Material entstand und an diesem Abschnitt zehn vorspringende Türme aufweist.

Nahe der Nordwestecke der Mauer befand sich ursprünglich ein **Lykischer Torbau** [6], der den Zugang zur lykischen Wohnstadt am Hang bildete. Etwas weiter südlich liegt im sumpfigen Gelände der noch deutlich aufragende Kern des einst wohl 18 m hohen **Kenotaphs für Gaius Caesar** [7], den in Limyra verstorbenen Adoptivsohn von Kaiser Augustus. Es scheint sich um einen quadratischen Grabturm mit Pyramidenspitze gehandelt zu haben, der mit Reliefs und Inschriften repräsentativ die Taten des 24-Jährigen im Partherfeldzug rühmte.

Die seit 1984 laufenden Grabungen haben ferner in der Nähe des Theaters einen **Podiumtempel** [8] nachgewiesen, der zu Ehren der ptolemäischen Herrscher erbaut wurde (Lykien unterstand ab 309 v. Chr. fast 100 Jahre den in Alexandrien residierenden Ptolemäern). Spätestens in byzantinischer Zeit war er zerstört, sodass seine Fundamente von der Stadtmauer überdeckt wurden. Wie die Forscher aus Bruchteilen rekonstruieren konnten, handelte es sich um einen von 18 ionischen Säulen umgebenen *Rundtempel*, der einen Relieffries an der Cella besaß. An der Ostseite des Tempels wurde 2001 eine frühbyzantinische Kirche ausgegraben, die im Wasser als Ruine zu erkennen ist.

In der **Oststadt** – hier fanden zuletzt von 1995–99 Ausgrabungen statt, die allerdings nur als verwachsene Sondagen zu erkennen sind – finden sich Ruinen der byzantinischen **Bischofskirche** und **-residenz** [9], Thermen und – außerhalb des einst monumentalen Osttors – ein **Kloster** (Tekke) **des Bektaschı-Ordens** [10] mit Grabbau (Türbe).

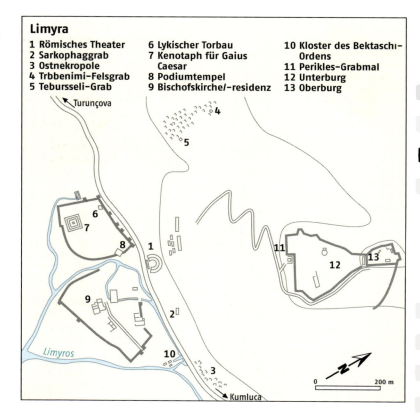

Limyra
1 **Römisches Theater**
2 **Sarkophaggrab**
3 **Ostnekropole**
4 **Trbbenimi-Felsgrab**
5 **Teburseli-Grab**
6 **Lykischer Torbau**
7 **Kenotaph für Gaius Caesar**
8 **Podiumtempel**
9 **Bischofskirche/-residenz**
10 **Kloster des Bektaschı-Ordens**
11 **Perikles-Grabmal**
12 **Unterburg**
13 **Oberburg**

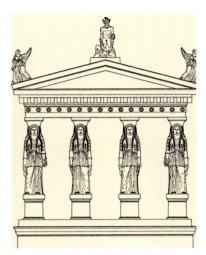

Karyatiden trugen den Giebel des Perikles-Grabmals von Limyra. Der Aufriss lässt sich nur annäherungsweise rekonstruieren

Perikles-Grabmal und Akropolis

Der zu den wenigen Überresten des Perikles-Monuments führende Saumpfad beginnt hinter der Nordwestecke des Theaters und ist markiert. Man sollte für ihn genügend Zeit, Kondition und Sinn für Landschaft und Geschichte mitbringen. Der Pfad führt in Spitzkehren steil bergan und ist der Sonnenhitze ausgesetzt. Bis zum Fundament des in 218 m Höhe liegenden Grabmals braucht man 40 Minuten, von hier hat man einen weiten Blick auf die Ebene bis zum Meer und spürt, dass der lykische Dynast noch im Tod sein Land beherrschen wollte.

Der **Platz** für das **Perikles-Grabmal** [11] war in zweifacher Hinsicht glänzend gewählt: Das Heroon (Tempel für einen besonders verehrten Helden) lag am Fuß (und Zugang) der lykischen Unter- und Oberburg und bildete gleichzeitig einen weithin sichtbaren Blickfang, so konnten sogar Seefahrer auf der viel befahrenen Strecke den Bau sehen. Vor dem Mausoleum fällt der Hang steil nach Süden ab, eine breite, in den Felsen geschlagene Freitreppe erhöhte optisch das Monument zusätzlich. Um den Bau an dieser Stelle errichten zu können, musste eine künstliche, 19 x 17,5 m große Plattform aus dem Felshang geschlagen werden; für die Errichtung des Heroons wurde der örtlich anstehende Kalkstein verwendet, lediglich die Giebelakrotere waren in Marmor ausgeführt.

Zweifellos war für die Baukonzeption das Nereïden-Monument von Xanthos ein Vorbild, wie dort erhob sich auch in Limyra über einem hohen Podium ein ionischer Tempel mit Giebel und Firstschmuck. Der sockelartige **Unterbau**, der die Grabkammer umschloss, war ein typisch lykisches Element, das in abgewandelter Form auch die Hyposorion- und Pfeilergräber zeigen. Dagegen übernahm man im **Oberbau** griechische Bauformen, die nun in den Grabkult integriert wurden. Hier wählte der Bauherr eine Tempelform, die nur an der Front- und Rückseite je eine Säulenreihe besitzt (sog. Amphiprostylos). Der Vorteil: die Cella erstreckt sich über die volle Breite des Baus, ist also geräumiger. Und: wenn die Langseiten der Cella – wie hier in Limyra – mit einem Figurenfries geschmückt waren, blieb die Sicht auf ihn unverstellt.

Mit enormem Einsatz gelang es den Archäologen, Aufbau und Bildschmuck des Grabmals im Wesentlichen zu klären. Auffallendstes Baumerkmal ist, dass das Gebälk des Tempels nicht von vier Säulen, sondern von (etwas plump wirkenden) **Karyatiden** (weiblichen Gewandstatuen) getragen wurde, die hier, wie beim Erechtheion in Athen, im Dienst des Totenkults stehen. Die beiden Eckkaryatiden trugen Gefäße, die im Totenkult verwendet wurden (Stierkopfrhyton und Schale).

Die jeweils 6 m langen **Friese** der Cella-Langwände konnten teils aufgefunden, teils ergänzt werden, wobei der Westfries mit elf Fragmenten besser erhalten ist. Das Bildprogramm beider Friese ist gleich: der Herrscher vor der Ausfahrt im Streitwagen, begleitet von seiner Gefolgschaft. Besonders interessant ist die deutlich betonte ethnische Vielfalt, die zweifellos das Bild am Hof des lykischen Dynasten bestimmte.

Kopfzerbrechen machte den Ausgräbern die Deutung der **Giebelakrotere**. Wie bei einem Puzzlespiel fügten sich dann die Bruchstücke zu einer sinnvollen Gruppe. Auf dem First stand *Perseus*, der mythische Ahnherr der Perser, in der Hand das abgeschlagene Haupt der Medusa, zu seinen Füßen der Rumpf der Getöteten; die Seitenakrotere zeigen ihre entsetzt fliehenden Schwestern (heute Museum Antalya).

Der mühevolle Auf- und Abstieg zum Heroon lohnt sich, auch wenn man sich am Ort selbst mit Fragmenten und der Beschreibung des einstigen Monuments

14 Limyra

Strahlend weiß ist das Minarett der Moschee von Finike

zufriedengeben muss. Man kann von hier aus weiter bergan wandern und über die mit Türmen befestigte **Unterburg** [12] zur nahezu trapezförmigen **Oberburg** [13] gelangen. Für diesen Weg braucht man zusätzlich eine Stunde, insgesamt ist der Ausblick eindrucksvoller als die Ruinen.

Wichtig: Nicht in den heißen Mittagsstunden zur Ruine des Perikles-Grabmals aufsteigen, Sonnenschutz und Getränke mitnehmen. In Limyra den Wagen nicht unbeaufsichtigt stehen lassen. Leider schützen die beauftragten Dorfjungen nicht immer zuverlässig vor Aufbrechen des Wagens und Diebstahl.

Praktische Hinweise

Hotels

Zum Übernachten bietet sich Finike an, das sich mit neuem Jachthafen zum Touristenort mausern möchte.
**Finike Motel, Sahilkent Mevkii, 3 km östlich von Finike, Tel. 02 42/855 15 69. An der Küstenstraße 400 und am Kiesstrand. Zimmer mit Blick aufs Meer.
Hotel Sedir, Cumhuriyet Cad. 37, Finike. Sauber, einfach, mit Dusche.

Restaurants

Emek Restaurant und **Çaybaşı Lokantası**, im Hafennähe, Finike. Gutes Essen, sommers im Garten serviert.

Deniz Lokantası, Finike. Preiswerte, gute einheimische Küche im Ortszentrum.

Petek Restaurant, in Hafennähe, Finike. Lokal mit Garten, feine Fischgerichte.

15 Arykanda

Unberührte Ruinenstadt inmitten einer wilden Bergwelt.

31 km nördlich von Finike, östlich der Straße 635.

Dichte Wälder überziehen die Berghänge beiderseits der Straße durch das Tal des Flusses Akcay, der in der Antike Arykanda genannt wurde. Spezialisierte Touranbieter (s. S. 71) ermöglichen Mountainbikern und Wanderern geführte Ausflüge in diese ursprüngliche Landschaft. Die Fahrt gen Norden führt von Turunçova aus stetig bergan, bis nach etwa 23 km das Dorf Arifköy erreicht wird.

Kurz vor dem Dorfende weist ein braunes Schild den Weg nach Arykanda, das man nach 1 km auf der steil ansteigenden Schotterstraße erreicht.

Geschichte Münzen aus dem 5. Jh.v. Chr. beweisen eine lange Stadtgeschichte, doch in antiken Quellen taucht Arykanda erst im 2. Jh.v.Chr. als **Mitglied des Lykischen Bundes auf**. Ab 43 n.Chr. gehörte die Stadt zur Doppelprovinz Lycia et Pamphylia. Damals besaßen die Bürger von Arykanda einen schlechten Ruf, sie galten als verschwendungs- und ver-

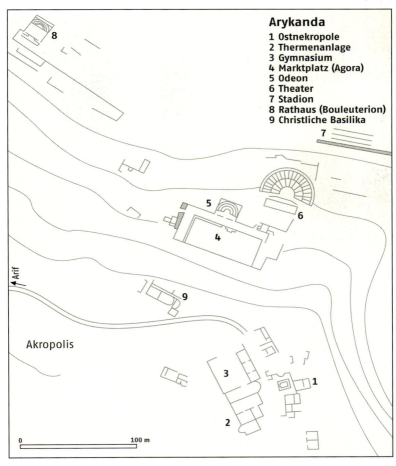

Arykanda
1 Ostnekropole
2 Thermenanlage
3 Gymnasium
4 Marktplatz (Agora)
5 Odeon
6 Theater
7 Stadion
8 Rathaus (Bouleuterion)
9 Christliche Basilika

gnügungssüchtig und waren hoch verschuldet. Im 3. Jh. tragen Münzen noch den alten Namen, der durch die Endung ›anda‹ auf eine lange einheimische Tradition hinweist. Das **Christentum** fand schon früh eifrige Anhänger, so stellte die Provinzverwaltung – nach kurzer Duldung der Christen unter Kaiser Severus – im 3. Jh. den Antrag an den Christenverfolger Kaiser Maximus, »die illegalen und widerwärtigen Praktiken der Gottlosen abzustellen«. Unter Byzanz wurde Arykanda schließlich **Bischofssitz** und blieb bis ins 11. Jh. besiedelt, dann zogen die Bewohner in das Gelände südlich der Landstraße um.

Wie überall in Lykien bestimmen Ruinen aus der hellenistischen und römischen Zeit das Bild. Besonders schön ist die von Pinien beschattete Lage auf Terrassen, durch die, wie in Delphi, im Hanggelände Platz für repräsentative Stadtbauten geschaffen wurde. Charles Fellows, der im 19. Jh. Arykanda besuchte, prägte den eigentlich für ganz Lykien geltenden Satz: »Alles ist gewaltig und doch lieblich.«

Arykanda wurde im 19. und 20. Jh. viel besucht und beschrieben, doch noch nicht vollständig freigelegt. Die bisher umfassendste Ausgrabung nahmen Archäologen der Universität Ankara unter Leitung von Cevdet Bayburtluoğlu in den Jahren 1977 und 1978 vor.

Besichtigung Schon bei der Anfahrt auf der Nebenstraße erkennt man die Ruinen antiker Wohnhäuser. Das eigentliche Stadtgebiet erstreckte sich von der leichten Senke, in der heute der Parkplatz liegt, bis unter die Felskuppe des Şahinkaya im Norden über ein Hanggelände von 700–820m Höhe. Man nähert sich dem *Parkplatz* von Südwesten, der während der Saison immer anwesende und an den Ausgrabungen interessierte Wärter freut sich über Besucher. Am besten geht man in seiner Begleitung zunächst nach Südosten in die weitläufige römische **Ostnekropole** [1], unter deren zahlreichen Grabdenkmälern vor allem mehrere *Tempelgräber* auffallen.

Unterhalb der Nekropole liegen die Ruinen einer großen **Thermenanlage** [2], deren Mauern noch bis zum zweiten Stockwerk stehen und schon bei der Anfahrt zu erkennen sind. Der östliche Ruheraum besitzt eine nach Westen orientierte Apsis mit Aussichtsfenster, die an Tlos [Nr. 4] erinnert, wenn sie auch nicht ganz so kühn wie dort gebaut ist; überhaupt fallen hier die zahlreichen, rechteckigen Fensteröffnungen mit mächtigen monolithischen Fenstersturzen auf.

An die Thermen schloss sich im Westen ein **Gymnasium** [3] an. Vom nahezu quadratischen Übungsplatz des Gymnasiums kann man die verschiedenen, höher liegenden Terrassen gut übersehen und steigt nun zum freigelegten, rechteckigen **Marktplatz (Agora)** [4] empor, der an drei Seiten von Säulenhallen umgeben war. Vielleicht erhob sich einst über den Stufen in der Platzmitte, wo heute ein Baum grünt, ein kleiner Tyche-Tempel.

An der Nordseite haben die Ausgräber das **Odeon** [5] freigelegt, die davor liegende Stoa weist Bodenmosaike auf, während der Boden des Odeons aus quadratischen Platten besteht. Von Süden führten drei Eingänge ins Odeon, über ihnen verläuft ein Kassettenfries mit Masken oder Götterbildern.

Über einen Treppenweg auf der Ostseite kommt man nun zum ausgezeichnet erhaltenen **Theater** [6]. Es besitzt eine Orchestra, die mehr als einen Halbkreis umfasst, und ist an den Hang gelehnt; trotz dieser rein griechisch wirkenden Züge scheint es erst im 2. Jh.n.Chr. entstanden zu sein. Jedenfalls stammen die Fragmente des schmalen *Bühnenhauses* aus der ersten Hälfte des 2. Jh. Die beiden obersten der insgesamt 20 Sitzreihen weisen griechische Inschriften auf. Von hier oben, besser noch von der nächsthöheren Terrasse mit dem **Stadion** [7], hat man einen herrlichen Überblick auf das pinienbegrünte Ruinengelände.

Nun geht man nach Westen und erreicht über die lang gestreckte sog. obere Stoa die mit halbrunden Sitzreihen an den Hang gebaute **Rathaus (Bouleuterion)** [8] der Stadt. Man muss die Ratsherren bewundern, die hier nach einem Anstieg von knapp 100 m zur Beratung zusammenkamen, zweifellos waren sie im Treppensteigen seit ihrer Kindheit geübt und dadurch trainiert.

Oberhalb davon steigt das Gelände stark zur überhängenden Felswand des ›Falkenfelsen‹ (Şahinkaya) an. Weiter westlich beginnt die Schlucht, die sich bis zum Ort Arif hinabzieht. Hier liegen die wenig interessanten Gräber der *Westnekropole*.

Vom Bouleuterion gelangt man auf direktem Pfad wieder zum Parkplatz hinunter, vorbei an den spärlichen Überresten der so genannten kleinen Thermen und einer **Christlichen Basilika** [9]. Mit diesem Bau, von dem das Synthronon

15 Arykanda

Oberhalb von Arykanda liegt in 1000 m Höhe die von kahlen Taurusbergen umrahmte, fruchtbare Elmalı-Hochebene. Hierher kommen kaum Touristen

in der Apsis und geometrischer Mosaikschmuck erhalten blieben, okkupierte das siegreiche Christentum einen vormals den antiken Göttern geweihten Platz.

ℹ Praktische Hinweise

Einfache Lokantas und Bars gibt es im Dorf Çatallar, unweit südlich der Ruinen.

Ausflüge

Great Outdoor Sports, Buchung über Tui-Travel Star Reisebüro Sendig, Postplatz 1, 08523 Plauen, Tel. 03741/28 09 80, www.greatoutdoorsports.com. Ausfahrten und Wanderungen in die Bergwelt des Taurus sind im Angebot. Übernachtet wird in einer Pension im Dorf Gökbük, 10 km von den Ruinen Arykandas entfernt.

16 Hochebene von Elmalı

Schaf- und Ziegenherden queren im Sommer die Straße. Die Hirtenfamilien sind Halbnomaden und beziehen im Winter Häuser an der Küste

16 Hochebene von Elmalı

Landwirtschaftliches Zentrum des Lykischen Taurus mit noch nicht ganz geklärter Geschichte.

70 km nördlich von Finike.

Für diejenigen, die einen Teil der lykischen Küste bereits kennen, ist die Fahrt auf der Straße 635 von Finike nach Elmalı empfehlenswert, die über Korkuteli Anschluss zur Staatsstraße 350 hat. Die Route führt durch eine grandiose, unverfälschte alpine **Landschaft** und bietet die Möglichkeit, den vom Tourismus noch wenig berührten Menschen im Hochland zu begegnen. In der einsamen Region um Korkuteli entdeckt man die schwarzen **Zelte** der **Halbnomaden**, die hier im Sommer ihre Schaf- und Ziegenherden weiden.

Nördlich von Arykanda und Arifköy steigt die Straße 635 weiter an, überwindet den Avlanbeli-Pass (1090 m ü. m.) und führt am trockengelegten Avlan-See vorbei. Bald darauf weitet sich das Gebirgstal und erreicht die zentrale Hochebene des **Lykischen Taurus**. Der rund 20 km lange und 4–5 km breite Talboden am Fuß des 2505 m hohen Elmalı Dağ erinnert an die große, 1000 m hohe Hochebene Zentralanatoliens, auch hier rahmen kahle Bergrücken grüne Matten und dunkle Ackerflächen, manchmal setzen Pappelwäldchen Akzente.

Mittelpunkt der Ebene ist das Landstädtchen **Elmalı** (türkisch: elma = Apfel), das neben einigen alten Fachwerkhäusern zwei ältere Moscheen aufweist, die *Ömer Paşa Camii* (15. Jh.) und die *Yeşil Cami* (17. Jh.). Elmalı wurde 1963 durch die in der Nähe ausgegrabenen beiden **Tumulusgräber** (6. und 5. Jh. v. Chr.) bekannt. Die Besonderheit der Tumuli sind *Fresken* von erstaunlicher Themenvielfalt, die an etruskische Gräber erinnern und diese, jedenfalls im Grabhügel von Kızılbel (um 525 v. Chr.), noch übertreffen. Derartige mit Fresken verzierte Grabhügel sind bisher weder im Ägäisraum noch in Anatolien gefunden worden. Die durch Feuchtigkeit sehr beschädigten Wandbilder wurden mustergültig restauriert und konserviert. Leider können die Tumulusgrä-

16 Hochebene von Elmalı

ber nicht besichtigt werden (Ausnahme: bei Anwesenheit der Archäologen in Elmalı, am ehesten im September).

Andere Grabungen haben neues Licht in die bronzezeitliche Geschichte des Hochlands gebracht. So stellten die amerikanischen Archäologen östlich der Straße Elmalı-Korkuteli bei **Karataş-Semayük** eine *bronzezeitliche Siedlung* fest (zahlreiche Funde im Museum Antalya). Besonders beeindruckend waren die *Urnengräber* der umfangreichen Nekropole, Grabbeigaben wie Gefäße und Idole geben Hinweise auf Leben, Totenkult und Glauben der Zeit zwischen 3200 und 1800 v.Chr.

Machen solche Funde und Erkenntnisse nur selten Schlagzeilen in der Presse, so kann man das von dem sensationellen Münzfund, der 1984 ganz in der Nähe, nördlich von Elmalı (westlich der Straße 635) glückte, wahrhaftig nicht sagen: Er ist als **Dekadrachmenhort** oder **Jahrhunderthort** weltberühmt geworden. An Wert übertrifft er den ›Schatz von Kumluca‹ [s. S. 75] noch bei weitem. Er wurde allerdings nicht durch Zufall (und eine Ziege) entdeckt, sondern war das Ergebnis einer systematischen Suche, die zwei Männer in Begleitung eines Dorfältesten mit einem selbstgebastelten Metalldetektor unternommen hatten. Sie fanden nur 15 Zentimeter unter der Erdoberfläche in einer zerbrochenen Amphore einen 26 Kilogramm schweren Schatz von fast 2000 griechischen und lykischen Münzen aus dem ersten Drittel des 5. Jh. v. Chr., das jüngste Prägedatum stammte von 465 v. Chr. Über Hehler kam der Schatz ins Ausland. Unter den vielen frühen griechischen Prägungen befinden sich 15 silberne *Dekadrachmen*, von deren Wert man eine Vorstellung bekommt, wenn man weiß, dass ein nicht besonders gut erhaltenes Stück 1974 auf einer Auktion in Zürich rund 300 000 Dollar kostete. Der in Europa unverkäufliche Hort verschwand zum großen Teil im internationalen Kunsthandel. Als in Kalifornien zehn ›Münzen aus Südanatolien‹ zur Versteigerung ausgeschrieben wurden, konnte die türkische Regierung ihre Ansprüche geltend machen. 1999 gelang es schließlich, 1800 weitere Münzen von amerikanischen Münzsammlern zurückzuerhalten. Wer vor 2500 Jahren diesen Schatz, der z.T. kaum im Umlauf gewesene Münzen enthielt, vergrub, gehört einstweilen zu den großen Rätseln der Archäologie und Geschichte.

Empfehlenswert ist ein Ausflug zur **Ömer Paşa Külliyesi** beim Dorf **Tekkeköy**. Im 14. Jh. gründete der Derwisch Abdal Musa südlich von Elmalı ein Bektaschi-Kloster, das bald zu großem Grundbesitz und Reichtum kam. Das nach dem Kloster benannte Dorf **Tekkeköy** (tekke = Kloster, köy = Dorf) liegt ca. 15 km südlich von Elmalı.

In Tekkeköy befinden sich die **Türbe** (Grabbau) von Abdal Musa, die Gräber seiner Angehörigen (Derwische sind häufig verheiratet) und seines Anhängers Kaygusuz Abdal Sultan, der im 15. Jh. in Kairo ein Bektaschi-Kloster gegründet haben soll.

Der **Bektaschi-Orden** gehörte zu den einflussreichsten Derwisch-Orden im Osmanischen Reich, die relative Freizügigkeit seiner Mitglieder brachte ihm häufig Kritik ein. Die enge Verbindung des Ordens mit der Elitetruppe der Janitscharen, die seit 1591 belegt ist, führte 1826 (bei der Auflösung des Janitscharenkorps) zum Verbot des Bektaschi-Ordens und zur Auflösung der Klöster, wovon auch jenes von Elmalı betroffen war. Inzwischen haben die Orden wieder viel Zulauf.

Die in Athen geprägte Dekadrachme aus dem Münzfund von Elmalı war nur wenige Jahre im Umlauf

i Praktische Hinweise

In Elmalı findet man einfache Unterkünfte für eine Übernachtung. Lokantas gibt es an der Hauptstraße.

Hotel
**Hotel Three Angels, Akçeniş Köyü, Elmalı, Tel. 0242/6255059, www.hotelucmelekler.com. Im Weiler Akçeniş auf der Hochebene gelegen. Perfekte Basis für Touren in die Umgebung.

17 Kumluca

Landstädtchen ohne Tourismus.

Kumluca liegt 90 km südlich von Antalya und 18 km östlich von Finike; an der Staatsstraße 400.

In Kumluca läuft das Leben noch seinen gewohnten Gang. Die Bereiche von Mann und Frau sind streng geschieden: Die Frauen versorgen den Haushalt und schaffen sich in der häuslichen Sphäre mit ihren Nachbarinnen ihre eigene Welt, die Männer haben am Tag praktisch zu Hause nichts zu suchen, gehen der Arbeit nach und treffen sich im Teehaus, das Zentrum für Kommunikation und geschäftliche Absprachen ist. Viele Häuser in Kumluca sind mit Steinen aus dem antiken Korydalla erbaut, das wenige Kilometer nördlich lag und noch im 19. Jh. beachtliche Ruinen aufwies. George E. Bean fand in einem neuen Haus in Kumluca einen Inschriftenstein mit einer Bilingue in lykischer und griechischer Sprache.

Der Ort erfuhr internationale Beachtung, als im außertürkischen Kunsthandel liturgische Silber- und Goldgeräte aus dem 6. Jh. auftauchten, deren Herkunft schließlich auf Kumluca/Korydalla festgelegt werden konnte. Es handelte sich um Gold- und Silbergefäße von außerordentlicher Qualität, die von der Ziege einer alten Frau aufgestöbert und durch clevere Händler und Hehler ins Ausland, vorwiegend nach USA, geschmuggelt worden waren. Einige Teile des als **Schatz von Kumluca** bekannt gewordenen Kirchenschatzes konnte die türkische Regierung zurückerwerben und im Ikonensaal des Museums Antalya der Öffentlichkeit zugänglich machen. Diese Stücke geben ein Beispiel für die große Kunstfertigkeit der frühchristlichen Silber- und Goldschmiede in dieser Region.

ℹ Praktische Hinweise

Einfache **Teehäuser** und **Lokantas** findet man an der Hauptstraße von Kumluca. Übernachtungsmöglichkeit in der freundlichen **Kumluca Pansiyon**, Tel. 03 66/871 81 14.

Seit Fertigstellung der Küstenstraße (1972) gibt es für die Menschen zwischen Kale und Kumluca Arbeit und Absatzchancen: Orangen, Tomaten und Blumen werden in Gewächshäusern kultiviert

Familie gestern und heute

Die muslimische Tradition sah die Frau im Haus und in der Familie, den Mann im Berufsleben. In dieser Hinsicht hat sich in der Türkei viel verändert: Heute erhalten auch junge Frauen eine Ausbildung und sind berufstätig, oft in leitender Position. So werden zurzeit der türkische Unternehmerverband Tüsiad mit seinen 556 Mitgliedsunternehmen und der mächtige Sabancı-Konzern von Frauen geleitet.

Unverändert blieb dagegen der Zusammenhalt in der Großfamilie, auch wenn sie meist nur noch auf dem Land tatsächlich eng zusammenwohnt. Und nach wie vor spielen Familienehre und das **Ağabey-Prinzip** eine wichtige Rolle. Der ältere Bruder (Ağabey) wird von den jüngeren Geschwistern respektiert und fühlt sich lebenslang für sie verantwortlich. Ganz besonders aber gilt dies von Kindheit an für die Schwestern, auch wenn sie älter als der ›große Bruder‹ sind.

18 Rhodiapolis

In der römischen Kaiserzeit bekannt durch seinen reichen Bürger Opramoas, der ganz Lykien mit Geldspenden bedachte. Schöner Wanderausflug.

Man durchfährt den Ortskern von Kumluca auf der E 90 und biegt dann links in die Sarıcasu Caddesi ein. Die Straße führt an Gewächshäusern vorbei zur Anhöhe von Rhodiapolis.

Der Name Rhodiapolis (griech. = Stadt der Rhodier) weist auf eine Gründung durch Rhodos hin, einige antike Autoren (wie Theopompos) ziehen aber auch Rhode, die Tochter des Mopsos [s. S. 108], für die Gründungslegende heran.

Rhodiapolis wurde in der Mitte des 19. Jh. wieder entdeckt und beschrieben; Ende des 19. Jh. wurde ein Großteil der Inschriftenblöcke von österreichischen Ausgräbern nach Wien gebracht und veröffentlicht.

Der bedeutendste Bau der Stadt dürfte das von **Opramoas** in der Mitte des 2. Jh. n. Chr. errichtete Monument gewesen sein, das an den Außenwänden völlig mit **Inschriften** bedeckt war. Die von den

18 Rhodiapolis

Der lange Kieselstrand von Olympos gehört zum Nationalpark

Epigraphikern weitgehend rekonstruierten Texte geben Aufschluss über die Leistungen des Millionärs und die ihm zuteil gewordenen Ehrungen; darüber hinaus enthalten sie Hinweise auf Beschlüsse des Lykischen Bundes, 12 Kaiserbriefe und 19 Briefe der Statthalter der Provinz Lycia et Pamphylia.

Mittelpunkt der Ruinen ist das nach Süden geöffnete **Theater**, von dem 16 Sitzreihen einigermaßen erhalten sind. Der Bau ist an einen Hang gelehnt, vom Bühnenhaus blieb wenig, ebenso dürftig sind die Reste des **Opramoas-Monuments** auf seiner Südseite. Der 7 x 7,5 m messende Bau war aus sauber gefügten Quadern errichtet und besaß ein schönes Portal, von dem einige Ornamentsteine am Boden liegen, auch mehrere Fragmente von Inschriftenblöcken kann man entdecken.

Die gegenüber liegende Stützmauer mag zu einer Stoa oder einem Stadion gehört haben, sicherer ist die Bestimmung des nördlich vom Theater stehenden Mauerrests: Hier, am höchsten Punkt der Stadt, stand ein hellenistischer **Turm**, der erst in den 60er-Jahren des 20. Jh. völlig zerstört wurde. Beim Rundgang kann man noch im Süden des Theaters eine große **Thermenanlage** und Zisternen erkennen.

Olympos – das Tempeltor im Gestrüpp der unausgegrabenen Stadt

19 Olympos

Stark überwachsene Ruinenstätte in einem (manchmal sehr sumpfigen) Bachtal.

Östlich der Panoramastraße 400. Etwa 3 km vor Ulupınar (aus Richtung Finike kommend) zweigt eine kurvenreiche Nebenstraße zur Küste ab. Braunes Hinweisschild, 11 km. Bei Abzweigung links halten.

Der Besuch von Olympos gehört – wie die Wanderung zur ›Chimäre‹ [s. S. 78 f.] – zu den Ausflügen, bei denen der Weg wichtiger ist als das Ziel: Man sollte vorwiegend den Aufenthalt in der unberührten Natur genießen.

Am **Kiesstrand** von Olympos kann man im wunderbar klaren Wasser baden, angesichts der teils recht spitzen Steine gehören Badeschuhe übrigens zur Pflichtausstattung. Am Strand existiert bislang noch kein Kiosk, aber an mehreren Lokantas beim Parkplatz des Ruinengeländes bekommt man während der

19 Olympos

Hauptsaison Getränke und auch eine Kleinigkeit zu essen.

Geschichte Die Ostküste des Lykischen Taurus besaß im Altertum nur die beiden Hafenstädte Olympos und Phaselis. Beide verödeten im Mittelalter, die wenig günstige Lage ohne anbaufähiges Hinterland am Rand und im Windschatten der hohen Bergkette mag hierfür ausschlaggebend gewesen sein. Erst in unserer Zeit bekam die Ostküste mit dem Ausbau von Kemer wieder einen größeren Jachthafen.

Über die frühe Geschichte ist nichts bekannt, im 2. Jh.v.Chr. gehörte Olympos zum **Lykischen Bund** und besaß darin sogar drei Stimmen. Im 1. Jh.v.Chr. okkupierten Seeräuber unter ihrem Anführer Zeniketes die Stadt und machten von hier aus kurze Zeit das östliche Mittelmeer unsicher. Angeblich sollen die Seeräuber hier erstmals den Geheimkult des persischen Lichtgotts **Mithras** in den Mittelmeerraum gebracht haben, der in kürzester Zeit Anhänger bis zum Rhein gewann und beinahe in der frühen Kaiserzeit das Christentum überflügelt hätte.

Um die Zeitenwende nannte Strabo Olympos »eine große Stadt«. Im 3. Jh.n.Chr. besaß das Christentum hier Anhänger, die durch Bischof Methodius, einen Bürger der Stadt, repräsentiert wurden. Mit dem Aufstieg Antalyas verlor Olympos an Bedeutung, nach dem 15. Jh. wird es nicht mehr erwähnt.

Besichtigung Die asphaltierte Piste führt durch abwechslungsreiches Gelände bis zu Lokantas beim Parkplatz. Von hier muss man etwa einen Kilometer weit laufen. Gleich nach der Tickethütte beginnt das Ruinengebiet. Der Pfad führt an bis zu 4 m hoch anstehenden Mauern vorbei in 350 m zum Strand, ist aber besonders im Frühjahr an zwei Stellen vom Bach überflutet (runde Holzstämme und Gehsteine erleichtern die Überquerung, erfordern jedoch etwas Geschicklichkeit).

Die **antike Stadt** lag im Mündungsgebiet des von Westen kommenden Flusses, der im Stadtgebiet kanalisiert war. Wahrscheinlich konnte man in der Antike ein Stück in die mit Kaimauern gesicherte Flussmündung hineinsegeln. George E. Bean vermutet, dass der Meeresspiegel in der Antike höher war. Heute liegen eine Sandbank vor der einstigen Flussmündung und ein breiter Kiesstreifen vor der ganzen Küste.

Die Ruinen befinden sich in hügeligem und unübersichtlichem Gelände, das mit dichtem Buschwald aus Macchia, Lorbeer- und Feigenbäumen bedeckt ist, im **Sumpfgebiet** des Flussbetts wachsen Oleander, Schilf und Keuschlamm. Doch

19 Olympos

führen Trampelpfade zu den wichtigsten Plätzen, sodass man ohne Führer auskommt. Am sehenswertesten ist das schöne ionische **Tempeltor**, zu dem ein Pfad links vom Hauptpfad etwas bergan führt; der Tempel lag auf der Nordseite des Flusses, der heute Sumpfgebiet ist. Das 5 m hohe Tor blieb mit einem Teil der aus Quadern gefügten Cellawand stehen, es besitzt Türwände mit drei leicht vorkragenden Bändern (Faszien) und einen besonders prächtigen Türsturz. Überraschend ist, dass sich die sorgfältige Ausführung auf der Innenseite des Portals befindet, während die Außenseite recht schlicht gestaltet ist. Der Tempel wird wegen einer Weihinschrift für Kaiser Marc Aurel ins 2. Jh. n. Chr. datiert. Im Rücken der Tempelruine erhebt sich ein steiler, dicht bewachsener Hügel mit Resten der antiken Akropolis. Östlich vom Tempeltor entdeckt man im Gebüsch auch einige Sarkophage.

Vom zum Strand führenden Pfad hat man sehr schöne Blicke auf das jenseits des Flusses liegende südliche Gelände, in dem sich – von Macchia, Pinien, Lorbeer- und Feigenbäumen stark überwachsen – die Ruinen der **Agora**, einer christlichen **Basilika** und des **Theaters** verbergen. Auch hier wurden bisher keine Grabungen, nur Sondierungen vorgenommen. Vom kleinen Theater sind nur ein Eingangsbogen und wenige Sitzreihen erhalten, insgesamt wirkt die Lage im hügeligen Buschwald sehr romantisch und erinnert an den dionysischen Ursprung des Theaters.

Bereits in der Antike bestand die Stadt aus zwei, durch den Fluss getrennten Bereichen, die in Strandnähe durch eine Brücke miteinander verbunden waren. Hier waren die Ufer durch **Kaimauern** befestigt, von denen noch Reste erkennbar sind. Folgt man im nördlichen Gebiet dem zum Strand führenden Pfad, so kommt man nach der Überquerung eines Baches zu zwei hohen, ungedeckten **Grabkammern** mit insgesamt drei Sarkophagen.

Der breite, sich nach Norden kilometerweit erstreckende Kiesstrand zieht täglich viele Touristen an, die in den einfachen Pensionen vor dem Ruinengelände wohnen (und täglich eine Eintrittskarte lösen müssen). Vom Kiesstrand aus sind auf dem südlich die Bucht begrenzenden Steilfelsen noch gut die Überreste einer mittelalterlichen **Burganlage** zu erkennen.

ℹ️ Praktische Hinweise

Hotels

Kadir's Yörük Top Tree House, Olympos, Tel. 02 42/892 12 50, www.kadirstree houses.com. Backpacker entdeckten in den 1990er-Jahren Kadirs originelle Baumhäuser, mittlerweile sind sie so gut ausgestattet, dass sich auch jung Gebliebene mit etwas höheren Ansprüchen in ihnen oder den Bungalows wohlfühlen.

Hotel Odile, Çirali, Tel. 02 42/825 71 63, www.hotelodile.com. Die Häuser des Hotels umgeben einen üppigen Garten mit einem schönen Pool. Der Strand ist nur wenige Schritte entfernt.

Olympos Lodge, Çirali, Tel. 02 42/825 71 71, www.olymposlodge.com.tr. Die meist einstöckigen Häuser des Hotels sind in einen alten Zitronenhain eingebettet. Klare Formen und viel Holz bestimmen die luxuriöse Einrichtung.

20 Chimaira/Chimäre

Legendenumwobener Platz am Berghang, wo ausströmendes Erdgas eine Flamme unterhält.

Östlich der Küstenstraße 400, Zufahrt an Küstenstraße ausgeschildert. Man fährt über den Weiler Çıralı weiter nach Nordosten und biegt hinter den letzten Bauernhäusern links ab.

Unter den viel besungenen Taten des lykischen Helden **Bellerophon** [s. S. 20] war die Tötung der ›Chimaira‹ sicher die unheimlichste und geheimnisvollste, denn wer kann sich unter einem feuerspeienden **Ungeheuer**, das »vorne ein Löwe, in der Mitte eine Ziege und hinten eine Schlange« ist, etwas vorstellen? So verwundert es nicht, dass schon antike Autoren die **Chimäre** mit dem Naturphänomen in Verbindung brachten, das oberhalb von Olympos am gleichnamigen Berghang beobachtet wurde: eine ständig brennende, angeblich unlöschbare Flamme, die weithin vom Meer aus zu sehen war.

Zweifellos wurde wegen dieses Phänomens auch in der Stadt Olympos **Hephaistos** als Hauptgott verehrt, der hinkende und hässliche, aber wunderbar begabte Kunstschmied, der im vulkanischen Feuer schönen Goldschmuck für die Götter und Waffen für die homerischen Helden schuf. Als Erfinder, Künst-

21 Phaselis

Sicher brannte das hier ausströmende Erdgas früher stärker. Das Phänomen des unlöschbaren Feuers wurde als »alles vernichtende Chimaira« gefürchtet

ler, Feuergott (in Rom ›Vulkanus‹ genannt) und Gemahl der schönen Aphrodite war er eine der schillerndsten Gestalten des Götterhimmels.

Die Einheimischen nennen den Ort der Chimäre **Yanartaş** (brennender Stein). Eine türkische Kommission analysierte 1967 auf der Suche nach Erdöl das ausströmende Gas und fand geringe Anteile von Methan. Die genaue Zusammensetzung wurde nicht bekannt und hat wohl auch im Lauf der Jahrhunderte ebenso gewechselt wie Austrittsort und Stärke der Flamme.

Das ›ewige Feuer‹ in 250 m Höhe ist am Tag schwer auszumachen, es entzündet sich angeblich immer aufs Neue, sicherer ist es jedoch, Streichhölzer mitzubringen und einen Fidibus (gefalteten Papierstreifen) zu benutzen. Hauptaustrittszone ist die schmale, aber tiefe Erdhöhle, doch kann man auch in der Umgebung schwache Feuer entflammen. Nachts soll die Flamme noch heute vom Meer aus zu sehen sein, was leider nicht überprüft werden konnte.

Etwas unterhalb liegen wenige Ruinen, hier soll ursprünglich das *Hephaistos-Heiligtum* und später eine christliche Kirche gestanden haben.

ℹ Praktische Hinweise

Manche Klubs und Tourismusveranstalter in Kemer bieten Abendausflüge zur Chimäre an (Boots- und Busfahrten kombiniert mit Baden und Picknick). Dazu sollte man eine Taschenlampe mitnehmen.

21 Phaselis

Intim wirkende, bezaubernde Ruinenstadt, in der man auf den Spuren des großen Alexander wandelt.

52 km südlich von Antalya, 3 km unterhalb der Küstenstraße 400 am Meer. Braunes Hinweisschild.

Phaselis liegt auf einer schmalen **Halbinsel** und ist die einzige antike Stadt Kleinasiens, die drei Häfen besaß. Die malerische Lage in einem Pinienwäldchen am Meer würde allein schon genügen, um den Ort zu einem der anmutigsten der türkischen Südküste zu machen.

Geschichte Phaselis wurde in der Antike als rhodische Gründung bezeichnet und scheint eine bedeutende **Seehandelsstadt** gewesen zu sein. Dafür spricht, dass Phaselis laut Herodot unter den Städten war, die von König Amasis (569–526 v.Chr.) die Erlaubnis zur Besiedlung von Naukratis im Nil-Delta bekamen, Phaselis wird hierbei zusammen mit den

Phaselis

dorischen Städten Rhodos, Knidos und Halikarnassos genannt.

Dass Phaselis als rhodische Gründung zunächst nicht zu Lykien gehörte, würde erklären, warum man hier weder typisch lykische Grabmonumente noch lykische Inschriften vorfindet. Im 6. Jh. v. Chr. war Phaselis dann eine **persische Flottenbasis**. Vor dem Sieg über die Perser am Eurymedon 469 v. Chr. ›befreite‹ Kimon von Athen die Stadt mit sanfter Gewalt von der Perserherrschaft und erzwang ihren Eintritt in den **Attisch-Delischen Seebund**. Trotz der unfreiwilligen Mitgliedschaft hatte dies einen lebhaften **Handelsverkehr** mit Athen zur Folge, bis die Perser im 4. Jh. v. Chr. Phaselis zurückgewannen. Doch scheint die Stadt eine gewisse Unabhängigkeit bewahrt zu haben, jedenfalls enthält ein 1874 in Antalya gefundener Inschriftenstein einen Vertrag zwischen dem persischen Satrapen Mausolos und Phaselis, der beide als gleichberechtigte Partner im Kampf gegen Perikles von Limyra [Nr.14] ausweist.

Zu jener Zeit lebte auch **Theodektes**, der berühmteste Sohn der Stadt. Er wurde um 400 v. Chr. geboren und avancierte in Athen zu einem gesuchten *Redenschreiber* (da man sich vor Gericht selbst verteidigen musste, ließ man die Rede meist durch einen ›Fachmann‹ ausarbeiten). Bei den Leichenfeiern für Mausolos von Halikarnassos maß er sich 353 v. Chr. mit den berühmtesten Rednern seiner Zeit im Redewettkampf, bekannt war Theodektes auch als Verfasser von *Theaterstücken* für dionysische Wettkämpfe (etwa 50 Stücke werden ihm zugeschrieben) und für sein phänomenales Gedächtnis.

In Athen hatte Theodektes auch den jungen Aristoteles kennengelernt, den späteren Lehrer Alexanders. Der Makedonenkönig, der sich als ›neuer Achill‹ sah, besuchte Phaselis womöglich, weil sich im Haupttheiligtum der Stadt, dem Athena-Tempel, der *Speer Achills* befand. Jedenfalls verbrachte er hier 334/333 v. Chr. einige erholsame Winterwochen. Plutarch berichtet, wie der vom Wein berauschte Alexander auf dem Heimweg von einem Trinkgelage seinen Gefährten die Kränze von den Häuptern nahm und in heiterer Stimmung damit das Denkmal des Theodektes bekränzte.

Phaselis geriet nach Alexanders Tod in die Wirren der Diadochenkriege, unterstand den Ptolemäern, dann kurze Zeit den Seleukiden, kam von 189–167 v. Chr.

mit ganz Lykien unter rhodische Herrschaft und erhielt nach der Entmachtung von Rhodos durch Rom mit den übrigen lykischen Städten die Freiheit. In der nach 167 v. Chr. einsetzenden Friedenszeit formierte sich der Lykische Bund neu und Phaselis prägte wie alle lykischen Städte **Münzen** mit dem Apollonkopf. Allerdings verlor der Hafen durch den Ausbau von Antalya ständig an Bedeutung. Zu Beginn des 1. Jh. v. Chr. wurde Phaselis wie Olympos kurze Zeit von Seeräubern okkupiert. Der Besuch Kaiser Hadrians 129 oder 131 n. Chr. brachte noch einmal etwas Glanz in die Stadt, dann begann der Niedergang, obwohl hier seit der Mitte des 5. Jh. ein Bischof residierte. Ab dem 10. Jh. fungierte Phaselis als Steinbruch für Antalya, viele der dort in die Stadtmauern verbauten Steine weisen auf Phaselis bezogene Inschriften auf. Im 12. Jh. wurde der Ort verlassen.

Phaselis blieb lange unausgegraben. 1971 und 1981 veröffentlichten deutsche Archäologen eine topografische Bestandsaufnahme. Ab 1982 unternahm ein Archäologenteam der Universität Ankara mehrere Grabungskampagnen.

Besichtigung Zuerst erreicht man auf dem von der Küstenstraße abzweigenden Waldweg das **Museum** [1] von Phaselis. Leider ist das moderne und interessante Einraum-Museum nicht immer geöffnet. Es zeigt einen Überblick über die Geschichte der Stadt, Keramik und u.a. Abgüsse von hellenistischen Münzen mit dem Kopf der Stadtgöttin Athena auf der Vorderseite und einem Schiffsbug auf der Rückseite. Der Name der Stadt wird von manchen Forschern auf phaselos (griech. = schlankes Schiff) zurückgeführt, was die große Bedeutung als Hafenstadt unterstreichen würde.

Der **Parkplatz** liegt am Rand eines nach Regenfällen leicht sumpfigen Gebiets, in dessen westlichem Teil die Frösche quaken. Zu Strabos Zeit war hier noch ein See, andere Autoren erwähnen das ungesunde Klima, das das flache Gewässer verursachte. Vom Parkplatz kann man den wenig eindrucksvollen **Nordhafen** [2] übersehen, dessen relativ weites Becken durch einen Wellenbrecher zwischen den beiden kleinen Inseln geschützt wurde, die antike 3,6 m breite Mauer ist noch unter dem Wasserspiegel zu erkennen. Im Süden wird der Hafen durch eine schmale Halbinsel begrenzt, auf der unter Pinien ein paar Hausruinen

21 Phaselis

Ruinen, unberührte Natur und faszinierende Geschichte: der Aquädukt von Phaselis vor dem schneebedeckten Tahtalı Dağ

stehen. Blickfang ist der gut erhaltene Teil des kaiserzeitlichen **Aquädukts**, der die Stadt mit Wasser von einer Quelle am Nordberg versorgte.

Nun geht man wenige Schritte nach Südosten und sieht den fast kreisrunden **Stadthafen** [3]. Ein Teil der südlichen Kaimauer ist erhalten, hier wurden kleinere Schiffe be- und entladen. Die 18 m breite Hafeneinfahrt war durch zwei Türme gesichert und ließ sich durch eine Kette sperren. Am flachen Nordufer konnten die Schiffe mit Seilwinden auf den Sandstrand gezogen werden (üblich zur Zeit der Winterstürme; die Römer sprachen vom ›mare claustrum‹, dem geschlossenen Meer).

Auf dem Weg nach Süden betritt man danach die 20–24 m breite und ca. 150 m lange, gepflasterte **Hauptstraße** [4] mit höher liegenden Fußwegen, die über Stufen erreicht werden. Diese Straße war sicher zu allen Zeiten die Lebensader der Stadt, sie verbindet Nord- und Stadthafen mit dem Südhafen, in dem die größeren Schiffe ankerten. Die Hauptstraße steigt leicht an, verbreitert sich nach einigen Stufen zu einem zentral gelegenen, unregelmäßigen *Platz* und biegt dann im stumpfen Winkel nach Süden ab.

Die *Gebäude* an der Hauptstraße sind bis heute nicht vollständig identifiziert, was mit ihrer mehrfachen Überbauung und geänderten Verwendung zusammenhängt. So begrenzten im nordwestlichen Abschnitt Läden die Straße, hinter denen ein großer, später eingefügter Baukomplex liegt. In Höhe des kleinen Platzes folgt die inschriftlich als ›tetragonos agora‹ bezeichnete Freifläche, was nichts anderes bedeutet als **Viereckiger Marktplatz** [5]. An ihn wurde im 5. oder 6. Jh. eine Basilika angebaut. Auf der nordöstlichen Seite erkennt man vor dem zentralen Platz deutlich eine **Thermenanlage** [6], deren Hypokausten (antikes Bodenheizsystem) recht gut erhalten sind.

Beim zentralen Platz finden sich einige **Statuenbasen** – vielleicht bekränzte hier Alexander die Statue des Theodektes. Vom Platz steigt man auf Felsstufen über einen schmalen Weg zum **Theater** [7] empor, das an den Hang der Akropolis gelehnt ist und durch seinen Erhaltungszustand, aber auch den Ausblick bezaubert. Im Schatten von Bäumen auf den Steinsitzen ruhend, kann man über das 7 m hoch anstehende Bühnengebäude hinweg den Blick auf den weißen Gipfel des **Tahtalı Dağ** genießen, der über dem Grün des Pinienwaldes besonders prächtig wirkt. Das Theater dürfte im 2. Jh. n. Chr. über älterem Grundriss erbaut

21 Phaselis

worden sein und fasste ungefähr 1500 Zuschauer.

Hinter dem Theater steigt die **Akropolis** [8] auf, die so dicht mit Buschwald, u.a. vielen Erdbeerbäumen, bewachsen ist, dass die Begehung äußerst mühsam wird. Wahrscheinlich stand hier der erwähnte Tempel der Stadtgöttin Athena; die Archäologen haben aber auch Spuren einer Wohnbebauung und Zisternen (Vorsicht!) festgestellt.

Im südwestlichen Teil der Prachtstraße liegen im Anschluss an den ›Viereckigen Marktplatz‹ zwei weitere Marktplätze, die sog. **Agora des Domitian** [9] und eine **Spätantike Agora** [10]. Den prunkvollen Abschluss der Straße bildete das zu Ehren von **Kaiser Hadrian** errichtete **Prunktor** [11], von dem mehrere Teile des Architravs mit Inschrift erhalten sind.

Der **Südhafen** [12] besitzt einen breiten, flachen Kieselstrand, der zum Baden verlockt, er war früher in Verlängerung der Landspitze durch eine 100 m lange Mauer geschützt. Dieser Hafen konnte auch große Fracht- und Kriegsschiffe aufnehmen und diente als Haupthafen. Heute dümpeln Motor- und Segeljachten in ihm, die den großen Vorteil bieten, zum Schwimmen über Strickleitern ins Wasser gehen zu können.

Schließlich sollte man noch die **Nordnekropole** [13] besuchen und evtl. den etwas anstrengenden Aufweg zum Nordhügel unternehmen. Man geht bis zum Nordhafen zurück, hier steht direkt am Ufer eine größere *Grabanlage*, vielleicht ein Heroon. Durch den Pinienwald wandert man weiter nach Norden, einige Sarkophage säumen den kaum wahrzu-

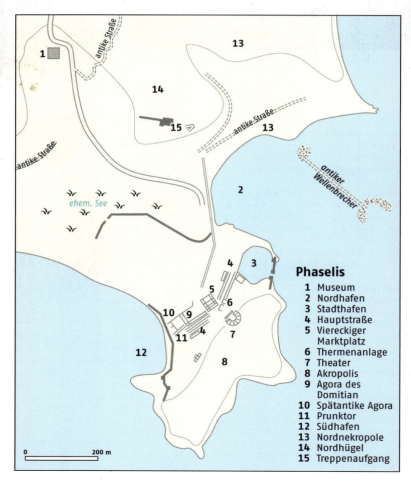

Phaselis
1 Museum
2 Nordhafen
3 Stadthafen
4 Hauptstraße
5 Viereckiger Marktplatz
6 Thermenanlage
7 Theater
8 Akropolis
9 Agora des Domitian
10 Spätantike Agora
11 Prunktor
12 Südhafen
13 Nordnekropole
14 Nordhügel
15 Treppenaufgang

21 Phaselis

Über das verfallene Bühnengebäude hinweg blicken die Besucher des Amphitheaters von Phaselis zum weißen Gipfel des Tahtalı Dağ

nehmenden Pfad, auch *Familiengräber* finden sich, die wie alte Dorfbacköfen aussehen. Es sind über rechteckigem Grundriss aufgemauerte, frei stehende Grabhäuser mit Tonnengewölben.

Der Aufstieg zum **Nordhügel** [14] beginnt bei einem Sarkophag mit gebogenem Deckel, hier zweigt ein schmaler, schwer auszumachender Pfad nach links ab und führt bald steil bergan. An den Steinstufen muss man sich entscheiden: Der etwas längere, bequemere Weg führt geradeaus und erreicht das Plateau auf der Ostseite in Höhe der heutigen Straße 400, die links abzweigende Route umrundet den Hügel auf der Süd- und Westseite und ist als Pfad kaum wahrzunehmen, aber lohnend. Bei einem riesigen Johannisbrotbaum an der Westseite beginnt etwas versteckt der hellenistische **Treppenaufgang** [15], der durch eine *Toranlage* ebenfalls auf die Kuppe führt. Diese sehr interessante Anlage gehörte zu einer Befestigung auf dem Nordhügel, in der eine ständige Wachtruppe untergebracht war. Später entstand hier auch eine Wohnsiedlung mit einer Kirche.

Wo der Pinienwald freie Ausblicke gewährt, kann man die ganze Halbinsel von Phaselis überblicken und an den Abschied **Alexanders** von Phaselis denken: Der König wollte ohne größeren Umweg nach Antalya/Attaleia kommen und ritt mit seinen Leuten am Küstensaum entlang, wobei er streckenweise bis zur Hüfte im Meer versank. Wie gefährlich dies Unterfangen – noch dazu im Winter – war, geht schon daraus hervor, dass bis heute niemand diesen Ritt nachmachte, obwohl sich die Küste inzwischen etwas gehoben, zumindest breitere Kiesstrände bekommen hat. So steht dem Besucher von Phaselis noch einmal der Makedonenkönig vor Augen: als 23-jähriger Draufgänger, der viel riskierte, aber genaue Pläne verfolgte. Er wollte schnell die Südküste in seine Gewalt bringen und im Mai 333 in Gordion ankommen. Dort erwartete ihn sein Feldherr Parmenion mit dem Gros der Truppe. Die Eroberung Persiens konnte beginnen.

Praktische Hinweise

Besuchen Sie den Südhafen von Phaselis, der zu den besonders beliebten Anker- und Badebuchten der Jachten zählt. Beim Museum ist manchmal ein kleiner **Kiosk** geöffnet, dann gibt es dort wie am Parkplatz Getränke.

21 Phaselis

22 Kemer

Zentrum eines Feriengebiets in herrlicher Lage.

An der Küstenstraße 400.

Jeder deutsche Ferienveranstalter hat Kemer im Programm, internationale Hotelketten und alle namhaften Ferienklubs sind durch eigene Hotels und Klubdörfer vertreten. Noch in den 1960er-Jahren sah das ganz anders aus. Damals war Kemer ein völlig unbekanntes Dorf mit 1500 Einwohnern, immerhin der größte Ort in der fast unbesiedelten Uferzone am Ostrand des Lykischen Taurus. Seit die Region touristisches Entwicklungsgebiet der höchsten Stufe wurde, boomt diese Gegend wie keine andere der Türkei.

Vom alten Dorfkern blieben bei so viel Wachstum nur wenige Häuser erhalten, der Hafen wurde zu einer supermodernen Marina ausgebaut, die den Skippern jeglichen Service anbietet, u. a. auch Winterlagerung. Neues Zentrum ist der **Cumhuriyet Meydani**, den ein Denkmal Atatürks und ein immerhin 38 Meter hoher Uhrturm verschönen, viele Geschäfte finden sich in den umliegenden Straßen. Auch entlang der Fußgängerzone des **Liman Caddesi** kann man einkaufen.

Die für den Tourismus erschlossene Zone erstreckt sich von Beldibi im Norden von Kemer bis zur Tekirova-Bucht im Süden. Das atemberaubende Tempo, in dem über hundert Hotels, Klubanlagen, Feriendörfer und Pensionen entstanden sind, macht eine Auswahl fast unmöglich, zumal Jahr für Jahr weitere Anlagen hinzukommen. Zurzeit gibt es etwa 85 000 Gästebetten.

TOP TIPP Seine besondere Anziehungskraft verdankt Kemer den schönen Buchten mit kilometerlangen **Kiesel- oder Sandstränden** entlang der Küste. Das Türkisgrün und Blau des sauberen Meer-

84

Kemer

Unterhalb der dichten Wälder an den Hängen des Lykischen Taurus breiten sich die Hotelanlagen von Kemer aus

wassers, die Weiträumigkeit der Bucht und die mächtige, schützende Gebirgsbarriere verleihen den Ferienplätzen ein unverwechselbares Flair. Die Ebene zwischen Meer und Bergen zieren Orangen- und Zitronenhaine, die allerdings seit dem Jahr 2000 mehr und mehr durch Apartmentanlagen ersetzt werden.

Wer sich für einen Urlaub in und um Kemer entscheidet, darf dort kein ›typisch türkisches‹ Ambiente erwarten, findet aber dafür – neben Sonne und Strand – alle modernen Ferienangebote wie Wassersport, Animation, Klubleben und eine Vielzahl interessanter Ausflugsprogramme. Für Surfer sind die Windverhältnisse wegen der Tauruskette allerdings nicht immer ideal. Ein sehr romantisches und besonderes Erlebnis ist ein Törn **mit der Motorjacht von Bucht zu Bucht** auf der Route Kemer – Kaş – Kemer.

Die Bergwelt um Kemer

Der **Lykische Taurus** hält für ambitionierte Bergwander eine Vielzahl interessanter Ziele bereit. Allerdings fehlen sowohl detaillierte Karten als auch ausgewiesene Wanderwege. So sollte man sich unbedingt einem ortskundigen Führer anvertrauen.

Im schmalen, vom Taurus begrenzten Hinterland der lykischen Ostküste reifen besonders köstliche, kernlose Orangen

Kemer

Perfekt erschlossen ist dagegen der kahle, oft wolkenverhangene Gipfel des **Tahtalı** (2365 m). Als einziger Berg des türkischen Küstengebirges führt zu ihm eine Seilbahn (Tel. 02 42/242 22 52, www.tahtali.com) hinauf. Deren Talstation ist etwa 15 km von Kemer entfernt, die Zufahrtsstraße zweigt zwischen Camyuva und Tekirova von der D 400 ab. Bei gutem Wetter ist die Aussicht vom Gipfel beeindruckend, leider fehlt es jedoch an Wandermöglichkeit. Allein ein Anschluss an den Lykischen Weg (s. S. 38) existiert. So bleibt an der Bergstation nur der Besuch des dortigen Cafés – etwas wenig angesichts stolzer Preise für die Seilbahnfahrt.

Praktische Hinweise

Information
Belediye Binası, Liman Caddesi, Kemer, Tel. 02 42/814 11 12

Hotels
Die Strände sind vorwiegend kieselig, nach Süden (Tekirova) feinsandiger.

TOP TIPP ****Rixos Tekirova Beach Hotel**, 20 km südlich von Kemer, 3 km vom Dorf Tekirova. Tel. 02 42/821 40 32, www.rixos.com. Großes Hotel am Sand- bzw. Kieselstrand.

Meer, Berge und gute Hotels: Diese Mischung macht Kemer so anziehend

Nur im alten Ortskern um den Hafen hat sich Kemer sein ursprüngliches Antlitz bewahrt

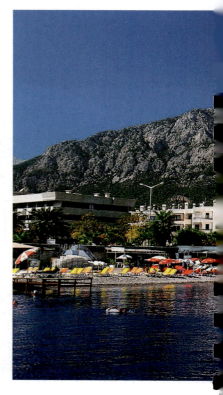

23 Beldibi

Eine ausgedehnte Hotelstadt mit herrlicher Natur vor der Haustür

Direkt unterhalb der Küstenstraße 400, 15 km nördlich von Kemer.

Auf sieben Kilometern erstreckt sich Beldibi entlang der Küste. Hier steht ein Hotel am anderen, jeweils umgeben von ansehnlichen Parks. Mit Leben erfüllt ist diese rasch gewachsene Siedlung nur während der Saison, im Winter fällt sie in einen tiefen Schlaf.

Praktische Hinweise

Hotels
****Paloma Club Sultan**, Beldibi 1, Tel. 02 42/824 81 89, www.palomahotels.com. Nördlich von Kemer in Beldibi gelegenes 172-Betten-Hotel mit zwei Pools und eigenem Kiesstrand.

Göynük Natur Pansyon, in der Göynük-Schlucht, Tel. 02 42/824 96 95. Einfache Zimmer in herrlicher Landschaft. Guter Startpunkt für Wanderungen.

Die Schlucht von Göynük

Jenseits der Küstenstraße steigen die Berge des Lykischen Taurus auf. Wie immer gilt: Wanderungen auf eigene Faust sollten tabu sein, zu unwegsam ist das Gelände. Eine Ausnahme ist die **Schlucht von Göynük**. Kurz vor dem gleichnamigen Ort, dessen Küstenlinie ebenfalls von Hotels gesäumt wird, mündet der Göynük Çayı ins Meer. Die Straße in die Schlucht hinein beginnt an der Brücke an der D 400 über den Fluss.

Die ersten 4 km sind noch einigermaßen autotauglich, danach geht es hinein in den engen Canyon. Wer den Wasserfall an seinem Ende erreichen will, muss durchs Wasser waten – oder kann sich auf einem Ponton in die Schlucht fahren lassen.

Restaurant
Ali's Garden Café, in der Göynük-Schlucht, ca. 2 km ab der D 400. Leckerer Imbiss am Fluss, im Hochsommer geschl.

Die Türkische Riviera – blühende Landschaft mit lebendiger Geschichte

Keine andere Landschaft der Türkei hat im Hinblick auf den Tourismus eine derartig rasante Entwicklung erlebt wie die Region zwischen Antalya und Alanya, die in der Antike Pamphylien hieß und von den Tourismusmanagern unserer Tage den werbewirksamen und zutreffenden Beinamen ›Türkische Riviera‹ erhielt. **Landschaftlich** ist die Türkische Riviera relativ einheitlich gegliedert: Im Norden bildet die Bergkette des **Westlichen Taurus** eine Art Schutzwall, welcher die Küstenzone vor den kalten Nordwinden bewahrt. Der im Wesentlichen aus Kalken aufgebaute Taurus wurde zu Beginn des Tertiärs aus dem Meer gehoben und aufgefaltet und ist im Lauf von Jahrmillionen durch die leichte Löslichkeit seines Gesteins zu einem gewaltigen **Karstgebiet** mit interessanten Schluchten, Karstseen, Dolinen und mächtigen Terrassen geworden. Das auffallendste Karstphänomen ist die 30–70 m hohe Travertinterrasse an der Mittelmeerküste, der die Stadt Antalya ihre einzigartige Atmosphäre verdankt. Auf den küstenferneren, hohen Bergterrassen befinden sich antike Städte wie Termessos und Selge, die heute durch ihre fantastische Lage und ihre Denkmäler begeistern. Die eigentliche ›Riviera‹ ist der in Nord-Süd-Richtung nirgends mehr als 20 km breite Küstenstreifen am Südrand des Taurus. Er wird von drei Flüssen bewässert, die wegen des starken Gefälles imponierende Katarakte und Wasserfälle aufweisen.

Die Schutzfunktion der Tauruskette, das temperaturausgleichende Mittelmeer, die gute Bewässerung und südliche Lage bewirken ein **Klima**, das fast subtropische **Vegetation** gedeihen lässt. Hier wachsen Palmen, Zypressen, Mimosen-, Limonen-, Oliven-, Feigen- und Maulbeerbäume, reifen Bananen und Aprikosen, blühen Bougainvilleen, Oleander, Hibiskus und exotische Blumen in verschwenderischer Fülle. Dies allein würde die Küste als Ferienoase empfehlen, doch kommen noch **feinsandige Strände** hinzu, die sonst vielen türkischen Küsten fehlen.

Blütenumrankte Antike, Meer und Taurusberge – den Reiz der ›türkischen Riviera‹ muss man nicht erklären!

Trotz der Verwandlung in eine viel besuchte Ferienregion konnten sich zahlreiche kleine Orte an und abseits der Küstenstraße ihren typisch *türkischen Charakter* bewahren. Zu den Hauptanziehungspunkten der Region gehören zudem die *zahlreichen antiken Städte* wie Perge oder Side, die hier nur wenige Meter unter der Erdoberfläche verborgen lagen und heute einen wirklichen Eindruck von antiker Zivilisation vermitteln. Prunkstück ist das ›besterhaltene Theater der Antike‹ in Aspendos.

Die Türkische Riviera

Am Strand von Gazipasa präsentiert sich die ganze Idylle der Türkischen Riviera

Geschichte Die Region zwischen Antalya und Alanya hieß in der Antike **Pamphylien**, was im Griechischen ›alle Stämme‹ bedeutet. Gemeint war damit wohl, dass sich hier nach der großen Völkerwanderung am Ende des 2. Jt. v. Chr. griechischsprachige Stämme verschiedenster Provenienz angesiedelt hatten. Dass sie auf anatolische Einwohner stießen, geht aus der in Pamphylien verbreiteten Mischsprache von Griechisch mit anatolischen Idiomen hervor. Auch in der im Norden angrenzenden Region Pisidien vermischte sich das Griechische mit älteren Lokalsprachen.

Einstweilen verraten nur Funde und Sagen etwas über die frühe Geschichte, so die Siedlungsspuren in der Höhle von Karain (Paläolithikum), ein in Side gefundenes syro-hethitisches Steinsiegel (2. Jt. v. Chr.) und ein nordsyrisch-hethitischer Basaltkessel. Die Mythen vieler Städte nennen Mopsos [s. S. 108] als Gründer. Die Perser bauten im 6. Jh. v. Chr. den Hafen von Side zur Flottenbasis aus und stationierten in Aspendos eine starke Garnison. Nach den Niederlagen bei Salamis 480 v. Chr. und Aspendos 469 v. Chr. verloren sie die Kontrolle über Pamphylien, konnten sie aber ab 386 v. Chr. nochmals für kurze Zeit zurückgewinnen. Erst der Alexanderzug veränderte die politische Landschaft endgültig.

Von da an blieb Griechisch die Umgangssprache, ganz gleich, ob die Ptolemäer, Seleukiden oder Attaliden von Pergamon ›das Sagen‹ hatten, und auch während der Zugehörigkeit zum Rö-

Türken und Kurden

»Ich bin ein Türke«, beginnt der Eid, den alle Schüler jeden Morgen aufsagen. **Atatürk** wollte sein Land zu einem Nationalstaat formen, weder der Glaube noch die ethnische Zugehörigkeit sollten im Vordergrund stehen. Die **Kurden** nannte man fortan ›Bergtürken‹, der türkische Staat sprach ihnen also den Status einer ethnischen Minderheit mit entsprechenden Rechten ab. So hatten sie ihren Dienst im Militär (der ›Schule der Nation‹) zu leisten und konnten ins Parlament gewählt werden, sofern sie sich nicht auf ihre kurdische Herkunft beriefen.

In den 1970er-Jahren trat mit der **Kurdischen Arbeiterpartei** (PKK) des Abdullah Öcalan eine radikale Gruppierung auf den Plan, die nicht nur die Anerkennung der Kurden als eigenständige Ethnie, sondern sogar einen kurdischen Staat forderte. 1984 begann ihr Kampf gegen das türkische Militär. Bis zur Verhaftung Öcalans im Jahr 1999 und der vorübergehenden Einstellung der Kampfhandlungen im Jahr 2001 forderte er etwa 37 000 Menschenleben.

Seit dem **Dritten Golfkrieg** (2003) verfügen die Kurden im Nordirak über umfassende Selbstbestimmungsrechte. Gleichzeitig nutzte die PKK die unwegsame Bergregion an der Grenze zur Türkei als Rückzugsgebiet. Im Februar 2008 rückten türkische Truppen deshalb für einige Wochen in den Nordirak ein. Ein von der PKK im Jahr 2010 verkündeter, einseitiger Waffenstillstand erweist sich als brüchig.

Unterdessen stieß die türkische Regierung – auch mit Blick auf Forderungen nach Liberalisierung vor einem EU-Beitritt – verschiedene **Reformen** an. Seit 2002 ist das Kurdische als Gerichtssprache zugelassen, im Südosten der Türkei dürfen Fernseh- und Radiosender Programme in kurdischer Sprache ausstrahlen und Privatschulen können Kurdisch unterrichten. Einerseits stehen die Zeichen also auf Annäherung, andererseits kann der bewaffnete Konflikt zwischen PKK und türkischen Streitkräften jedoch immer wieder aufflammen.

mischen Reich sprach die Bevölkerung griechisch, nur die Verwaltungssprache war Latein. Während der Zugehörigkeit zum Pergamenischen Reich hatte König Attalos II. Attaleia/Antalya (159–138 v. Chr.) gegründet, das als Hafenstadt bald Side überflügelte. Nach dem Tod des letzten Attaliden (133 v. Chr.) engagierten sich die Römer zunächst kaum in Pamphylien, erst die zunehmende Beeinträchtigung des Seeverkehrs zwischen Syrien und Rom durch Seeräuber veranlasste sie, aktiv zu werden und die Provinz Pamphylien, später die Doppelprovinz Lycia et Pamphylia, einzurichten. Wie überall im nicht grenzlandnahen Kleinasien, kam nun die Bevölkerung in den Genuss der Pax Romana, vor allem im 2. Jh. n. Chr. blühten die pamphylischen Küstenstädte auf wie nie zuvor. Aus dieser Zeit stammt der größte Teil des faszinierend umfangreichen Denkmälerbestands der heutigen Provinz Antalya. Vor allem Side fungierte während der Partherkriege Kaiser Trajans (114–117 n. Chr.) als wichtiger Flottenstützpunkt, ebenso bekannt war Sides Sklavenmarkt.

In byzantinischer Zeit verlor Pamphylien an Bedeutung, erst die Eroberung durch die Seldschuken wertete die Küste wieder auf. Sie bauten Antalya und Alanya als Hafenstädte weiter aus. Die Osmanen übernahmen ab 1391 mit der Eroberung der blühenden Handelsstadt Antalya die Kontrolle über diesen Teil der Südküste.

24 Antalya

Blühende Metropole in großartiger Lage am Meer.

Antalya ist eine lebensbejahende, junge Metropole. Hier gibt es moderne Shoppingcenter und einen Basar, der keinen Touristenwunsch offen lässt. Laut geht es zu entlang der Einkaufsstraßen, aus großen Boxen schallt Türkpop und der Verkehr ist dicht. Allein in der Altstadt geht es noch etwas ruhiger zu.

Geschichte   Antalya ist relativ jung: Erst König Attalos II. von Pergamon baute 158 v. Chr. den kleinen Naturhafen aus und gründete auf dem 30 m hohen Steilufer die nach ihm benannte Stadt Attaleia. 133 v. Chr. fiel sie mit dem Reich von Pergamon an Rom und wurde 25 v. Chr. Hauptstadt der römischen Provinz Pamphylia.

Plan S. 94   24 Antalya

In das Steilufer ist der fast kreisrunde Hafen eingebettet, der heute für Jachten reserviert ist. Walmdächer und Gärten bestimmen das Bild der Altstadt im Südosten

In frühbyzantinischer Zeit war sie Residenz eines Bischofs, doch erst unter der Herrschaft der Seldschuken gewann sie wieder größere Bedeutung.

Einen rasanten Aufschwung nahm Antalya aber erst seit der Mitte des 20. Jh. Rund um das Zentrum schießen Wohnsilos in die Höhe und die Zahl der ›Nüfus‹, der **Einwohner**, stieg von 51 000 Ende der 1960er-Jahre auf 1 Mio. im Jahr 2011. Im Großraum sollen es sogar 2 Mio. sein, und der Zustrom der Bevölkerung hält an. Das fast subtropische **Klima** sprach schon immer für die Stadt, die Sommer sind lang, trocken, heiß und dank der Lage am Meer erträglich (Mittelwert im Juli 30 Grad), die Winter sind mild (Mittelwert im Januar 9 Grad). So ist es kein Wunder, dass heute in Antalya die Quadratmeterpreise für umbauten Wohnraum zu den höchsten der Türkei gehören. Selbst das erst 2005 eröffnete, großartige Terminal 2 des **Flughafens** (AYT 2) hatte in der Saison 2011 seine Kapazitätsgrenze von 15 Mio. Passagieren fast erreicht.

Antalya floriert nicht nur als Dienstleistungs- und Urlaubsstadt, sondern besitzt auch moderne **Industrien**. Zu ihnen gehören die in der Türkei bekannten Marmeladefabriken (Antalya gilt als ›Marmeladestadt‹) und Blumenfarmen, die in Konkurrenz zu Israel den europäischen Markt beliefern. Ferner bleibt Antalya ein wichtiger Umschlagplatz für Baumwolle und Standort der Lederindustrie. Die riesige, etwas unproportionierte Glaspyramide des 1997 eröffneten Sabancı Kongress- und Messezentrums Antalya verdeutlicht die Wirtschaftskraft der Stadt und ihren Anspruch mehr als nur das Tourismuszentrum der Region zu sein.

TOP TIPP *Besichtigung* Wer genügend Zeit besitzt, kann die **Altstadt von Antalya** am schönsten in zwei Rundgängen kennen lernen, die sich durch eine Mittagspause am Hafen angenehm unterbrechen lassen.

Südöstliche Altstadt

Der Rundgang durch die südöstliche Altstadt beginnt am **Hadrianstor** ❶, das am prächtigen, palmenbestandenen Atatürk Caddesi liegt. Das dreibogige Ehrentor wurde 130 n.Chr. anlässlich des Besuchs von Kaiser Hadrian und seiner Frau Sabina in die ältere **Stadtmauer** ❷ eingefügt und steht zwischen zwei Türmen. In diesem Bereich ist ein gutes Stück der hellenistischen Stadtmauer, welche die ganze Stadt umgab, erhalten, sie wurde in römischer Zeit und später im 13. Jh.

24 Antalya

Junge Türkinnen vor alten Römermauern: das Hadrianstor in Antalya

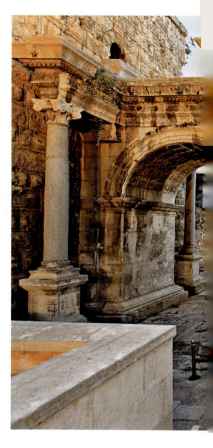

durch die Seldschuken restauriert (schöne seldschukische Stadtmauer-Inschrift im Museum Antalya).

Das Hadrianstor wurde von türkischen Archäologen vorbildlich restauriert (vorbildlich im archäologischen Sinn heißt: Notwendige moderne Ergänzungen müssen klar erkennbar sein). Ein deutlicher Hinweis auf das Alter des Tors ist die im Vergleich zum heutigen Straßenniveau tiefe Lage; man muss mehrere Stufen hinabgehen, um auf das Straßenniveau der Antike zu gelangen. Das historische Pflaster wird von einem gläsernen Übergang geschützt. Dass das Tor ein reines Schmuck- und Ehrentor war – ungeeignet für Verteidigungszwecke – beweisen u.a. die vier grazilen korinthischen Säulen, die den vier Torpfeilern auf der Ost- und Westseite vorgestellt sind. Ihr Gebälk ist mit dem des Tors verkröpft und reich mit einem Rankenfries verziert, die schlanken Säulen stehen auf hohen Postamenten. Die Gewölbe der Tordurchgänge besitzen Kassetten mit Rosettenmustern. Von der Weihinschrift für Hadrian sind leider nur Fragmente erhalten.

Auf der Westseite des Tors steigt man wieder einige Stufen hinauf und kommt in ein pittoreskes **Stadtviertel**. Typisch sind die schmalen Gassen, welche durch die vorspringenden Erker der Häuser beschattet und zusätzlich verschmälert werden; selbstverständlich finden sich heute in den teils restaurierten Häusern entlang der Gassen kleine Läden, Familienpensionen und Restaurants.

Nach Durchschreiten des Hadrianstors lässt sich bei vielen Häusern des Viertels noch die typische Anordnung des **türkischen Wohnhauses** erkennen: Im Erdgeschoss liegen Vorratsräume und Stallungen an einem kleinen Hof, während sich das Wohngeschoss im ersten Stockwerk befindet. Die weiter nach Südwesten verlaufende Gasse (Kebabci Sokak) führt an besonders hübschen und charakteristischen Häusern vorbei, hier kann man als Fremder durchaus an ein Hoftor klopfen und freundlich um Einlass und Besichtigung bitten. Im Hof wächst häufig ein Feigen- oder Maulbeerbaum, an lose gespannten Leinen rankt Wein; über eine Holztreppe gelangt man ins Wohngeschoss. Typisch sind teppichbedeckte Holzpodeste in den Zimmern, die man nicht mit Schuhen betreten darf. Im Wohnzimmer stehen entlang den Wänden üppig gepolsterte Holzsofas, Tische gibt es nur in Form von tragbaren Tabletts auf Holzgestellen. Die Schlafräume besitzen Wandschränke, immer auch mit Nischen für den Koran.

Auf der linken Straßenseite folgt dann ein umzäuntes Ruinengelände, dessen Wahrzeichen das **Kesik Minare** ❸, das ›abgebrochene Minarett‹, ist. Manchmal steht die Eisentür des Torbaus offen und man kann in den Ruinen der Geschichte nachspüren: Zunächst stand hier ein dem ptolemäischen Gott Sarapis geweihter, im 2. Jh. erbauter Rundtempel, dessen marmorne Portalwände den späteren Bauten integriert wurden. Eine im 5. Jh. unter Verwendung zahlreicher Spolien errichtete, der Panagia geweihte Kirche wurde schließlich von den Seldschuken in eine Moschee mit Minarett umgewandelt. Ein Großbrand im Jahr 1851 hinterließ nur das gestutzte Minarett.

Plan S. 94   24 Antalya

Am Ende der Gasse hält man sich nun links und gelangt zum **Stadtpark**, der einen gesonderten Rundgang verdient. Denn nicht nur die reiche Flora mit blühenden Büschen und einer Palmenallee machen ihn sehenswert und den Aufenthalt hier so wohltuend: Von einer über dem Steilufer liegenden Bastion hat man bei klarem Wetter auch einen fantastischen Blick über die ganze Bucht von Antalya und die Kette des Lykischen Taurus im Westen.

Auf jeden Fall sollte man im Teehaus neben dem **Turm von Hıdırlık** ❹ (Hıdırlık Kulesi) rasten. Auch von hier ist der Blick über die Bucht grandios. Der Bau soll zunächst ein römisches Grabmal gewesen und dann durch den aufgesetzten Rundturm zu einem imposanten Festungs- oder Leuchtturm ausgebaut worden sein.

Nun nimmt man die auf dem Hochufer nach Norden laufende Gasse, um später zum Hafen hinabzusteigen. Hier am Rand des Steilufers entstanden die ersten, sehr aufwendig restaurierten Häuser, u. a. sind in schönen alten Gebäuden auch Büros untergebracht. Gelegentlich kann man über Gärten auf den fast kreisrunden Hafen blicken, zu dem ein Stufenweg hinabführt.

Den **Hafen** umgreift eine Stadtmauer; das relativ kleine Hafenbecken wurde zu einer Marina (Yat limani) ausgebaut. Hier beginnen oder enden die beliebten Jachtkreuzfahrten, die um die ›türkisblaue Küste‹ des Lykischen Taurus führen. Ein kleines Freilichttheater, hübsche Grünanlagen, die kleine, im 19. Jh. auf vier Säulen über einer Quelle errichtete **Iskele Camii** ❺ und die hohe Felsenküste machen den Hafen zu einem der malerischsten der ganzen Türkei. Natürlich entstanden hier auch Restaurants, Bars und Cafés, in denen man sich vom Rundgang erholen kann. Und vielleicht schweifen die Gedanken während der Rast ins

24 Antalya

1. Jh. zurück – denn in diesem Hafen beendete Paulus seine erste Missionsreise.

Nördliche Altstadt

Der Rundgang durch das nördliche Stadtviertel beginnt am **Atatürk-Denkmal** ❻ am Rand der modernen Cumhuriyet Caddesi. Die erst nach dem Zweiten Weltkrieg entstandene große Bronzegruppe zeigt den vorwärts stürmenden ›Vater der Türken‹, begleitet von einem jungen Paar mit der Fahne der Republik. Wer hier die offiziellen Aktivitäten anlässlich der staatlichen Feiertage mit Aufmärschen und Kranzaufstellungen am Denkmal erlebt hat, kann sich schwer vorstellen, dass während der islamischen Fastenzeit (Ramadan) noch nach althergebrachter Sitte Trommler durch die Straßen laufen, um die Gläubigen vor Sonnenaufgang zu wecken, damit sie vor dem langen Fastentag noch einen Imbiss zu sich nehmen können. Die Verbindung von Traditionellem und Modernem, die man in dieser rasch expandierenden Stadt so nicht vermutet, wird aber auch im sorgsam gepflegten Denkmälerbestand deutlich, der östlich an das Atatürk-Denkmal grenzt.

Hier liegt das ehem. **seldschukische Stadtzentrum**, das vom unverwechselbaren Wahrzeichen der Stadt, dem **Yivli Minare** ❼ (Kanneliertes Minarett), überragt und geprägt wird. Es wurde durch den bedeutendsten Seldschukenherrscher, Alaeddin Kaykobad I., 1219 errichtet. Der Aufbau besitzt mit dem ornamentverzierten Oktogon einen eleganten Übergang zwischen dem würfelförmigen Sockel und dem kannelierten Schaft. Typisch seldschukisch sind die Ziegelsteinbauweise (in der späteren osmanischen Zeit wird Haustein verwendet) und die Inkrustation mit glasierten Fliesen. Die aus Ziegelsteinen geformten Halbsäulen tragen über einem Stalaktitenkranz einen Umgang, der aus 30 m Höhe einen hinreißenden Rundblick

❶ Hadrianstor
❷ Stadtmauer
❸ Kesik Minare
❹ Turm von Hıdırlık
❺ Iskele Camii
❻ Atatürk-Denkmal
❼ Yivli Minare
❽ Türben
❾ Ehem. Konvent der Mevlani-Derwische
❿ Alaeddin Camii
⓫ Konakturm
⓬ Tekeli Mehmet Paşa Camii
⓭ Karatay Medrese
⓮ Murat Paşa Camii

Plan S. 94 **24** Antalya

Am Konakturm (links) treffen sich die Einwohner Antalyas vor dem abendlichen Stadtbummel

über die Bucht bis zum Taurus ermöglicht und sicher nicht nur für die Gebetsrufe des Muezzin bestimmt war, und gleichzeitig als Späh- und Signalposten diente.

In einer terrassenförmigen Grünanlage liegen zwischen dem Atatürk-Denkmal und dem Yivli Minare zwei **Türben** ❽ (Grabbauten). Die ältere *Mehmet Bey Türbe* von 1377 besitzt einen oktogonalen Grundriss und ein zeltförmiges Dach (ursprünglich bahrten die nomadisierenden Turkvölker ihre Toten einige Tage in einem Zelt auf); die jüngere *Nigar Hatun Türbe* wurde 1502 vom osmanischen Sultan Beyazıt II. für seine Gattin z.T. aus Spolien errichtet. Zwischen den Grabbauten steht der ehem. **Konvent der Mevlani-Derwische** ❾, der viele Jahre als Museum diente und nun für wechselnde Kunstausstellungen genutzt wird.

Nur wenig tiefer liegt die **Alaeddin** (oder Ulu) **Camii** ❿. Sie entstand 1372/73 und besitzt im Innenraum zwölf antike Säulen; außen besticht ihre schöne Dachlandschaft aus sechs ziegelgedeckten Kuppeln, welche an byzantinische Bauten erinnern und verraten, dass die Moschee zuvor eine Kirche war (die späteren osmanischen Moscheen besitzen bleigedeckte Kuppeln). Nordöstlich vom Yivli Minare sind Überreste einer Portalwand mit arabischen Inschriften erhalten, die zu einer zerstörten seldschukischen **Medrese** (Koranschule) gehörte.

Wenn das Yivli Minare als Wahrzeichen Antalyas gilt, so ist der jenseits der Straße stehende **Konakturm** ⓫ der ›meeting point‹: Hier trifft man sich zum Stadt- und Basarbummel und findet am benachbarten Platz die Haltestelle für die lokalen Busse. Ursprünglich gehörte der heute als Uhrturm dienende Konakturm zur Stadtbefestigung.

Südlich von ihm liegt die über quadratischem Grundriss im 18. Jh. errichtete **Tekeli Mehmet Paşa Camii** ⓬. Sie ist ein wichtiges religiöses Zentrum der Stadt, in ihrem Vorhof stehen jeden Freitag zum Mittagsgebet zahlreiche grün gedeckte Holzbahren mit den kürzlich Verstorbenen zur Aussegnung.

Folgt man der zum Hafen hinabführenden Gasse und hält sich bei der ersten Gabelung links, kommt man zum reich verzierten, aber wenig gepflegten Steinportal der einstigen **Karatay Medrese** ⓭. Diese Koranschule wurde vom Wesir Karatay 1250 gestiftet.

Schließlich empfiehlt sich der Weg vom Uhrturm auf die Nordseite der Hauptstraße ins **Basarviertel**, wo noch teilweise die alte Gliederung in Gassen der Juweliere, Gemüse-, Gewürz- und Kleiderhändler besteht. So kann man bei den Juwelieren das enorme Angebot an Goldschmuck bewundern (der Schmuck wird nach Gewicht verkauft, der Preis für eine Unze des Edelmetalls steht täglich in der Zeitung). Eine andere Gasse ist die ›Essgasse‹, in der man preiswerte Lokantas findet, die allerdings fast alle keine Genehmigung für Alkohol-Ausschank besitzen.

Antalya

Im Basar blieb die traditionelle Einteilung in Handwerksgassen weitgehend erhalten

Vom Basar ist der Weg zur **Murat Paşa Camii** ⓮ nicht allzu weit. Diese ausgesprochen interessante Moschee stammt aus dem Jahr 1570 und besitzt auffallend schönen osmanischen Fayencenschmuck.

TOP TIPP Archäologisches Museum

Das Archäologische Museum von Antalya ist das bedeutendste der türkischen Mittelmeerküste (am Westrand der Stadt–Konyaaltı Caddesi; Di–So 9–16.30 Uhr, Saison bis 19 Uhr). Am schnellsten kommt man zum Museum mit der Straßenbahn, die Nürnberg ihrer Partnerstadt geliefert hat (einsteigen z. B. beim Konakturm oder Atatürk-Denkmal). Als Museum der Provinzhauptstadt zeigt es Funde aus ganz Lykien und Pamphylien und ist raummäßig und didaktisch ausgezeichnet aufgebaut. Die Sammlung wird durch eine byzantinische und ethnographische Abteilung ergänzt.

Saal 1 ist nach modernen museumspädagogischen Gesichtspunkten als ›Kinderraum‹ gestaltet. **Saal 2** stellt prähistorische Funde vor, vor allem aus der Karain-Höhle nördlich von Antalya, vom Hacılar-Tumulus bei Burdur und aus der Karataş-Semayük-Siedlung in der Nähe von Elmalı. Aus der zu dieser Siedlung gehörenden Nekropole werden originale Urnengräber gezeigt. **Saal 3** ist der Keramik vom 12. bis 3. Jh.v.Chr. gewidmet.

Im ›Kaisersaal‹ **(Saal 4)** begegnen uns die Herrscher, deren Namen wir auf den Streifzügen durch die Städte der türkischen Südküste immer wieder hören: Trajan ist als Sieger über Dakien dargestellt, Hadrian als nackter Heros und Feldherr, Hadrians Frau Sabina trägt die typische ›Wellenfrisur‹ ihrer Zeit. Schließlich Septimius Severus und seine aus syrischem Priestergeschlecht stammende Frau Julia Domna. Fast eine gute Bekannte ist nach der Besichtigung von Perge [Nr.28] auch Plancia Magna, die große Wohltäterin der Stadt im 2. Jh. n.Chr. Das Zentrum des Saals nimmt eine aus verschiedenfarbigem Marmor in lebhafter Bewegung gearbeitete, sehr aparte *Tänzerin* ein und natürlich fehlt die so beliebte Gruppe der ›Drei Grazien‹ nicht, welche ›Glanz, Frohsinn und Jugend‹ symbolisiert.

Saal 5, der ›Saal der Götter‹, beeindruckt durch überlebensgroße Statuen aus Perge, die ausnahmslos Kopien (2. Jh.n.Chr.) griechischer Marmorgötter sind. Sie gruppieren sich um den Göttervater Zeus, interessant ist *Tyche*, die als Glücks- und Schicksalsgöttin Schutzpatronin der griechisch-römischen Städte war und als Kopfschmuck eine Krone in Form der Stadtmauer trägt.

Im angrenzenden ›Saal der Kleinfunde und Unterwasserfunde‹ **(Saal 6)** sind hervorragende Originale aus dem 4. Jh. bis 3. Jh.n.Chr. ausgestellt, hervorzuheben sind eine inschriftlich Königin Berenike von Ägypten gewidmete Fayencevase und ein Silberteller aus Side. An den

Wänden zum ›Kaisersaal‹ stehen Kopien der griechischen Gruppe von Athena, Apollon und Marsyas, die den Wettkampf zwischen Apollon und Marsyas zum Inhalt haben: Marsyas versuchte auf der von Athene verschmähten Panflöte Apollons Kitharaspiel zu übertrumpfen und wurde zur Strafe für die Herausforderung zu Tode geschunden (gehäutet). Ganz nach griechischer Art wird der undramatische Augenblick vor der Aktion dargestellt. Besonders interessant ist die im Theater von Perge gefundene *Stele* der ›Artemis Pergaia‹ (in der Saalecke), denn bis heute wurde weder ihr berühmter Tempel lokalisiert noch das Kultbild genauer beschrieben.

In **Saal 7** findet man Sarkophage aus der Kaiserzeit, von denen neben dem ›Sidamara-Sarkophag‹ und dem sog. Medaillon-Sarkophag (mit dem Medusenhaupt) vor allem die wunderbaren ›*Herakles-Sarkophage*‹ erwähnenswert sind. In Tempelform gearbeitet, stellen sie zwischen den Interkolumnien des Säulenkranzes Herakles bei seinen verschiedenen Taten vor. Der qualitätvollere kleinere Sarkophag wurde durch Kunsträuber schwer zerstört und kam fragmentarisch in den Kunsthandel der USA; durch Mäzene konnten geraubte Partien für die Türkei zurückgekauft und wieder integriert werden.

Saal 8 zeigt die wenigen Überreste der 1000-jährigen byzantinischen Geschichte, darunter Stücke aus dem ›Schatz von Kumluca‹ [Nr.17]. In **Saal 9** beeindrucken das ›Philosophen-‹ und das ›Orpheus-Mosaik‹ aus Seleukeia [Nr.33] und die nicht ganz so fein gearbeiteten Mosaike aus dem Apollon-Tempel von Xanthos [Nr.2].

Die Tänzerin aus verschiedenfarbigem Marmor unterbricht schwungvoll die lange Reihe antiker Kaiser (Museum Antalya)

Ein kunstvoll verzierter Sarkophag im Archäologischen Museum von Antalya

Antalya

Über die Altstadt von Antalya schweift der Blick hinüber zu den Bergen des Taurusgebirges

Vom Mosaikensaal hat man gelegentlich Zugang zur **Freilichtgalerie** mit weiteren Sarkophagen und Statuen, darunter eine typische Arbeit im Stil der Bildhauer von Aphrodisias mit schweren, von Eroten gehaltenen Girlanden (Fundort Side). Die **Münzabteilung** in **Saal 10** stellt Münzen der Region bis in die osmanische Zeit vor, unter ihnen Tetradrachmen von Side, die nicht nur in Kleinasien, sondern auch in Susa und Babylon verbreitet waren, und einige Münzen aus dem sog. Dekadrachmenhort [s. S. 73].

Die **Säle 11–13** sind der seldschukischen und osmanischen *Volkskunst* gewidmet, nach Gebrauchsgegenständen wie der einst so wichtigen Mokkamühle (heute wird Tee getrunken) und der immer noch hoch geschätzten Nargileh (Wasserpfeife) folgen Beispiele der prachtvollen Stickereien (Gewänder, Tücher). Schließlich Exponate der *Nomadenkultur* mit Ziegenhaarzelten (welche erst durch Ruß der Herdfeuer regendicht werden), von Nomaden hergestellten Webarbeiten (Decken, Satteltaschen, Kelims) und Knüpfteppiche.

Noch ehe das Museum für Besucher geöffnet wurde, war der **Garten** zugänglich; er war und ist ein bezaubernder Ort, nicht nur, weil man sich hier bei einem Tee oder Saft erfrischen kann. Zwischen blühendem Oleander, Bougainvilleen und Mittagsblumen, Agaven und Opuntien lädt eine antike Steinbank mit Delphin-Armlehnen zum Ausruhen ein und ein Artemis-Weihrelief aus Perge steht im strahlenden Sonnenlicht, so wie einst fast alle Museumsschätze. Unter den Bäumen (Palmen, Kiefern, Mimosen) fällt ein weißfruchtender Maulbeerbaum auf: Seidenraupenzucht und Seidenmanufaktur wurden an der Südküste jahrhundertelang gepflegt, Seide war ein wichtiger Exportartikel.

Die Strände von Kundu und Lara

Waren es in den 1980er- und 1990er-Jahren vor allem deutsche Urlaubsgäste, die für die stete Expansion der Hotels sorgten, richten sich viele der Neubauten seit dem Beginn des 21. Jh. an ein stetig zahlreicher werdendes russisches Publikum. So entstand für diese Klientel etwa 20 km östlich von Antalya eine türkische Version von Las Vegas – wenn auch ohne Spielcasinos. An den Stränden von Kundu und Lara kann man nun vom Kremlin Palace, der aussieht als wäre er aus Moskau importiert, in den Nachbau des Topkapı-Palastes spazieren. Nahebei finden sich Unterkünfte, die wie venezianische Dogenpaläste oder ein Istanbuler Traum aus 1001 Nacht wirken.

Plan S. 94 24 Antalya

Ausflüge

Antalya bietet viele Ausflugsmöglichkeiten, die großenteils im Folgenden beschrieben sind. Ein weiteres Ziel ist **Saklıkent**, das 50 km westlich vom Stadtzentrum Antalyas in einer Höhe von 1750–1900 m an den Nordhängen des Bakırlı-Berges liegt. Das Bergdorf wurde zu einem Wintersport- und Ferienort ausgebaut. Nur selten herrschen hier gute Schneeverhältnisse, doch der rasche Wechsel von alpiner Landschaft zur grünen Riviera ist zu jeder Jahreszeit beeindruckend. Der 2450 m hohe **Bakırlı Dağ** und die Schluchten im Berggebiet gehören zu den Zielen organisierter Bergwandertouren (z. B. Alpinschule Innsbruck). Der Jachthafen ist Start und Ziel der beliebten Küstentörns.

Praktische Hinweise

Information

Cumhuriyet Cad, Özel Idare Altı, 2, Antalya, Tel. 02 42/241 17 47, www.antalyaguide.org (weiteres Büro am Jachthafen)

Hotels

Zentral:

*******Hillside SU**, Konyaaltı, Antalya, Tel. 02 42/249 07 00, www.hillsidesu.com. Todschickes, ganz in weiß gehaltenes Hotel am Strand. Die Zimmer sind minimalistisch-modern eingerichtet, der Service tadellos.

*******Mediterra Art Hotel**, Barbaross Mahellesi Zafer Sok 5, Kaleici (Altstadt)/Antalya, Tel. 02 42/244 86 24, www.mediterraarthotel.com. Eine echte Perle in der Altstadt, bestehend aus drei ottomanischen Häusern. Swimmingpool am Haus.

*****Aspen Oteli**, Kılıç Arslan Mah., Antalya, Tel. 02 42/247 71 78, www.aspenhotel.com.tr. Oberhalb vom Jachthafen in verkehrsberuhigter Altstadtgasse, 84 Betten, kleiner Pool.

Am östlichen Stadtrand:

TOP TIPP *******Club Sera Oteli**, Lara Mevkii, 11 km östlich Antalya, Tel. 02 42/349 34 34, www.clubhotelsera.com.tr. Am Beginn vom schönsten Strand Antalyas, dem kilometerlangen feinen Lara-Sandstrand. Haupthaus mit schönem Blick aufs Meer, Pool, mit eigener kieseliger Badebucht.

*******Kremlin Palace** und **Topkapi Palace**, Kundu/Antalya, 20 km östlich des Stadtzentrums, Tel. 02 42/431 24 00, www.wowhotels.com. Riesige Themenhotels, Unterhaltung rund um die Uhr und All Inclusive.

*******Marmara Antalya**, Sirinyali Mah., Lara, Tel. 02 42/249 36 00, www.themarmarahotels.com. Luxus pur in einem weißen Hochhaus. Clou für den Gast, der schon alles gesehen hat, sind die Suiten in den obersten drei Geschossen: Dieser Gebäudeteil dreht sich beständig im Kreis.

Restaurants

Wichtig: In zahlreichen Lokalen für Einheimische werden keine alkoholischen Getränke ausgeschenkt.

In makellosem Weiß präsentieren sich die Liegen am Pool des Hotels Hillside SU

24 Antalya

Im *Basarviertel* von Antalya sind die Lokale in der ›Essgasse‹ des Basars ähnlich im Angebot. Empfehlenswert ist das **Hamam Bistro** am östlichen Basarende/Ecke Atatürk Caddesi, Antalya.

Im benachbarten Geschäftsviertel:
Bizim Restaurant, Atatürk Cad. 50, Antalya, Tel. 02 42/247 25 73. Nahe des Hadrians-Tors.

Lokale in der Altstadt:
Otantik Butik Restaurant, Hespçı Sokak 14, Tel. 02 42/244 85 30, www.otantik butikotel.com. Feine Grillteller und köstliche Vorspeisen in einem famos restaurierten Altstadthaus.
Ekici Restaurant, am Kai, Antalya, Tel. 02 42/247 81 90, www.ekicirestaurant. com. Gute Auswahl an Fisch.

TOP TIPP **Mermerli Restaurant**, über dem Hafen (Ostseite), Antalya, Tel. 02 42/248 54 84, www.mermerlirestaurant.com. Gute Mischung aus türkischer und internationaler Küche in wunderschöner Aussichtslage, vom Lokal aus führen Stufen hinab zum kleinen Strand.

An der Straße zum Archäol. Museum:
Gaziantep Restaurant, Konyaaltı Cad., Antalya, Tel. 02 42/241 71 50. Im Atatürk-Park mit freiem Blick aufs Meer.

Die Tavernen und Lokantas wechseln häufig die Besitzer.

25 Termessos und Termessos-Nationalpark

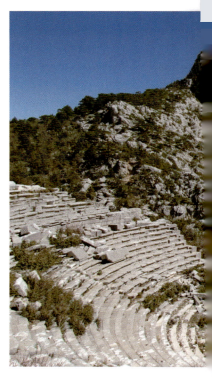

Grandiose Ruinenstadt in wildromantischer Berglage (1050 m).

30 km nordwestlich von Antalya. Zunächst Autobahn Richtung Burdur, dann SS 350 Richtung Korkuteli, von dort Abzweigung nach Süden, ausgeschildert ›Termessos/ Milli park‹. Vom Besucherzentrum des Nationalparks (braunes Schild ›Termessos‹) 9 km in großen Serpentinen steil bergan. Parkplatz auf der untersten Terrasse des antiken Stadtgebiets.

Termessos ist zweifellos die großartigste antike Stätte in der Umgebung von Antalya und – da man vom Parkplatz etwa 20 Minuten ziemlich steil bergauf steigen muss – keineswegs überlaufen. Auch zieht sich das Ruinengebiet mit seiner riesigen **Nekropole** über ein weites, dicht bewachsenes Berggelände hin, sodass man eher Gefahr läuft, sich zu verirren als in Scharen zu wandeln (eventuell sollte man den örtlichen Wächter vom Parkplatz aus mitnehmen).

Vorsicht ist allerdings bei schlechtem Wetter geboten. Man sollte vor der Fahrt den Wetterbericht hören, um nicht in eins der im April und Anfang Mai unversehens aufziehenden Gewitter zu geraten. Um vor Schlangenbissen geschützt zu sein ist geschlossenes Schuhwerk sehr zu empfehlen.

Geschichte Die Geschichte von Termessos reicht sicher ins 2. Jt. v. Chr. zurück, denn eine der von Bellerophon geforderten Taten war (laut Homer, Ilias VI, 159 ff.) der Kampf gegen die »kriegerischen Solymer«. Das waren die Bewohner von Termessos, denn der steil über dem Ort aufragende heutige **Güllük Dağı** ist der antike **Berg Solymos**. Er lag in der Landschaft Pisidien.

Eine gewisse Berühmtheit erlangte die Bergfestung, als **Alexander der Große** sie im Frühjahr 333 v. Chr. kurze Zeit erfolglos

25 Termessos und Termessos-Nationalpark

›Adlernest‹ nannte Alexander der Große die 900 m hoch gelegene Stadt Termessos. Kaum eine Stadt ist kühner erbaut! Das Theater wird vom Güllük Dağı überragt

belagerte: Damit schien der althergebrachte Ruf von Termessos, unbezwingbar zu sein, bestätigt.

Nur vierzehn Jahre später ereignete sich ein Zwischenfall, der vom Geschichtsschreiber **Diodoros** (1. Jh. v. Chr.) ausführlich kolportiert wurde. Nach dem Tod von Alexander versuchte u. a. Alexanders makedonischer Feldherr **Alketas**, die Herrschaft über Asien zu gewinnen. Er befehligte ein Heer der Südregion und war mit den Termessiern befreundet. Als Alketas 319 v. Chr. von seinem makedonischen Konkurrenten Antigonos besiegt wurde, fand er Zuflucht bei den Termessiern. Der vor Termessos erschienene Antigonos verlangte die Herausgabe des Asylanten, die älteren Bürger waren dazu bereit, die jüngeren nicht. Durch eine geheim mit Antigonos abgesprochene List gelang es den älteren Bürgern, die kämpferische Jugend aus der Stadt zu entfernen; doch als der schutzlose Alketas den Verrat bemerkte, beging er Selbstmord. Antigonos ließ den ausgelieferten Leichnam in übelster Weise schänden und unbestattet liegen, schließlich barg die empörte Jugend von Termessos den Toten und bestattete ihn mit allen Ehren. Der Bericht ist deshalb von Interesse, weil ein sehr schlecht erhaltenes Grab in der Felsnekropole von Termessos als Grab des Alketas gilt.

Später erwiesen sich die Termessier als treue Verbündete Roms. So schlossen sie im Jahr 70 v. Chr. einen Freundschaftsvertrag mit Rom, der ihnen auch nach der Eingliederung in die Provinz Pamphylia eine gewisse Autonomie garantierte. In der **Kaiserzeit** wurde Termessos mit vielen Bauten prächtig erweitert, doch wurde die Stadt – vielleicht wegen Wassermangels – bereits im 4. Jh. aufgegeben.

Besichtigung Zwei Wege führen vom Parkplatz zur Oberstadt, mit etwas Ortssinn (oder Hilfe des Wächters) lässt sich daher die Besichtigung als Rundgang absolvieren. Die Bergwände umgreifen hufeisenförmig das Gelände der ehem.

2.5 Termessos und Termessos-Nationalpark

Unterstadt, auf dem heute der Parkplatz liegt. Zunächst kann man das westlich vom Parkplatz hoch aus dem Gebüsch aufragende, schön gearbeitete **Marmortor** [1] betrachten, das zum Propylon (Torbau) eines Hadrianstempels gehörte. Fragmente von Torbau und Tempel liegen am Boden verstreut. Überall hat sich der Wald aus Laubbäumen und Kiefern das Gelände zurückerobert. Eschen, Eiben, Lorbeer- und Erdbeerbäume, Eichen und Kiefern krallen sich in den karstigen Boden der Felswände und bilden ein Zeltdach für die Ruinen der Ober- und Unterstadt.

Nun folgt man dem sog. **Königsweg**, der in stetigem Anstieg in südwestlicher Richtung zur Oberstadt führt. Auf ihm ritt schon König Attalos II. von Pergamon (159–138 v.Chr.) zur Stadt empor, der bei der Eroberung der Südküste von den Termessiern unterstützt worden war und sich zum Dank als Mäzen von Termessos erwies. Man passiert den Tordurchgang der an manchen Stellen noch 6 m hohen Mauerreste, die zum **Unteren Verteidigungsring** [2] gehörten. Hier sah noch George E. Bean ein in die Ostmauer des Torbaus geritztes *Würfelorakel*, mit dem Wachsoldaten und Ankömmlinge sich die Zeit vertrieben. Man würfelte und las den zur Zahlenkombination gehörenden, in den Wandpfeiler gravierten ›Orakelspruch‹ – ob man an ihn glaubte, steht dahin. Ein Stück weiter liegt links vom Weg die Ruine des 91 m langen **Gymnasiums** [3]. Die weitgehend überwachsene Anlage stammt aus der zweiten Hälfte des 2. Jh. v.Chr. und ist sorgfältig aus Hausteinen gefertigt. Die geringe Gebäudebreite (14,5 m) zeigt die Probleme, mit denen die Architekten an den Steilhängen und schmalen Terrassen der Bergstadt zu kämpfen hatten.

Zurück auf dem ›Königsweg‹ erkennt man bald darauf die Reste der **Oberen Stadtmauer** [4], hier hält man sich links und folgt dem Trampelpfad, der zum Theater führt. Im dichten Unterholz am rechten Wegrand sind ebenfalls noch Mauerreste erhalten, sie gehören zur **Stoa des Osbaras** [5] (1. Jh.n.Chr.), welche

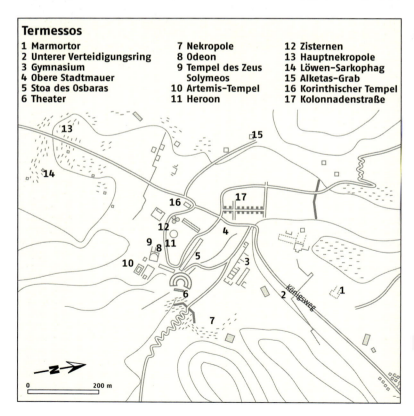

Termessos

1 Marmortor
2 Unterer Verteidigungsring
3 Gymnasium
4 Obere Stadtmauer
5 Stoa des Osbaras
6 Theater
7 Nekropole
8 Odeon
9 Tempel des Zeus Solymeos
10 Artemis-Tempel
11 Heroon
12 Zisternen
13 Hauptnekropole
14 Löwen-Sarkophag
15 Alketas-Grab
16 Korinthischer Tempel
17 Kolonnadenstraße

25 Termessos und Termessos-Nationalpark

Manche Sarkophage sind umgestürzt, andere aufgebrochen oder deckellos – die Nekropole von Termessos sieht aus wie nach dem Jüngsten Tag

einst den Marktplatz (Agora) auf der Ostseite begrenzte.

Das **Theater** [6] ist wegen seiner Lage der eindrucksvollste Bau von Termessos – direkt vom schroff aufragenden *Solymos* überragt, hängt es zwischen den steil abfallenden grauen Kalkfelsen wie der vom Himmel gestürzte überdimensionale Korb eines Ballonfahrers. Mauern und Sitze sind aus dem anstehenden Stein gearbeitet. Der Ausblick von den Umfassungsmauern und oberen Rängen ist grandios: Man schaut hinab zur Küste und ahnt tief unten im Dunst das Meer; in der Nähe begeistert das Grün des dichten Laubwalds, in den weitere Ruinen eingebettet sind. Kein anderes antikes Theater besitzt eine derartig kühne Lage. Der **Zuschauerraum** umfasst mehr als einen Halbkreis und weist dadurch auf eine Entstehung in hellenistischer Zeit hin, doch wurden in römischer Zeit Umbauten vorgenommen, bei denen u.a. der offene Zugang zur Orchestra zwischen der südlichen Stützmauer und dem Bühnengebäude (der sog. Parodos) überbaut wurde. So wurden den bereits vorhandenen 4300 Sitzplätzen noch weitere 60–70 hinzugewonnen. Das **Bühnenhaus** ist wegen Platzmangels am Steilhang nur von geringer Tiefe. Die Rückwand des Bühnengebäudes war bereits Teil der Stadtmauer, nicht nur aus diesem Grund fanden sich hier als Schmuckelemente Waffenreliefs: Alle öffentlichen Gebäude und sogar viele Grabdenkmäler der Stadt zeigen Reliefschmuck in Form von Rundschilden, zweifellos ein Hinweis auf den kämpferischen Geist der Bewohner. In der Kaiserzeit wurde das Theater für Tierhetzen und Gladiatorenkämpfe eingerichtet, hierzu gehört der lange Raum unter dem Bühnenhaus, in dem die Tiere auf ›ihren Einsatz‹ warten mussten. Durch fünf 1 m hohe Luken wurden sie in die Orchestra gelassen: Diese Tierkämpfe, die teils zwischen Männern (den Venatores) und Tieren (Löwen, Bären), teils zwischen Tieren untereinander ausgetragen wurden, waren extrem kostspielig und blutig; das Volk wettete auf Sieg, der jedoch allen-

25 Termessos und Termessos-Nationalpark

falls nur ein Aufschub bis zum Tod im nächsten Kampf bedeutete.

Dass am Steilhang unterhalb der Theaterrückwand eine **Nekropole** [7] liegt, hat jedoch mit den tödlichen Spielen nichts zu tun: Nekropolen lagen meist an Wegen und Straßen vor den Mauern antiker Städte, um die Besucher an die Toten zu erinnern. Noch heute klettert hier ein steiler Wanderpfad empor, der beim Gymnasium das Stadtgebiet erreicht.

Wenn man sich vom einzigartigen Theater mit seinem atemberaubenden Ausblick getrennt hat, geht man zur westlich anschließenden Agora. Linker Hand ragt die Außenmauer des **Odeons** [8] auf, die im vorgetäuschten oberen Stockwerk mit gering vorspringenden Pilastern verziert ist; das ungemein exakte Haustein-Mauerwerk ist sehr beeindruckend (1. Jh. v. Chr.). Zwischen den Pilastern sind (kaum erkennbar) Namen von Athleten eingemeißelt, die im Wettkampf siegten. In der Antike waren die eingravierten Buchstaben rot markiert. Ins Innere des Odeons gelangt man über die Reste des kleinen **Tempels des Zeus Solymeos** [9], der im Westen ans Odeon grenzt. Das Odeon war vielleicht, wie so häufig, gleichzeitig Bouleuterion, d.h., hier tagten die Stadträte. Der mit Schutt bedeckte Innenraum war, dem Klima im Hochland entsprechend, wahrscheinlich überdacht, denn er besitzt in der Oberzone Fenster. Den Verlauf der Sitzreihen kann man nur erahnen.

Wer sportlich ist, klettert nun im Odeon über den Schutt zur Stirnwand des 24,5 x 24,5 m großen Raums hinab, steigt durch deren leicht verschüttete Tür und hält sich rechts. Wenige Schritte neben dem Odeon stehen auf schmaler Terrasse die Reste eines kleinen **Artemis-Tempels** [10]. Seine hohen, vollständig erhaltenen Portalwände tragen eine Inschrift, in der eine Aurelia Armasta sich als Stifterin von Tempel und Kultstatue der Artemis rühmt. Auf den beiden Sockeln vor dem Portal standen Statuen ihrer Onkel; die Anlage wird ins 3. Jh. n. Chr. datiert.

Vom Tempel kann man noch weiter bergab steigen und eine Plattform mit geringen Tempelresten erreichen, aus Zeitgründen ist es jedoch zweckmäßiger, vom Artemis-Tempel auf dem gleichen Weg (durchs Odeon) zurückzugehen.

Man gelangt nun wieder auf die **Agora**, die einst von Säulenhallen und einem Gymnasium flankiert war, heute überwuchert Unterholz die Ruinen. An der vom Felsen überragten Agora stehen die Überreste eines **Heroons** [11], das vielleicht dem mythischen ›Stadtgründer‹ gewidmet war. In die geglättete Felswand des Sockels sind drei Nischen für Opfergaben gearbeitet. Weiter westwärts auf der Agora gilt: auf den Boden schauen, denn fünf riesige **Zisternen** [12] sind hier wie große Zylinder in den Felsboden geschlagen. Termessos war wegen seiner wenigen Quellen auf Zisternen angewiesen, vermutlich wurde wegen Wasserknappheit später die Siedlung aufgegeben.

Schnell passiert man links die vom Buschwerk verborgenen Ruinen eines römischen Privathauses, die gut sichtbaren Reste eines *korinthischen Tempels* und wandert weiter nach Südsüdwest, zunächst bergab, dann sanft bergauf zur großen **Hauptnekropole** [13]. Kein Sarkophag ist unversehrt, Deckel sind herabgestürzt, Löcher in die Seitenwände geschlagen; Säulentrommeln, Giebelteile von Tempelgräbern liegen im Gras und Buschwerk verborgen.

Hier macht es Freude, im lichten Buschwald Pfadfindergeist zu entwickeln und vom Trampelpfad abzuweichen. Erreicht man z. B. den rechts am Weg liegenden *Sarkophag mit zwei Rundschilden*, kann man links vom Weg über Steinblöcke zu einem schlichten *Tempelgrab* gelangen, dessen mit Inschriftentafel und Schilden geschmückter Sarkophag gut erhalten ist. Zurück auf dem Hauptpfad lässt sich (ebenfalls links vom Weg) der **Löwen-Sarkophag** [14] ausfindig machen oder andere mit Delphinen, Vasen, Rundschilden oder Ringkämpfern verzierte Sarkophage (letzterer rechts über dem ansteigenden Weg). Die an den Hang gebettete Nekropole wird heute von einem Turm überragt, der den Waldhütern als Wachturm dient. Wer Zeit hat und bis zum Turm aufsteigt, bekommt dort manchmal Getränke angeboten (nicht vergessen, diskret zu bezahlen!).

Selten vereinen sich die Symbole von Tod und Leben so harmonisch wie in diesem Bergtal. Wenn man die bezaubernde Landschaft genügend in sich aufgenommen hat, geht man den gleichen Pfad zurück und biegt kurz vor dem korinthischen Tempel nach Nordwest (links) ab. Manchmal ist der Pfad hier mit Zweigen versperrt, um Besucher vom **Alketas-Grab** [15] fernzuhalten. Wer sich nicht abschrecken lässt, gelangt an die Felswand, in die mehrere Gräber eingeschnitten sind. Das berühmteste, das erwähnte

25 Termessos und Termessos-Nationalpark

Der makedonische Lederpanzer des Reiters und andere Details sprechen dafür, dass im beschädigten Felsgrab Alketas beigesetzt war. Das Relief zeigt den im Leben Gescheiterten als Sieger

Grab des Alketas, ist ein Höhlengrab, dessen vorgeblendete Fassade weitgehend zerstört ist. Leider hat auch der Innenraum mit dem Totenbett unter Feuchtigkeit und Vandalismus gelitten. Seine sehr schlecht erhaltenen *Reliefs* (Reiter mit makedonischem Lederpanzer sowie ein Adler, der eine Schlange in seinen Fängen hält) könnten auf den verratenen General hinweisen. Das gleiche Schicksal wie Alketas erlitt auf heute türkischem Gebiet gut 100 Jahre später der berühmte Hannibal (247–182 v. Chr.), der nach dem Fall von Karthago einige Jahre die Seleukiden in Syrien beriet und nach deren Niederlage in Bithynien dem Freitod einer Auslieferung an die Römer vorzog.

Vom Alketas-Grab kann man auf einem nahe der Felswand verlaufenden Pfad in steilen Serpentinen zum Parkplatz absteigen. Oder man geht zum **Korinthischen Tempel** [16] zurück und wandert an den Zisternen vorbei auf direktem Weg nach Nordosten. Links lassen sich hier, vom Gras überwuchert, die Ruinen einer **Kolonnadenstraße** [17] ausmachen, ehe man über den Königsweg wieder den Parkplatz erreicht.

Hinweis: Getränke gibt es beim Parkplatz nicht. Das 9 km unterhalb gelegene Besucherzentrum des Nationalparks ist an Werktagen und außerhalb der Saison geschlossen.

 Termessos-Nationalpark
(Güllük Dağı Milli parkı)

Das Gebiet um den antiken Solymos, heute Güllük Dağı, wurde bereits 1970 zum Nationalpark (Milli parkı) erklärt und umfasst ein bewaldetes **Berggebiet** von 6736 Hektar; die beiden höchsten Gipfel sind 1160 und 1020 m hoch. Da die antike Stadt im Nationalpark liegt, lernt man ganz nebenbei die prächtige **Vegetation** kennen: Die dichte Bewaldung erschwert einerseits das Auffinden der Ruinen, macht aber andererseits auch den besonderen Reiz dieser Stadt aus. Der lichte Buschwald besteht aus bis zu 8 m hohen Manna-Eschen, wilden Ölbäumen, Terebinthen, östlichen Erdbeerbäumen, Johannisbrot- und Styraxbäumen, Baumheide, buschförmigen Judasbäumen und der im ganzen Westlichen Taurus beheimateten Brutischen Kiefer.

Häufig kreisen Gänsegeier am Himmel, auch Steinadler brüten im Gebiet. Wer allein oder in kleiner Gruppe kommt, hört den Eichelhäher; Spechte und Meisen sind in mehreren Unterarten vertreten. Auf Schlangen, die früher in der Türkei sehr häufig waren, sollte man stets aufmerksam achten.

Dagegen muss, wer Termessos besucht, schon sehr viel Glück und ein Fernglas besitzen, um eine oder ein ganzes Rudel der hier wieder angesiedelten **Bezoarziegen** zu entdecken. Die Böcke dieser Urform der Hausziege zeichnen sich durch größere Hörner aus und ähneln Steinböcken, deren nahe Verwandte sie sind. Die Bezoarziege, einst im gesam-

105

25 Termessos und Termessos-Nationalpark

ten Taurus heimisch, war so gut wie ausgerottet. Sie hat sich jedoch in diesem Rückzugsgebiet, in dem sie auf wenige Einzeltiere reduziert war, in den zwei vergangenen Jahrzehnten so vermehrt, dass sie heute wieder (mit Genehmigung und gegen Devisen) bejagt werden darf.

Am Eingang zum Nationalpark befindet sich ein kleines **Museum** (nur während der Saison April–Okt. geöffnet), in dem u.a. ein ausgestopfter Steppenluchs gezeigt wird, der in diesem Gebiet erlegt wurde. Schautafeln vermitteln eine anschauliche Übersicht über die Pflanzen und Tiere des Parks; Lehrpfade sind nicht vorhanden.

Türken, die nur im Notfall zu Fuß gehen und deshalb keine Wanderungen unternehmen, betrachten den Park als Picknickgelände, an Feiertagen fahren sie dann mit der ganzen Großfamilie auf den Parkplatz beim Museum und belegen fröhlich und laut die Picknickplätze sowie die sie umgebenden Wiesen. Doch etwas abseits wird es schlagartig ruhig.

26 Düzlerçamı-Nationalpark
(Düzlerçamı Milli parkı)

Die in das Kalkgebirge 150–600 m tief eingeschnittene Güver-Schlucht gehört zu den eindrucksvollsten Karstformationen des Westlichen Taurus.

Ganz im Süden des Termessos-Nationalparks liegt die Güver-Schlucht. Man biegt etwa 7 km vor der Abzweigung nach Termessos (also ca. 22 km nordwestlich von Antalya) von der Hauptstraße ab.

In Düzlerçamı befindet sich ein beliebter Picknickplatz, von dem aus man zu den Zuchtgehegen für Bezoarziegen und Damwild kommt. 3 km südlich vom Park (Waldweg) liegt die **Güver-Schlucht**, auf deren westlicher oberer Kante man wandern und prächtige Einblicke in den Cañon genießen kann (zwei ausgebaute Aussichtsterrassen). Dem aufmerksamen Wanderer mag es auffallen, dass mehrere

27 Karain

Dichte Vegetation zeichnet die schroffe Berglandschaft des Termessos- und des angrenzenden Düzlerçamı-Nationalparks aus

sium) aus in 4 bis 4½ Stunden bergab wandern, Bergerfahrung nötig (Bus zur Forellenzuchtstation bestellen). Der Weg verbindet den Termessos-Nationalpark mit dem Düzlerçamı-Nationalpark.

27 Karain

Museum und ausgedehnter Höhlenkomplex.

30 km nördlich von Antalya. Autobahn Richtung Burdur bis Abzweigung Yeniköy/Karain (ausgeschildert). Nach Ortsdurchfahrt Yeniköy links abbiegen bis zum Museum von Karain.

Büsche am Wegrand hier mit Stoffstreifen und kleinen Tüchern geschmückt sind: ein Brauch, den man in vielen Gegenden der Welt bei Wallfahrtsorten, Heiligengräbern oder geweihten Bäumen und Plätzen findet. Mit den an den Busch geknoteten Stofffetzen oder Bändern sind geheime Wünsche verbunden, die, an diesem Platz vorgebracht, in Erfüllung gehen sollen. – Der Weg biegt nach knapp 2 km nach Westen ab und beschreibt einen weiten Bogen nach Norden, sodass man auch eine Rundwanderung unternehmen kann und zum Schluchteingang zurückkommt (etwa 1½ Stunden).

Weiter westlich von Düzlerçamı liegt eine Forellenzuchtstation (rund 5 km, mit Taxi erreichbar). Von hier führt ein stark ansteigender **Wanderpfad** nach Norden zum antiken Stadtgebiet von Termessos (endet beim Gymnasium). Auf dieser ›Direttissima‹ kam man in der Antike von der Küste zur Stadt.

Der Weg ist in schlechtem Zustand. Nur mit Führung von Termessos (Gymna-

Die 150 m oberhalb vom Museum liegende, aus drei Kammern bestehende Höhle war mehr als 50 000 Jahre sporadisch bewohnt, älteste Funde sind 200 000 Jahre alt. Die Höhle liegt an einem steil abfallenden Hang und ist die größte einst bewohnte **Naturhöhle** der Türkei. Türkische Archäologen haben seit 1946 aus der 10,5 m hohen Füllschicht Werkzeuge, Gebrauchsgegenstände und Tierknochen aus dem Paläolithikum, Mesolithikum, Neolithikum, Chalkolithikum und der Bronzezeit zutage gefördert, ein Teil der Funde wird im **Museum** am Ort, ein anderer im Museum von Antalya [Nr. 24] dokumentiert. Zu den Exponaten zählen Werkzeuge aus Stein, Obsidian und Knochen, ferner Zähne und Skelett-Teile ausgestorbener Tierarten und Pflanzenreste. So erwiesen sich die Bewohner seit dem Neolithikum (7250–5500 v. Chr.) als Ackerbauern, sie benutzten Mahlsteine und Tongefäße und hielten Haustiere.

Hinter dem Museum steigt ein Pfad zur **Höhle** empor, die – nur in Begleitung des Wärters – besichtigt werden kann. Links vom Höhleneingang sind in der Felswand gearbeitete Nischen und griechische Inschriften zu erkennen. Sie sind Zeichen dafür, dass die Höhle noch in historischer Zeit als verehrungswürdiger Ort galt. An einem 12 m hohen, von den Ausgräbern bewusst stehen gelassenen so genannter Zeugenpfeiler lässt sich die Schichtabfolge ablesen. Im Übrigen weist die 50 m tiefe Höhle einige Tropfsteinformationen auf, die im Kalkgestein nicht auffallend sind.

28 Perge

 Die besterhaltene Stadt des antiken Pamphylien.

18 km östlich von Antalya.
In Aksu die SS 400 verlassen, 3 km nach Norden (ausgeschildert).

Perge gehört zu den Glücksfällen der Archäologen. Denn wenn eine Stadt aufgegeben und später nie wieder besiedelt wurde, galt sie als idealer Steinbruch für eine nahe gelegene neue Stadt. In Perge legten Erdbeben die Bauten in Trümmer, von Flüssen und Hügeln angeschwemmtes Erdreich bedeckte die Ruinen in relativ kurzer Zeit. So wurden nur wenig Spolien in Antalya verbaut und wir können heute über die Prachtstraße der antiken Stadt schlendern, die Reliefs des Theaters bewundern und uns die vielen bestens erhaltenen Statuen, die ins Museum von Antalya kamen, am alten Ort vorstellen.

Nur der Standort des wichtigsten Heiligtums, des Tempels der Artemis Pergaia, ist bis heute nicht aufgefunden und gibt den Ausgräbern Rätsel auf. Denn das **Artemis-Heiligtum** war eine berühmte Wallfahrts- und Asylstätte und lag, wie antike Autoren berichten, auf einem Hügel außerhalb der Stadt in exponierter, »wunderbarer« Lage. Dass dennoch jede Spur von ihm fehlt, ist zumindest überraschend.

Geschichte Perge befand sich in sicherer, 10 km von der Küste entfernter Hügellage in der Nähe des einst schiffbaren Kestros-Flusses (heute Akşu Çayı) und gehörte zu den fünf großen Städten Pamphyliens (neben Attaleia, Sillyon, Aspendos und Side). Als legendäre Gründer galten die Seher **Kalchas** und **Mopsos**, die nach der Zerstörung Trojas (Anfang des 12. Jh. v. Chr.) »eine gemischte Bevölkerung« an die Mittelmeerküste geführt haben sollen und von mehreren Städten als Gründer in Anspruch genommen wurden. Kalchas, der berühmte Seher Trojas, ist auch eng mit der Geschichte von Klaros (an der Westküste) verbunden, Mopsos wird bereits in hethitischen Inschriften erwähnt. Beide sagenhaften Gründer wurden noch im 2. Jh. mit Statuen im Hof des Stadttors geehrt. In die Geschichtsschreibung tritt Perge erst mit dem **Alexanderfeldzug** ein, Arrian erwähnt, dass die vorher persisch dominierte Stadt sich freiwillig dem Makedonenkönig unterwarf.

In der Diadochenzeit gehörte Perge mehr als ein Jahrhundert (312–188 v. Chr.) zum **Seleukidenreich**. Damals schützte man Perge durch die überraschend gut erhaltene Stadtmauer, die in Zweischalen-Technik erbaut ist, von Wehrtürmen verstärkt wird und der ›verbesserten‹ Belagerungstechnik Paroli bot. Die Stadt scheint unter den Seleukiden eine Blütezeit erlebt zu haben, von der allerdings kaum weitere Ruinen zeugen. Nach Zugehörigkeit zum Pergamenischen Reich, Piratenüberfällen und den Wirren des römischen Bürgerkriegs lassen sich erst in der Kaiserzeit wieder Wohlstand und rege Bautätigkeit nachweisen.

Im Neuen Testament wird Perge im Rahmen der Missionsreisen von **Paulus** erwähnt. Paulus kam von Zypern nach Perge und zog von dort nach Konya/Ikonion weiter. Demnach scheint Perge Mitte des 1. Jh. noch leicht per Schiff erreichbar gewesen zu sein.

Mehrere Kirchen bezeugen den Sieg des Christentums, auch die totale Zerstörung des großen ionischen Artemis-Tempels dürfte auf das Konto der frühen Christen gehen. Normalerweise triumphiert die neue Religion an den Kultplätzen der alten, hier wurde auf den umliegenden Hügeln bislang nichts gefunden. Im 7. Jh. litt Perge, wie alle Städte der Süd- und Westküste, unter den Überfällen muslimischer Piraten, danach scheint der Fortzug der Bevölkerung ins besser geschützte Antalya unaufhaltsam gewesen zu sein. Zur Seldschukenzeit war Perge verlassen. 1835/36 fand der französische Reisende Texier das Theater von Perge noch unversehrt, und auch das Stadion war noch gut erhalten.

Ausgrabungen wurden erst ab 1946 durch Arif Müfid Mansel initiiert und von seinen Archäologen-Kollegen sehr erfolgreich weitergeführt, allein im Gebiet der Süd-Thermen kamen mehr als 30 Statuen ans Licht! Nacheinander wurden die Hauptstraße mit dem hellenistischen Stadttor, das Theater und die Thermen freigelegt. Mittlerweile werden die Wohngebiete sowie die Akropolis von Wissenschaftlern der Universität Gießen untersucht.

Besichtigung Das Gelände von Perge ist übersichtlich und leicht zu begehen (im Sommer tgl. 8–19 Uhr, im Winter bis 17.30 Uhr). Man sollte nicht gleich bis zum Parkplatz am Stadttor vorfahren, sondern kurz beim **Theater** [1] halten. Es schmiegt

28 Perge

Sicherlich eine der reizvollsten und anrührendsten Szenen vom Dionysosfries im Theater von Perge: das Bad des göttlichen Kindes

sich an den Fuß des Hügels *Koca Belen*, auf dessen Gipfel man vergeblich nach Spuren des Artemis-Tempels suchte. Zunächst stößt man auf die nach Osten gerichtete Rückseite des ehemals dreistöckigen römischen Bühnenhauses (erste Hälfte 2. Jh.), dem in der zweiten Hälfte des 2. Jh. ein *Nymphäum* mit fünf Wasserbecken vorgeblendet wurde.

Das Theater ist an den Hang gebaut und wurde in der Kaiserzeit ›aufgestockt‹, sodass die Sitzreihen über dem Diazoma auf Gewölbekonstruktionen ruhen. Damit wurde dem Bevölkerungswachstum Rechnung getragen. Ungefähr 14 000 Zuschauer konnten durch fünf Eingänge das Theater betreten und wieder verlassen. Der mehr als halbrunde Zuschauerraum wirkt griechisch; typisch römisch sind dagegen *Arkadenwände* als oberer Abschluss der Cavea, *Brüstungsmauern* an der Orchestra und das *Bühnengebäude*, dessen prächtige Schaufassade wir uns nach Auffindung des Marmorschmucks wieder vorstellen können.

Teile der Sockelreliefs der *Scenae frons* wurden am ursprünglichen Ort montiert. Sie zeigen, wie immer in Kleinasien, Szenen aus dem Leben von *Dionysos*: Der Gott des schöpferischen Rausches und Theaters entspringt in kindlicher Schönheit dem Oberschenkel des Zeus, in den er nach seiner vorzeitigen Geburt eingebettet war, dann wird das göttliche Kind von Hermes zur Erziehung den Nymphen übergeben und (trotz Beschädigung besonders hübsch) gebadet, schließlich sieht man den weinlaubbekränzten Gott mit dem Thyrsosstab auf dem von Panthern gezogenen Triumphwagen, begleitet von Silenos und einer Mänade. Auch der Flussgott der Stadt (hier Kestros) ruht nach üblichem Schema, ein Schilfbündel im Arm, auf einer Amphore, aus der das Flusswasser entspringt. Aus dem Theater stammt auch die Stele mit Artemis Pergaia (Museum Antalya).

Von den oberen Sitzreihen ist nicht nur der *Tafelberg von Sillyon* [Nr.29] zu sehen, man überblickt auch den weiteren Weg bis hin zur niedrigen *Akropolis* von Perge; wie auf dem Reißbrett zeichnet sich vor allem im benachbarten Gebiet der Grundriss des Stadions ab, das in der Ebene vor dem Theater liegt.

Zu den bewundernswerten Bauleistungen römischer Architekten gehört die perfekte Beherrschung von **Gewölbekonstruktionen**. Durch sie ließen sich nicht nur große Innenräume überwölben, sondern auch Theater und Stadien für Tausende von Zuschauern ›auf der flachen Wiese› hochziehen. Genau dies demonstriert das östlich vom Theater erbaute **Stadion** [2], das neben jenem von Aphrodisias (im Mäandertal) das besterhaltene Kleinasiens ist. Wie ursprünglich alle antiken Stadien war es nur an einer Seite (hier der Nordseite) gerundet. Der Haupteingang lag im Süden, Seiteneingänge sorgten für raschen Zu- und Abgang der Besucher. Etwa 12 000 Zuschauer fanden im Stadion Platz, das in der späten Kaiserzeit auch Schauplatz von Tierhetzen etc. war. Man geht ungefähr bis zur Mitte und kann eventuell durch einen der Eingänge auf der Ostseite das Stadion verlassen (da das Stadion zur Zeit als Lapidarium dient, nicht immer möglich). In den Gewölbesubstruktionen der Sitzreihen befanden sich Geschäfte und Eingänge.

Wenn der Weg durch das Stadion nicht offen ist, folgt man dem Fahrweg und gelangt zum Parkplatz und zum **Spätrömischen Stadttor** [3]. Östlich vor dem Tor befand sich das **Grabmal der Plancia Magna** [4], der bedeutendsten Mäzenin von Perge.

Das äußere Stadttor war zunächst ein in severischer Zeit erbautes Ehrentor mit vorgestellten Marmorsäulen, im 4. Jh. wurde es in die nach Süden erweiterte Stadtmauer einbezogen. Man kommt auf einen 90 m langen *Platz* vor der hellenistischen, von zwei Rundtürmen flankierten Toranlage und sollte sich zunächst nach Westen (links) wenden. Hier liegt die ursprünglich monumental gestaltete Außenfront einer Thermenanlage.

Im südlichen Bereich war ihr ein **Nymphäum** mit Nischenfassade vorgeblendet, in der Statuen von Septimius Severus (193–211 n. Chr.), seiner Frau und den Söhnen Caracalla und Geta standen und in der Bauinschrift erwähnt waren. Als nur ein Jahr nach der gemeinsamen Regentschaft beider Söhne Caracalla seinen Bruder ermorden ließ (212 n. Chr.), wurde Getas Statue entfernt und die Inschrift getilgt. Nördlich vom Nymphäum lag der repräsentative Eingangsbau (Propylon)

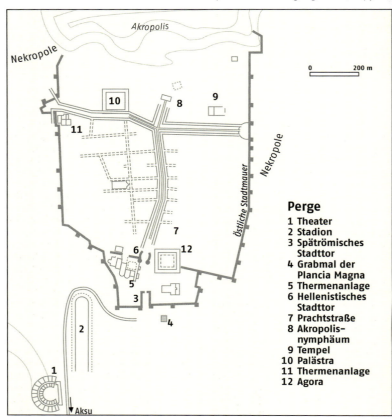

Perge
1 Theater
2 Stadion
3 Spätrömisches Stadttor
4 Grabmal der Plancia Magna
5 Thermenanlage
6 Hellenistisches Stadttor
7 Prachtstraße
8 Akropolisnymphäum
9 Tempel
10 Palästra
11 Thermenanlage
12 Agora

28 Perge

Die einsturzgefährdeten Rundtürme der Toranlage von Perge beherrschen seit dem 3. Jh. v. Chr. den Zugang zur hellenistischen Stadt

zur oben erwähnten **Thermenanlage** [5]. Über Stufen gelangt man auf den Hof einer angeschlossenen Palästra und in die verschiedenen Baderäume. Große Fensternischen ließen die Südsonne in die parallel angeordneten Säle; Wände und Becken waren marmorverkleidet, das große Kaltwasser-Schwimmbecken wirkt ganz modern. Mosaike und Inschriften belegen, dass hier vom 2. bis 5. Jh. gebaut und erweitert wurde. Der im Norden angrenzende Raum fungierte als Vortragssaal – Thermen und Gymnasien waren ja auch Kommunikations- und Bildungszentren.

Das **Hellenistische Stadttor** [6] gehört zu den wenigen erhaltenen, wirklich eindrucksvollen Toranlagen vorrömischer Zeit. Die beiden, aus bossierten Quadern errichteten *Rundtürme* sind teilweise in voller Höhe erhalten, sie sprangen wie die viereckigen Wehrtürme [s. S. 113] aus der Stadtmauer vor und konnten damit einen größeren Mauerabschnitt kontrollieren. Um 120 n. Chr. ließ Plancia Magna den *hufeisenförmigen Innenhof* der Toranlage enorm aufwendig ausgestalten: In zwei Reihen übereinander wurden in marmorverkleideten Nischen Statuen von Göttern und ›Stadtgründern‹ (sog. Ktistes) aufgestellt (Statuenbasen mit Inschriften am Ort). *Plancia Magna* war die Tochter des Statthalters Plancius Varus von Bithynien, natürlich geschah die aufwendige Aktion nicht ganz uneigennützig: Plancias Vater und Bruder erscheinen unter den ›Stadtgründern‹. Und auch die edle Spenderin, die ihr ganzes Vermögen für Bauten in Perge stiftete, wurde vom Volk und Senat mit Ehrentiteln und Statuen geehrt. Ihre in der Nähe vom Tor gefundene Statue zeigt sie mit einer Krone, die sie als Priesterin des Kaiserkults ausweist.

Der hufeisenförmige Platz war im Norden durch ein Hadrian gewidmetes, ebenfalls von Plancia Magna gestiftetes *Ehrentor* optisch abgegrenzt, mehrere fast unbeschädigte Kaiserstatuen im Museum Antalya stammen von hier. Nördlich der Toranlage fasziniert die großartige, 20 m breite **Prachtstraße** [7], die Längsachse der Stadt, die nach 350 m von einer weniger repräsentativen Querstraße in Ost-West-Richtung gekreuzt wird. In der Straßenmitte befindet sich ein *Kanal*, der Wasser vom Fuß der Akropolis führte und in der Sommerhitze für erfrischende Kühle sorgte. Die Stadtplaner von Antalya haben bei der Anlage ihrer Prachtstraße Atatürk Caddesi offensichtlich von Perge anregen lassen. Der Kanal von Perge ist durch Quermauern in Senkkästen unterteilt, die leicht zu reinigen waren. Man geht auf dem alten Pflaster, das noch Wagenspuren zeigt, und erhält durch wieder aufgerichtete Säulen eine klare Vorstellung: Die Fahrbahn war von Kolonnaden flankiert, die wiederum einen mosaikverzierten ›Bürgersteig‹ mit Läden abgrenzten.

Vier Säulen auf der rechten Straßenseite besitzen *Reliefs*, die Apollon, Artemis Pergaia, den Seher Kalchas und die Stadtgöttin Tyche mit der Mauerkrone zeigen. Die Hauptkreuzung im Norden war durch einen *Triumphbogen* markiert, der weitere Straßenbereich erhielt durch das großzügig gestaltete **Akropolisnymphäum** [8] einen optischen Abschluss – ganz nach römischem Geschmack, der nicht den Blick in unbegrenzte Weiten, sondern ›gerahmte‹ Ausschnitte bevorzugte. Geschickt wurde mit dem Nymphäum die natürliche Stadtbegrenzung durch den Akropolishügel architektonisch gestaltet. Im *Mittelteil* ruhte in einer Nische der Flussgott Kestros; das Wasser floss aus einer breiten Öffnung unter seiner Statue in ein großes Becken und von da weiter in den Kanal. Zwei monumentale Bögen neben der Mittelnische nahmen Treppenanlagen auf, die sich hinter dem Nymphäum zum Treppenweg auf den Stadthügel vereinten. Die *Seitenflügel* des Brunnenhauses waren wieder in Art typischer Prunkfassaden verziert.

Über die östliche Querstraße gelangt man auf eine künstliche Terrasse, die einen **Tempel** [9] trug (Zugang zeitweise gesperrt). Die westliche Querstraße führt zu einer 76 x 76 m großen **Palästra** [10], die bereits zur Zeit von Kaiser Claudius (41–54 n.Chr.) neu gestaltet wurde. Kurz vor dem Westtor liegt eine (nicht freigelegte) **Thermenanlage** [11]; von der *Nekropole* außerhalb der Mauer stammen einige Sarkophage im Museum Antalya.

Auf der großen Kolonnadenstraße geht es zurück zur **Agora** [12] östlich der hellenistischen Toranlage. Eine Nebenstraße führt zum Nordosteingang des von Kolonnaden umgebenen Marktplatzes, hier liegt ein antiker *Spielstein*, mit dem sich ›die Alten‹ die Zeit genauso vertrieben wie heute die Männer beim

Hinter dem hellenistischen Stadttor erstrecken sich teils kunstvoll bearbeitete Steine. Einzelne Mauerreste stammen wohl von der Thermenanlage

28 Perge

Die von einem Kanal durchströmte Prachtstraße Perges war 20 m breit. Blickpunkt und Abschluss bildete die im Norden liegende Akropolis

Tavla-Spiel im türkischen Teehaus. In der Mitte des Platzes stand ein *Rundbau*, der sicher Tyche gewidmet war, der Göttin des sich wandelnden, aber für die Stadt als beständig erhofften Glücks.

Wer sich für Wehrtechnik interessiert, sollte den Weg an die **östliche Stadtmauer** nicht versäumen (außerhalb vom Stadttor nach Nordosten). Die Mauer wurde im 3./2. Jh.v.Chr. erbaut und gibt Zeugnis vom damaligen Stand der Verteidigungstechnik. Denn längst gab es fahrbare Belagerungstürme, die an die feindlichen Mauern herangerollt wurden, Breschen schlugen und schwere Steinbrocken und Brandherde ins Stadtinnere schleuderten. Die vor die Stadtmauern gesetzten Wehrtürme konnten auch die Mauerabschnitte besser sichern. Hier in Perge stehen mehrere Wehrtürme noch in voller Höhe, vom ersten Obergeschoss ließ sich durch allseits angebrachte Schießscharten das gesamte Vorfeld beherrschen. Doch weder Technik noch Artemis oder der neue Glaube an Christus haben den Untergang von Perge verhindert.

Sagalassos

Man muss sich schon für Archäologie interessieren, um den weiten Weg von Antalya oder Perge aus zu den Ruinen von Sagalassos (tgl. 7.30–18 Uhr, www.sagalassos.be) auf sich zu nehmen. Auf der D 685 sind es von Antalya gut 110 km. Die Stadt erlebte ihre Blüte in hellenistischer Zeit.

Nahe des Ortes Ağlasun und inmitten der erhabenen Bergwelt des Taurusgebirges, auf 1600 m über dem Meer, stößt man dann aber auch auf ein Ausgrabungsgelände der Extraklasse. Denn es gelang den belgischen Archäologen, das Nymphäum weitgehend wieder aufzubauen. Auch Stadtmauern, Mosaiken in der Bibliothek und die Überreste eines römischen Bades wurden ausgegraben. Die Kombination aus imposanter Natur, vorbildlicher archäologischer Arbeit und einer fast unwirklichen Ruhe sind zutiefst beeindruckend.

🛈 Praktische Hinweise

In Perge gibt es lediglich Postkarten beim Wärterhaus am Eingang zum Stadtgelände.

Übernachten sollte man in **Antalya**, doch bietet das 3 km entfernte Städtchen **Aksu** an der Hauptstraße viele einfache Lokantas, Bars und Einkaufsmöglichkeiten für Proviant.

29 Sillyon

Nicht ausgegrabene Stadt auf weithin sichtbarem Tafelberg.

Nördlich der Hauptstraße 400.
Man verlässt 21 km östlich von Antalya die SS 400 in Richtung Norden und fährt 8 km bis Asarköy (ausgeschildert).

Wie der mächtige Stumpf eines abgesägten Baums steht der 230 m hohe Tafelberg von Sillyon in der Ebene vor den Taurusbergen. Von der Küstenstraße 400 sieht er ausgesprochen markant aus, denn er liegt im morgens bis abends voll im Sonnenlicht. Die frühen Siedler wussten andere Vorteile zu schätzen: Der Berg fällt im Norden, Osten und Süden steil ab, er hat ein ausgedehntes, relativ ebenes Gipfelplateau und liegt in sicherem Abstand zur Küste – Sillyon besaß also eine äußerst günstige Lage.

Wichtig: Die Besichtigung von Sillyon ist recht anstrengend, man sollte deshalb den frühen Morgen für den Aufstieg wählen und festes Schuhwerk tragen. Auf- und Abstieg sind steil, das Ruinengelände auf dem Plateau ist steinig, von Buschwerk überwachsen und unübersichtlich. Unbedingt auf Stolperfallen wie Steinschwellen und Zisternen achten. Man ist meist mit dem Wärter allein.

Geschichte Sillyon führte, wie eine auf dem Stadtgelände gefundene Statuenbasis mit dem Namen ›Mopsos‹ beweist, seine Gründung auf den legendären Seher zurück. Noch im 2. Jh. v. Chr. wurde in Sillyon ein bis heute nicht entschlüsselter griechischer Dialekt gesprochen, der auf eine Einwanderung vor 1100 v. Chr. hinweist. Über die frühe Geschichte ist nichts bekannt, in hellenistischer Zeit galt Sillyon als eine der fünf bedeutenden Städte Pamphyliens.

In byzantinischer Zeit residierte zeitweilig ein Bischof in der Stadt; an die Seldschukenperiode erinnert eine kleine Moschee. Wie Perge dürfte Sillyon Ende des 13. Jh. endgültig verlassen worden sein. Erdrutsche ließen den südlichen Plateaurand abstürzen, auch auf der Westseite brach der nördliche der beiden rampenartigen Zugänge weg.

Ausgrabungen fanden hier bis heute nicht statt. 1968 veröffentlichte Bean einen Plan, der seither nicht entscheidend verbessert wurde.

Besichtigung Für Aufstieg und Rundgang sind zwei Stunden zu veranschlagen; wer in guter Wanderkondition ist, kann die Besichtigung als Rundgang entgegen dem Uhrzeigersinn anlegen. In der Streusiedlung Asarköy wohnt der Wärter (bekçi), der gern Besucher auf ihrem Rundweg begleitet. Vom in der Ebene noch deutlich erkennbaren **Stadion**, dessen östliche Zuschauersitzreihen an den Hang gebettet waren, gelangt man zum **Unteren Tor**, bei dem ähnlich wie in Perge zwei Türme einen halbrunden Hof bewachten (linker Hand liegt die Ruine des Gymnasiums). Nun erklimmt man auf direktem Weg – einem steilen, in Serpentinen geführten Geröllpfad – den Südwestrand des Plateaus. Hier wurde die Westspitze von einer *Bastion* eingenommen, die den Zugang zur Stadt mit Stadttor kontrollierte.

Man hält sich rechts und gelangt kurz darauf zum oberen Abschluss des nach Süden orientierten **Theaters**, das einst 15 Sitzreihen besaß, also relativ klein war. 1969 riss ein Erdrutsch dann den ganzen Südrand des Plateaus in die Tiefe, wodurch der größte Teil der in den anstehenden Kalkfelsen geschlagenen Zuschauersitze zerstört wurde. Auch das östlich angrenzende *Odeon* verschwand.

Der Rundgang führt am Südrand der Stadt weiter zu einer unidentifizierten *Tempelruine*, kurz darauf leiten gut erhaltene, großzügige **Treppenstraßen** durch das alte Wohngebiet mit Terrassen, Hausfundamenten und -mauern. Zisternen sammelten das Regenwasser. Schließlich folgt ein weiterer **Tempel**, von dem noch Teile des Unterbaus (Stylobat) und der Cellamauer in gutem Quaderwerk erhalten sind. Auf diesem Weg bieten sich ständig großartige Blicke in die weite Küstenebene.

Vom Tempel aus kann man nun direkt nach Westen zum ehem. Stadtzentrum abbiegen oder – bei genügend Zeit und Entdeckerfreude – noch gut 100 m weiter am Rand des Plateaus entlangwandern und dann nach Umrunden eines unbestimmten Gebäudes zu den nicht gerade überwältigenden Resten der öffentlichen Bauten gelangen. Beide Wege sind steinig.

Zunächst trifft man auf ein **hellenistisches Gebäude** mit zwei gut erhaltenen Portalen. Das linke besitzt an der Innenseite des Türpfostens eine *pamphylische Inschrift*, die für Sprachforscher sehr wichtig ist, denn es handelt sich um

30 Belek und Aspendos

Der Tafelberg von Sillyon: Viele Bauten am Plateaurand sind abgestürzt, doch zumindest eine Außenwand der Thermen überstand die Zeitläufte

den einzigen längeren Text dieser dem Griechischen verwandten Sprache (Münzen, die seit dem 2. Jh.v.Chr. geprägt wurden, tragen nur Namen). Die Buchstaben sind griechisch, die Inschrift ist durch eine 30 cm hohe (später eingeschlagene) Nische unterbrochen und dürfte um 200 v.Chr. eingemeißelt worden sein. Möglicherweise wurde der Raum in byzantinischer Zeit als Kapelle genutzt.

Benachbart ist ein recht gut erhaltener größerer, *dreischiffiger Bau* aus byzantinischer Zeit. Südwestlich davon lag der durch eine Mauer geschützte Bereich des seldschukischen Statthalters, sicher auf älteren Fundamenten. Das 60 m lange schmale Gebäude im Süden der zerstörten Festung war Teil einer **Palästra**. Die Westmauer besitzt zehn unterschiedlich große Fenster, die nach Meinung Lanckoronskys mit Holzläden verschlossen werden konnten.

Ein kurzer Abstecher führt zur Westkante des Plateaus mit einer kleinen *seldschukischen Moschee*, die vielleicht am Platz eines antiken Tyche-Tempels steht. Auf dem rampenartigen Weg, der Hauptverbindung zur Stadt von Südwesten, wandert man bergab. Die **Rampe** stammt aus hellenistischer Zeit, ist durch Stützpfeiler statisch gesichert und durch eine durchfensterte Brüstungsmauer geschützt. Auch der **Viereckturm** am Aufweg sicherte als Wehrturm die 5 m breite Straßenrampe.

Praktische Hinweise

Eine Bar oder Lokanta gibt es in Asarköy nicht. Manchmal lädt der Wärter Besucher in sein Haus ein und seine Frau bietet Ayran an.

30 Belek und Aspendos

Eine der am schnellsten wachsenden Feriensiedlungen der Türkei und das besterhaltene Theater der Antike.

Belek liegt 45 km östlich von Antalya. Nach Aspendos führt die D 400, nach Serik und kurz vor der Brücke über den Köprü Çayı biegt von ihr eine Nebenstraße nach Norden ab (beschildert); 4 km bis zum Theater (Parkplatz).

Größter Trumpf der **Ferienregion** von Belek ist der flach ins Meer übergehende Sandstrand. Auf 12 km reiht sich hier ein 5-Sterne-Hotel an das andere, im Jahr 2011 sollen insgesamt 50 000 Betten zur Verfügung stehen. Die touristische Infrastruktur ist perfekt, auch die seit den 1990er-Jahren eröffneten **Golfplätze** genügen

Belek und Aspendos

TOP TIPP höchsten Ansprüchen. Vorzeigeplatz ist der **National Golf Club Belek Antalya** (Tel. 02 42/725 46 20, www.nationalturkey.com), die erste von einigen 18-Loch-Anlagen. Viele Vereine der Fußballbundesliga nutzen Belek zudem als Wintertrainingslager. Im Ort Belek selbst, etwa einen Kilometer von der Küste entfernt und durch Pinienwald von ihr getrennt, wartet ein Basar auf Kundschaft, zudem gibt es einige kleinere Geschäfte.

TOP TIPP Aspendos

Von Belek aus sind es nur 9 km ins Landesinnere zum Theater von Aspendos. Die Nebenstraße läuft kurze Zeit parallel zum Fluss Köprü, dem antiken Eurymedon, über den bereits die Römer eine **Brücke** bauten (300 m nördlich der heutigen). Im 13. Jh. erneuerten seldschukische Ingenieure auf den alten Fundamenten die Brücke (eine Inschrift an der Brüstung nennt Alaeddin Kaykobad als Bauherrn). Hier wird auch die in so großen Zeitabschnitten verlaufende Erdgeschichte anschaulich: Noch vor 2500 Jahren war der Eurymedon mit Schiffen befahrbar und bildete eine wichtige Voraussetzung für die Prosperität der Stadt Aspendos. Heute wachsen verwilderte Ölbäume und Weiden im seichten Flussbett und rosa blühender Oleander säumt die Ufer. Schon in der römischen Kaiserzeit muss der Verlandungsprozess eingesetzt haben, denn die Brücke sperrte die Zufahrt zum oberen Flusslauf.

Geschichte Nach Ansicht seiner Bürger begann die Geschichte von Aspendos wieder mit **Mopsos**, der uns von Perge und Sillyon bereits bekannt ist und wohl mit dem aus hethitischen Texten bekannten ›Muksas‹ identisch ist.

Da in der Südtürkei lediglich Aspendos und Side [Nr.32] bald nach 500 v.Chr. **Münzen** prägten, müssen damals beide Städte die bedeutendsten der Region gewesen sein.

In jener Zeit waren Aspendos und Side trotz der persischen Niederlagen bei Salamis und Plataeae (480/479) immer noch von Persern besetzt, erst 469 v.Chr. befreite sie der athenische Feldherr Kimon durch einen See- und Landsieg, den sog. Doppelsieg von Aspendos. Für ein knappes Jahrhundert (469–386 v.Chr.) war die persische Oberhoheit an der türkischen Südküste gebrochen.

Alexander d.Gr. brachte die Seehäfen der Südküste endgültig unter griechische Kontrolle; dass er überall euphorisch begrüßt wurde, kann man nicht sagen. Laut Arrian forderte Alexander von den Aspendiern für die Zusage, keine Garnison in die Stadt zu legen, die gleichen Tributleistungen, die zuvor persischen Herrschern gewährt worden waren, nämlich 50 Talente in Gold und eine entsprechende Anzahl von Pferden (Aspendos war für seine Pferdezucht berühmt). Als die Bürger die von ihren Gesandten gemachten Zusagen nicht einhielten und sich in der Oberstadt verschanzten, brach Alexander die begonnene Belage-

Belek zählt mittlerweile zu den beliebtesten Golfdestinationen am Mittelmeer

30 Belek und Aspendos

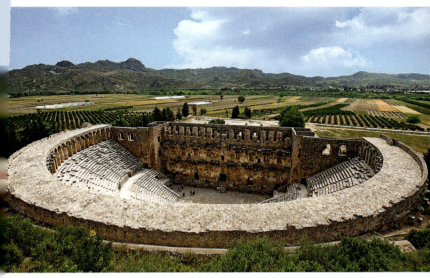

Kein Aufenthalt an der türkischen Riviera ohne Besuch des Theaters von Aspendos! So wie dieser vollständig erhaltene Bau sahen alle römischen Theater aus

rung von Sillyon ab und umzingelte Aspendos. Schließlich kauften sich die Aspendier für den doppelten Preis, 100 Talente, Geiseln und einen Jahrestribut an Makedonien frei.

Als nach den Ptolemäern, Seleukiden und Attaliden die **Römer** kamen, machte Aspendos zunächst mit dem ausbeuterischen Quaestor Gaius Verres miserable Erfahrungen, er ließ eine ganze Schiffsladung mit geraubten griechischen Statuen aus Aspendos abtransportieren. Erst die **Kaiserzeit** brachte eine friedliche und glückliche Entwicklung, aus dem 2. und 3. Jh.n.Chr. stammen die heute sichtbaren Bauten und Ruinen. Aspendos war nun zwar ohne Hafen, lag aber an der wichtigen Verbindungsstraße von Side über Antalya/Attaleia ins Mäandertal. Als Handelsgüter nennen antike Autoren Pferde, Getreide, Öl, Wein und Salz, das aus dem bei Sillyon gelegenen Kapria-See gewonnen wurde.

In byzantinischer Zeit galt Aspendos noch als drittwichtigste Stadt der Region. Nach mehreren Plünderungen durch arabische Invasoren entvölkerte sich die Stadt, bis sie im 13. Jh. **Residenz** eines Seldschukenfürsten und im Osmanischen Reich bedeutungslos wurde. Das Theater diente vorübergehend als Karawanserei, später sogar als Palast des Herrschers. Schäden am Theater wurden damals repariert, etwa beim oberen Arkadenabschluss. Die Bühnenwand war teilweise mit schönen seldschukischen Wandfliesen verkleidet, die auf türkisblauem Grund schwarze Ornamente und weiße Vögel zeigen; die wertvollen Fliesenreste befinden sich im Museum von Antalya. Spätestens im 18. Jh. verließen die letzten Bewohner den durch Erdbeben und Wassermangel unbewohnbar gewordenen Ort.

Besichtigung Der Besuch des **Theaters** gehört zum Standardprogramm jeder Südtürkeireise, denn selten kommt man so einfach an ein derart bedeutendes antikes Bauwerk heran: Man parkt direkt vor dem Eingang.

Außerdem ist es unter den mehreren Dutzend Theatern Kleinasiens das einzige, von dem außer dem Zuschauerraum auch das **Bühnengebäude** in voller Höhe bewahrt ist. Natürlich stand das Theater nicht wie heute allein in der Landschaft, sondern gehörte zur Stadt Aspendos, deren Überreste sich auf zwei westlich hinter dem Theater ansteigenden Hügeln befinden. Auf jeden Fall muss man Zeit finden, um die Ruinen der antiken Wasserleitung mit ihren einmaligen, bis zu 30 m Höhe aufragenden Turmkonstruktionen anzusehen.

Zunächst sollte der nach Osten gerichteten **Außenseite des Bühnenhauses** eine genaue Betrachtung wert sein. Sie

Belek und Aspendos

wurde in seldschukischer Zeit durch den Portalvorbau leicht verändert, faszinierend ist die streng wirkende Geschlossenheit des Baukörpers trotz starker Gliederung durch Rundbogen- und Rechteckfenster. Eine in Griechisch und Latein verfasste Bauinschrift, die durch die Seldschuken teilweise verdeckt wurde, nennt als Architekten einen gewissen Zenon, als Stifter die Brüder Curtius und als Bauzeit die Regierungszeit von Kaiser Marc Aurel (161–180 n.Chr.). Laut einer Inschrift war das Theater »den Göttern und der kaiserlichen Familie« gewidmet.

Die Steine sind in zwei Reihen angeordnet, im oberen Drittel springen sie aus der Fassade vor. Dort waren hölzerne Masten verankert, die entweder der Sicherung des pultartigen Bühnendachs oder als Halterungen für ein Zeltdach dienten. Mit ihm konnte das Auditorium überspannt werden.

Das Mittelportal war wichtigen Persönlichkeiten vorbehalten, die Zuschauer benutzten zwei Seiteneingänge und zwei Portale auf der rückwärtigen Hügelseite. Man sollte möglichst bis auf den obersten Rang steigen, um den rein römischen Charakter des Theaters zu erkennen: das Halbrund der 20 000 Besucher fassenden *Cavea* mit der abschließenden *Arkadengalerie*, das hohe, mit einer zweistöckigen Prunkfassade geschmückte *Bühnenhaus* und die architektonische Verbindung von Cavea und Bühnengebäude, die einen einheitlichen, geschlossenen Baukörper schafft.

Das Theater wurde mit dem in Aspendos anstehenden Konglomeratstein erbaut, Sitze und Pflaster bestanden aus Marmor. Die zweistöckige **Bühnenfassade** war natürlich nicht nur marmorverkleidet, sondern üppig mit 40 vorgestellten Säulen, Statuen und Reliefs geschmückt, im Mittelgiebel blieb ein von Ranken umspieltes Dionysos-Relief erhalten. In den Eckverbindungen zwischen Zuschauerraum und Bühnengebäude lagen Logen, von denen man allerdings keinen guten Blick auf die Bühne hatte. Auch die unteren Sitzreihen der Cavea waren nicht vorteilhaft, denn die Schauspieler agierten auf einem erhöhten Holzpodest, das 8 m in die Orchestra hineinragte. Heute wird das Theater für Musik- und Sportveranstaltungen genutzt, vor allem bei Ersteren kann man die fantastische Akustik bewundern.

Will man die **Ruinen der antiken Stadt** besichtigen, so wendet man sich, aus dem Theater kommend, nach Westen (links) und steigt auf den Hügel, an den der Bau geschmiegt ist. Auf dieser Höhe lag die **Unterstadt**, die nicht befestigt war und deshalb von Alexander im ersten Handstreich besetzt werden konnte. Von hier hat man einen prächtigen Blick über das Theater hinweg auf die fruchtbare Ebene und die gut bestellten Felder der Bauern von Belkis.

Die Innenseite des Bühnengebäudes war mit Marmorsäulen, Statuen und Reliefs verziert. Erhalten blieb das rankenumspielte Relief des Dionysos

30 Belek und Aspendos

In den Sommermonaten kommen Besucher des Theaters von Aspendos in den Genuss von Generalproben für die regelmäßig stattfindenden Konzerte oder Ballettaufführungen

Auf den 60 m hohen Berg der befestigten **Oberstadt** gelangte man durch drei Stadttore im Süden, Osten und Norden, die weitgehend zerstört bzw. noch nicht freigelegt sind. Auch heute führen die Trampelpfade über das Osttor und Südtor. Im Zentrum der Kuppe lag die *Agora*, die auf der Westseite von einer zweistöckigen, 70 m langen **Markthalle** begrenzt wurde. Sie war in gleichmäßig große Läden unterteilt, deren Quaderwände noch stehen; deutlich erkennbar sind die quadratischen Einlasslöcher für die Holzbalken, welche die Geschosse unterteilten. Der Ladenzeile war eine Säulenhalle vorgeblendet. Auf der Nordseite steht die imposante Ruine eines **Nymphäums**, in deren zweistöckiger, breiter Nischenfassade einst Statuen standen. Das Wasser wurde vom Aquädukt zum Verteiler im Brunnenhaus und weiter zur Mittelnische und den Becken geführt. Die Ruine in der Nordwestecke dürfte das **Bouleuterion** gewesen sein, vielleicht diente es zusätzlich auch als Odeon.

Auf der Ostseite der Agora erstreckte sich auf einer Länge von 105 m eine dreischiffige **Markt- und Gerichtsbasilika**, von der lediglich die Fundamente erhalten sind. Wegen des abschüssigen Geländes ruhte sie auf Gewölbeunterbauten. Im 1.Jt.n.Chr. wurde sie zu einer Kirche umfunktioniert. Gut erhalten ist ihr Nordbau, dessen 2 m dicke, durch mächtige Strebepfeiler verstärkte Außenmauern noch heute bis zu 15 m Höhe aufragen. Weniger eindrucksvoll ist die *Exedra* in der Nähe des Südtors.

Dort, wo die Wasserleitung die Akropolis erreichte, lag das noch nicht ausgegrabene Nordtor, in seiner Umgebung finden sich zahlreiche **Zisternen** (Vorsicht!). Von hier kann man den Aquädukt sehen und sich einen Überblick über dieses herausragende Werk antiker Wasserbautechnik verschaffen.

Um ihn aus der Nähe zu betrachten, muss man vom Parkplatz in nördlicher, dann westlicher Richtung einen Kilometer auf dem Feldweg weiterfahren. Auch landschaftlich ist dieser Abstecher wunderschön, die Ebene wird durch Baumwoll-, Getreide- und Sesamfelder reich gegliedert und im Norden von den zum Teil bizarr geformten Kuppen der Taurusberge begrenzt. Links vom Weg liegen die wenigen Ruinen des *Stadions*, in dem heute Kühe grasen.

Der **Aquädukt** wurde in der zweiten Hälfte des 2. Jh.n.Chr. von einem vermögenden Bürger gestiftet und versorgte die Oberstadt von Aspendos mit dem Wasser einer ca. 20 km entfernten Berg-

30 Belek und Aspendos

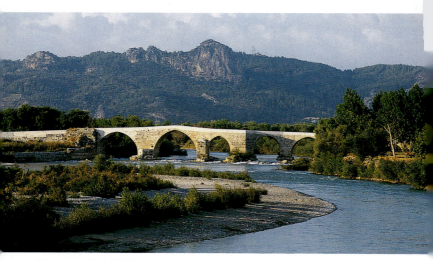

Die seldschukische Brücke vor Aspendos wurde 1996–98 renoviert

quelle. Dabei musste unmittelbar vor der Akropolis eine mehr als 3 km weite Ebene in Nord-Süd-Richtung überquert werden. Von den einst knapp 100 *Arkaden* der Wasserleitung sind heute noch 40 erhalten; es handelte sich um ein geschlossenes Rohrsystem, das nach dem Prinzip kommunizierender Röhren in Form einer natürlichen Druckwasserleitung funktionierte.

Auffallend – und einzigartig – sind zwei 30 m hohe **Türme**, zu denen das Wasser geleitet wurde. Der 15 m hohe Aquädukt wurde, um hier die doppelte Höhe zu erreichen, zweistöckig, die Steigung der Leitung beträgt 30 Grad. Doch die Funktion der Türme ist nicht sofort verständlich. Das Wasser wurde in Tonrohren, die in durchbohrten Quadersteinen gelagert waren, zu offenen Becken in den Türmen geleitet. Diese beiden Türme stehen in einem Abstand von 880 m an Stellen, an denen sich die Richtung des Aquädukts ändert, verhindern also die Folgen eines Leitungsknicks. In den offenen Wasserbecken konnte Luft ent-

Einzigartige Zeugen römischer Ingenieurkunst sind die 30 m hohen Drucktürme der Wasserleitung

weichen, sodass sich beim Abfließen in die weitere Rohrleitung der Druck wieder verstärkte. Außerdem funktionierten die Becken als Senkkästen, in denen sich Verunreinigungen absetzen konnten (die Türme enthalten Treppen für Wartungstrupps).

Der Aquädukt von Aspendos ist nicht nur der besterhaltene Kleinasiens, sondern auch der einzige der antiken Welt, bei dem derartige eindruckvolle Drucktürme imponieren.

Praktische Hinweise

Auf dem Rückweg zur Brücke kann man an der rechten Straßenseite bei den ›Aspendos‹-Werkstätten stoppen. Hier werden Teppichknüpfen und Silberschmuck-Herstellung gezeigt und natürlich auch fertige Produkte zum Kauf angeboten.

Hotels

*******Gloria Golf Resort**, Belek, Tel. 02 42/715 15 20, www.gloriagolf.com. 9 km von Belek, am Strand. Hoteleigener 18-Loch-Championship-Golfplatz, großzügige Poollandschaft.

*******Kempinski The Dome**, Uckumtepesi Mevkii, Belek, Tel. 02 42/710 13 00, www.kempinski-antalya.com. Luxuriöses Hotel mit allem, was der verwöhnte Urlauber wünscht. Zwei Golfplätze in unmittelbarer Nähe.

*******Robinson Club Nobilis**, Acisu Mevkii, Belek, Tel. 018 03/76 24 67, www.robinson.com. Perfekt ausgestatteter Ferienclub für die ganze Familie.

*******Voyage Belek Golf & Spa**, Iskele Mevkii, Belek, Tel. 02 42/710 25 00, www.voyagehotel.com. Breite Wege durchziehen die Parklandschaft rund um das luxuriöse Hotel. Die Zimmer sind mit allen Annehmichkeiten ausgestattet, Golfplätze befinden sich in der Nähe.

31 Köprülü Kanyon-Nationalpark und Selge

Großes antikes Theater und kleines türkisches Dorf auf einer bergumkränzten Hochebene im Nationalpark Köprülü Kanyon.

55 km nördlich der Küstenstraße 400 in 1050 m Höhe. Bei Taşağıl (10 km östlich von Serık) parallel zum Fluss Köprü nach Norden bis Beşkonak, dann 15 km bergauf. Man überquert den Fluss auf einer römischen Brücke, hält sich bei der Weggabelung jenseits der Brücke rechts. Die asphaltierte Straße steigt zum Dorf steil an.

Die Fahrt nach Selge ist landschaftlich ungemein abwechslungsreich und reizvoll, von den Ruinen Selges ist allerdings lediglich das Theater erwähnenswert. Man passiert zunächst das küstennahe **Hügelgebiet**, das dank der Forstbehörde vollständig mit Kiefern wieder aufgeforstet ist und wunderbar duftet. Von Zeit

Der Nationalpark Köprülü Kanyon wurde nach der Brücke benannt, die seit römischer Zeit die steile Schlucht überspannt

31 Köprülü Kanyon-Nationalpark und Selge

zu Zeit säumen Holzstapelplätze die Asphaltstraße oder man sieht das oleanderbewachsene Kiesufer des antiken *Eurymedon*. Ein Höhepunkt ist die von einer **römischen Brücke** überspannte **Köprü-Schlucht**; kurz danach taucht man in den lichten Wald ein, der den kräftig ansteigenden Hang südlich von Selge bedeckt.

Hier ist gelegentlich ein Abschnitt der antiken **Treppenstraße** zu sehen, welche Selge mit der Küste verband – man wagt kaum darüber nachzudenken, wer (Gefangene, Sklaven) unter welchen Bedingungen (Hitze, Wassermangel) die Fronarbeit leistete, Stufe für Stufe aus dem gewachsenen Felsen zu schlagen bzw.

Noch etwas zaghaft blicken die angehenden Rafter von der römischen Brücke in den Köprü

die großen Steinplatten zu verlegen. Wahrhaft begeisternd ist dann die Lage der antiken Stadt und des heutigen Dorfs Altınkaya auf der weiten, von Bergen gerahmten **Hochebene**, die zum Nationalpark gehört.

Köprülü Kanyon-Nationalpark

Das gesamte Gebiet des Köprülü-Kanyon-Milli-parkı umfasst 360 km², wurde 1973 zum Nationalpark erklärt und besitzt keinerlei touristische Einrichtungen (von ein paar Picknickplätzen bei Beşkonak abgesehen). Auch bei der Namengebung hat man sich nichts Besonderes einfallen lassen, wörtlich übersetzt heißt Köprülü Kanyon ›Cañon mit der Brücke‹, genau wie der Fluss (der antike Eurymedon) schlicht ›Fluss mit der Brücke‹ heißt: eine Hommage an die seit der römischen Kaiserzeit intakte und noch heute von Autos befahrene Brücke nördlich von Beşkonak (auch Oluk-Brücke genannt).

Der 14 km lange und 100 m tiefe **Cañon**, den der Fluss in die Karstlandschaft der südlichen Taurusberge eingeschnitten hat, ist allerdings schwer zugänglich, am besten ist er von der römischen Brücke aus einzusehen. Hier an der Brücke beginnen auch die **Rafting-Touren auf dem Köprü-Fluss** – unvergessliche Abenteuer in einer wilden, unberührten Landschaft. Dunkel türkisgrün strömt der Fluss am Fuß der durch Schichtplatten, Vorsprünge und Schrunden gegliederten, steilen Felswände dahin, jeder Felsvorsprung trägt Buschwerk und Felsspaltenpflanzen (von denen viele nur hier vorkommen, also Endemiten sind).

Der Cañon verläuft parallel zu einer weiter östlich liegenden tektonischen Bruchlinie, welche jüngere tertiäre Gesteinslagen von wesentlich älteren, aus dem Erdmittelalter stammenden Schichten (Dolomit, Kreide, Sandstein) trennt und die Faltung des Taurusgebirges anschaulich macht. Aus den über 2000 m hohen Bergen, die den Nationalpark umgeben, ragt eindrucksvoll der innerhalb des Parks liegende **Bozburun Dağı** als höchster Gipfel (2504 m) empor.

Botaniker fasziniert der südlich von Selge wachsende **Zypressenwald** – der einzige der Türkei. Als Restbestand der tertiären Gebirgsflora findet sich hier die breitwüchsige ›kleinasiatische‹ Zypresse, von der die uns vertraute mediterrane Kulturzypresse abstammt. Die bis zu 30 m hohen Bäume werden sehr alt (Plinius

Die Wildwasser des Köprü-Flusses machen Raftingtouren zu einem echten Abenteuer

glaubte sogar 2000 Jahre), ihr botanischer Name Cupressus sempervirens drückt dies aus. Die Zypressen wachsen rund um den **Kocadere**, einen Zufluss des Köprü Çayı. Den Kocadere erreicht, wer nach Überqueren der Köprü-Schlucht bei der Wegegabelung den linken Weg einschlägt. Hier liegt etwas oberhalb der modernen Brücke, die nach einem Kilometer Wegstrecke den Kocadere überspannt, noch eine zweite römische Brücke.

Auch der lichte Wald, durch den sich die Piste nach Selge hochschraubt, ist interessant, er besteht aus Kiefern, verwilderten Ölbäumen, Krüppeleichen, Zedern und Erdbeerbäumen, die man leicht an ihren roten Stämmen erkennt. Früher war Selge für seine **Styraxbäume** (lat. Storax) berühmt. Strabo (64 v. Chr. bis ca. 23 n. Chr.) berichtet, dass Styraxharz als Weihrauch benutzt wurde und ein wichtiges Handelsgut von Selge war.

Selge

Mit der Geschichte von Selge ist wieder einer der beiden sagenhaften Seher verbunden, die nach der Zerstörung Trojas an die Südküste kamen; hier in Selge wurde **Kalchas** als Ortsgründer verehrt. Die Selgier galten als kriegerisch, lagen in ständigen Kämpfen mit den Nachbarstädten und entzogen sich erfolgreich jeder Fremdherrschaft. Die **Münzprägung**, die vom 5. Jh. v. Chr. bis zum 3. Jh. n. Chr. reicht, beweist dagegen gute Beziehungen nach Aspendos. In der frühen römischen Kaiserzeit entwickelte sich Selge glänzend. Der griechische Historiker und Geograph Strabo schwärmte nach seinem Besuch von der herrlichen

Berglage und nannte die Selgier in seinen Reisebeschreibungen »die bemerkenswertesten Leute unter den Pisidiern«. Damals soll die Stadt 20 000 Einwohner gehabt haben, besaß Weinberge und Olivenplantagen und handelte außer mit Storax-Harz mit einer Salbe auf pflanzlicher Basis (Irisart).

Die **Christianisierung** scheint noch eine große Bürgerzahl erreicht zu haben, denn fünf Kirchen sind nachweisbar. Erst in seldschukischer Zeit wurde die Stadt weitgehend verlassen. Das ärmliche Dorf *Zerk*, das George E. Bean hier 1951 vorfand, litt vor allem unter Wassermangel, erinnerte durch seinen Namen an das antike Selge. Heute herrscht bescheidener Wohlstand in der Siedlung, die seit einigen Jahren *Altınkaya Köyü* (Goldfelsen-Dorf) heißt.

Beim Erreichen des Dorfes kann man Strabos vor fast 2000 Jahren geäußerte Begeisterung verstehen, denn die Weite

---

Wenn Ahmed in die Schule geht...

Zu den Reformen Atatürks gehörte die Einführung der **allgemeinen Schulpflicht** für Jungen und Mädchen. Sie bestand vom siebten bis zum elften Lebensjahr, eine Ausdehnung von fünf auf acht Jahre wurde immer wieder gefordert, aber erst nach dem Rücktritt Erbakans 1997 umgesetzt. Die Kinder tragen eine Schuluniform (schwarz mit weißem Kragen), Schulbücher müssen von den Eltern bezahlt werden. Wichtige Erziehungsgrundsätze sind Respekt, Disziplin und Vaterlandsliebe. Nach der obligaten Volksschule können die Kinder die dreijährige **Mittelschule** besuchen, anschließend – nach einer Aufnahmeprüfung – ein **Gymnasium**. Die Zulassung zum Hochschulstudium wird durch Aufnahmeprüfungen geregelt.

Starken Zulauf hatten in den letzten Jahren die **Imam-Hatip-Schulen**. Ursprünglich Ausbildungsstätten für muslimische Prediger und Vorbeter, führen sie heute – stark islamisch geprägt – zum Abitur. Häufig ist ihnen ein aus Spenden finanziertes Internat angegliedert. Aus ihnen rekrutieren sich die neuen, islamisch geprägten Eliten – aber auch die fanatischen Islamisten.

---

der fruchtbaren Hochebene hat nach der Anreise etwas Befreiendes. Bei einer Besichtigung sind sofort Kinder als Führer zur Stelle, leider begnügen sie sich nicht mehr wie vor Jahren, die Besucher bei den Händen zu halten, sondern bieten Kopftücher, Holzlöffel und anderes an.

Von den drei Hügeln, über die sich die antike Stadt spannte, sind zunächst nur zwei auszumachen, in der Ebene davor liegen die Häuschen des heutigen Dorfes verstreut. Bei der Wegegabelung geht man auf das im Norden sichtbare Theater zu und kommt am **Stadion** vorüber. Die einstige Laufbahn dient schon lange als Feld, von den auf Gewölben ruhenden Sitzreihen der Nordseite sind Reste erhalten.

Durch den südwestlichen, mit Inschriften versehenen Seiteneingang betritt man dann das **Theater**, das wegen seiner herrlichen Lage, aber auch Größe in dieser Bergeinsamkeit überrascht. Auf den 45, durch einen *Umgang* (Diazoma) unterteilten Sitzreihen konnten bis zu 10 000 Zuschauer Platz finden! Nach griechischer Art umspannt die *Cavea* mehr als ein Halbrund, auch die Anlehnung an den Hang wirkt griechisch. Doch weisen das ehemals zweigeschossige Bühnenhaus, dessen Trümmer am Boden liegen, und die Überwölbung der Parodoi (Seiteneingänge) auf einen Um- und Ausbau in römischer Zeit (2. Jh.) hin. Auffallend ist, dass der Zuschauerraum gleichmäßig durch *12 Treppen* in sog. Keile gegliedert wird, während sich die Anzahl der Treppen normalerweise oberhalb vom Diazoma verdoppelt, um einen rascheren Zu- und Abgang der Theaterbesucher zu ermöglichen. Man geht auf den alten Stufen zum oberen Rang empor und hat einen reizvollen Blick auf das Dorf und die als Viereck im Gelände erkennbare einstige *Handelsagora*; im Südwesten liegen die Hügel der antiken Stadt (wer die Stufen scheut, benutzt den Pfad an der Theater-Westseite).

Durch das Gelände der *Nordnekropole* führt ein steiniger Pfad nun auf den ersten der drei Stadthügel, die sog. **Nordkuppe**. Für nicht speziell archäologisch Interessierte bietet der Weg durch die stark zerstörte Stadtlandschaft wenig Eindrucksvolles, doch der Blick zum Gebirge, speziell die Kegelspitze des Bozburun (›Graue Spitze‹), macht den Rundgang in jedem Fall lohnend. Im Frühjahr trägt der 2504 m hohe Berg eine weiße Schneekappe, dann blühen auch in der

Macchia zwischen den Ruinen Zistrosen, Kapernsträucher und Wildblumen. Auf der Nordkuppe finden sich Reste einer dreischiffigen *christlichen Basilika*, die, wie Funde von Mosaiksteinen aus Goldglas verraten, sicher kostbar ausgestattet und aufgrund ihrer Größe (55,8 m lang, 32,3 m breit) wohl die bedeutendste der Stadt war. Sie wurde an einen *Podiumtempel* des 2. Jh. gebaut, der dem Adoptivsohn Kaiser Hadrians, Lucius Aelius Caesar, geweiht war. Um diese Zeit erlebte Selge seine größte Blüte.

Streckenweise lässt sich auf dem Weg nach Süden eine 230 m lange **Straße** verfolgen, die einst von Säulen gesäumt war und deren nördlichen Blickfang dieser Podiumtempel bildete. Im Trümmergelände rechts und links standen Hanghäuser, ungefähr mittig lagen unterhalb am Hang die *Stadionthermen* und das *Osttor* der Stadt. Die Säulenstraße endet bei den Fundamenten eines kleinen Nymphäums an der **Oberen Agora**, deren Pflaster erhalten ist. Hier befanden sich Markthallen (im Norden), ein Tyche-Tempel (im Westen) und ein Odeon (Südosten), das in byzantinischer Zeit in eine Kirche umgewandelt wurde. Nun kann man auf den zweiten Stadtberg, den sog. **Klosterberg** steigen, der spärliche Reste einer weiteren dreischiffigen christlichen Basilika trägt.

Von der Oberen Agora führt der Pfad wieder bergab ins Dorf, an den Resten der Stadionthermen (zwei Wasserbecken) vorbei. Ob man den etwas mühsamen Weg nach Westen zum einstigen Haupthügel der Stadt unternimmt, sollte man nach Zeit und Begeisterung entscheiden. Der von Polybios als **Kesbedion** bezeichnete höchste Hügel der Stadt trug wahrscheinlich die erste Siedlung und erhielt in hellenistischer Zeit einen peripteralen *Zeus-Tempel* und einen Antentempel. Der Zeus-Tempel wurde später zu einer Kirche umgestaltet, doch sind heute nur Trümmer erhalten. Vom Hügel aus sind im Gelände vor dem Nordhügel die Ruinen eines *Grabbaus* und einer weiteren christlichen *Basilika* erkennbar.

Praktische Hinweise

Im Dorf Altınkaya gibt es Getränke; ein gutes **Forellen-Restaurant** befindet sich am Nordrand von Beşkonak am Köprü-Fluss (am besten Vorbestellung bei der Hinfahrt).

32 Side/Selimiye

Ruinen in blühender Touristenstadt an feinsandigem Strand.

Von der Küstenstraße 400 kurz vor der Stadt Manavgat nach Süden abbiegen (ausgeschildert), 4 km.

Side liegt auf einer 400 m breiten und rund 800 m nach Westen vorspringenden Halbinsel; wegen seines Hafens und der angrenzenden Bucht war Side bis zur frühbyzantinischen Zeit die bedeutendste **See- und Handelsstadt** der türkischen Südküste. Fast kann man sagen, dass der prachtvolle feine **Sandstrand** von **Side**, der heute die Touristen erfreut, das Schicksal der Stadt bestimmte und bestimmt. Denn in der Antike lag zwar der Hafen günstig, machte aber wegen der ständigen Versandung schon früh Probleme. Immer wieder mussten Einfahrt und Hafenbecken ausgebaggert werden, sodass ein Sinnspruch für vergebliche Arbeit lautete: »Das ist wie der Hafen von Side.« Die Versandung machte den Hafen schließlich unbrauchbar und die Seldschuken bauten Antalya und Alanya zu Seehäfen

Side, Detail der Staatsagora: Marmorverkleidung schmückte die Bibliothekswände

32 Side/Selimiye

Besonders feine Sandstrände machen Side zum beliebtesten Badeort der Südküste

aus. Als am Ende des 19. Jh. der griechische Freiheitskampf viele muslimische Türken von Kreta zur Auswanderung zwang, gründeten türkische Einwanderer in den sandverwehten Ruinen von Side das Dorf *Selimiye*, doch die Menschen blieben arm und mussten sich in der Landwirtschaft als Tagelöhner verdingen, bis der ›unfruchtbare‹ Sand dem Dorf seit 1970 einen einzigartigen **Touristenboom** bescherte und die Enkel reich machte.

Für die Ruinen der antiken Stadt erwies sich der Boom als Nachteil, denn anders als in Aphrodisias (Mäandertal), wo ein ganzes Dorf für Ausgrabungen umgesiedelt wurde, konnten sich die Archäologen in Side nicht durchsetzen. Wer die Entwicklung über Jahre beobachtet hat, registriert, dass nur ein geringer Teil des Ruinenfeldes unbebaut blieb und in keiner Weise denkmalpflegerisch betreut wird. Dennoch kann es kein Zufall sein, dass seit 1970 im europäischen Kunsthandel mehrfach Schatzfunde sidetischer Münzen aufgetaucht sind: Ein 1986 publizierter Schatz umfasst z. B. 560

Die zum antiken Hafen führende Hauptstraße lockt Touristen

32 Side/Selimiye

Silbermünzen (Tetradrachmen) im Gesamtgewicht von 8,5 kg, er wurde in der Mitte des 2. Jh.v.Chr. vergraben. Anders als beim sensationellen Dekadrachmenhort [s. S.73] blieb die Herkunft sämtlicher Funde ungeklärt.

Geschichte Side scheint zu den ältesten Siedlungen der Südküste zu gehören, denn der Name entstammt einer altanatolischen Sprache. Für die Bürger bedeutete er *Granatapfel*, der auch als Stadtemblem seit dem 5. Jh.v.Chr. auf Münzen und Reliefs erscheint. Alexander bemängelte bei seiner Ankunft den barbarischen Dialekt der Bewohner, erst im 3. Jh.v.Chr. setzte sich das als Amtssprache eingeführte Griechisch durch.

Das antike Side teilte zwar die Geschicke der gesamten Region, aber es blieb doch stets relativ autonom. Das weisen die sidetischen Silbermünzen aus, die seit 500 v.Chr. mit Ausnahme der kurzen Alexanderzeit geprägt wurden. Der Seleukidenkönig Antiochos III. der Große (223–187 v.Chr.) wurde mehrfach von Side unterstützt, sicher waren 190 v.Chr. bei der großen **Seeschlacht von Side**, die von Livius so ausführlich beschrieben wurde, auch sidetische Schiffe beteiligt. Die mit den Römern verbündeten Rhodier errangen hier einen knappen Sieg über die von Hannibal, dem Erzfeind Roms, aufgestellte seleukidische Flotte.

Nach dem endgültigen Landsieg der römisch-attalidischen Truppen über Antiochos III. bei Magnesia (189 v.Chr.) wurde Pamphylien den Attaliden zugesprochen, Side scheint jedoch nie besetzt worden zu sein und erlebte in den Folgejahren eine erste große Blütezeit. Speziell die **Silbermünzen** des 2. Jh.v.Chr. waren in ganz Kleinasien, Syrien und sogar in Ägypten verbreitet und weisen auf Wohlstand und rege Handelsbeziehungen hin. Auch die **Bildungsstätten** müssen einen guten Ruf gehabt haben, denn der spätere Seleukidenherrscher Antiochos VII. (geb. 164, gest. 129 v.Chr.) wurde hier ausgebildet und erhielt deshalb den Beinamen ›Sidetes‹.

Zu Beginn des 1. Jh.v.Chr. machten Seeräuber die Küstenstädte unsicher. Side scheint sich mit ihnen arrangiert und von der Situation nicht schlecht profitiert zu haben, es galt als wichtiger **Sklaven-**

markt. Dass auch römische Amtsträger (Verres) sich wie Räuber aufführten, wurde schon erwähnt [s. S.108]. Im 1. Jh.n.Chr. blühte Side als Teil der römischen Provinz Pamphylien und Lykien auf und erlebte bis zur ersten Hälfte des 3. Jh. eine Zeit des Wohlstands, etwa 10000–15000 Einwohner lebten vom Handel mit landwirtschaftlichen Produkten wie Öl, Wein und Holz, auch der Sklavenmarkt brachte wieder gute Einkünfte.

Der Reichtum der frühen **Kaiserzeit** wird wie in Perge durch Bauten, großzügige Straßen- und Platzanlagen dokumentiert und prägt das heutige Bild, doch verrät die am Ende des 3. Jh. an der schmalsten Stelle der Halbinsel errichtete innere Stadtmauer, wie kurz die Friedensperiode war. Man gab einen Großteil der Stadt auf, erst im 5. und 6. Jh. siedelten die Menschen nochmals außerhalb der Mauern. Schon im 3. Jh. existierte in Side anscheinend eine aktive **Christengemeinde**, wie Märtyrerakten zu den Christenprozessen aus der Zeit Diokletians bezeugen. Auch zwei jüdische Synagogen sind durch Inschriften und ein Relieffragment mit Menora belegt. Seit dem 5. Jh. war Side Sitz eines Metropoliten und erhielt ein imposantes **kirchliches Zentrum**. Im 7. Jh. plünderten muslimische Araber die Küstenstädte und im 10. Jh. bezeichnete Kaiser Konstantin VII. Porphyrogennetos in seinem Werk ›De Thematibus‹ Side als Piratennest. Schließlich wird der Erzbischof Johannes von Side, der 1157 am Konzil in Konstantinopel teilnahm und fünfzehn Bischofsstädte vertrat, nur noch als Titularbischof fungiert haben.

Erste Beschreibungen der Ruinen gaben 1817 Sir Francis Beaufort und 1839 Charles Fellows, damals waren noch zahlreiche Bauten erhalten, aber von Sand bedeckt. 1947–66 grub der türkische Archäologe Arif Müfid Mansel Side systematisch aus und versuchte, die weitere Überbauung zu stoppen. Zu den besonderen Verdiensten Mansels gehört die Einrichtung des *Museums* auf dem Ge-

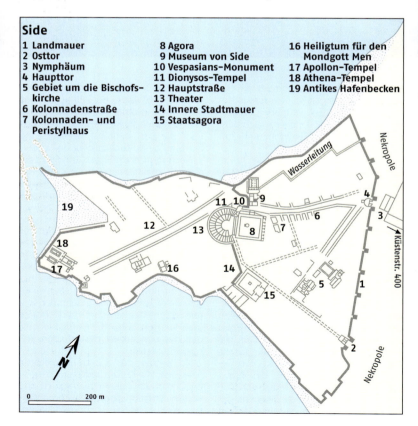

32 Side/Selimiye

lände der Agora-Thermen (1961), wodurch auch der Baubestand der Badeanlagen gesichert und teilrekonstruiert wurde. Geplant wird, die Rückwand des Nymphäums zu rekonstruieren.

Besichtigung Betrachtet man den Plan des antiken Side, so hat man Mühe, ihn mit dem heutigen Ortsbild von Side/Selimiye in Übereinstimmung zu bringen. Denn noch immer liegt ein Parkplatz nördlich vom Theater mitten im Ruinenbezirk und die Hauptstraße Selimiyes führt vom Theater zum einstigen Hafen: Souvenir-, Teppichgeschäfte, Lokantas, Wechselstuben reihen sich aneinander – zweifellos eine zeitgemäße Version antiken Lebens.

Besucher sollten bei der hellenistischen äußeren Stadtmauer halten und entweder das ganze Gelände zu Fuß durchstreifen (1,5 km bis zum Hafen, wo viele Restaurants Erholung bieten) oder zunächst die interessante Mauer betrachten. Der neu angelegte große Parkplatz liegt östlich der sog. **Landmauer** [1], ein Traktorzug bringt die Besucher bis zum alten Parkplatz. Doch sollten interessierte Besucher die 1,5 km bis zum Hafen zu Fuß gehen und versuchen, die Landmauer wenigstens auf der Westseite zu erkunden – die Ostseite ist durch Wildbewuchs (Bäume, Büsche) heute kaum auszumachen. Die Mauer schirmte mit ihren 13 Türmen und zwei monumentalen Toren die Halbinsel nach Osten ab. Vom **Osttor** [2], das südlich der Zufahrtsstraße unter dem Flugsand lag, wurden 1965 Reliefplatten mit Waffendarstellungen (Helm, Brustpanzer, Schwert) geborgen. Da es Sitte war, Beutewaffen zur Schau zu stellen (meistens als Dank an die Götter an Tempelfassaden), bringt man die Waffenreliefs am Osttor mit einem historisch nicht belegten Sieg der Bürger gegen die Attaliden in Zusammenhang, durch den sie eine Besetzung verhindern konnten (Reliefs im Museum Side, s. S.130). Die *Mauerabschnitte* sind teilweise sehr gut erhalten, sie waren aus Konglomeratquadern ohne Mörtel gefügt und dreigeschossig, ihre Außenseite wird durch zwei Ziergesimse gegliedert; auf der Mauerkrone der Innenseite sitzt ein Laufgang mit Schießscharten für die Bogenschützen.

Vor dem einstigen *Haupttor*, durch das die moderne Zufahrtsstraße führt, steht die Ruine eines **Nymphäums** [3], das einst zu den imposantesten Bauten der

Kleine Paradiesgärten: Teppiche

Natürlich saß Scheherezade auf einem Teppich aus dem Morgenland, als sie dem Sultan tausend und eine Nacht lang Märchen erzählte! Denn jeder handgefertigte Teppich erzählt selbst eine Geschichte. So gibt es den uralten **Webteppich** der Nomaden, dessen geometrische Muster ursprünglich verrieten, zu welchem Turkstamm er gehörte. Auch die ältesten, in Moscheen gefundenen **Knüpfteppiche** Kleinasiens (13. Jh.) zeigen noch geometrische Muster. Erst im 16. Jh. entstanden unter persischem Einfluss prächtige, mit Arabesken und Blumen geschmückte Knüpfteppiche, die bezaubernde Paradiesgärten sind. Ist ein Teppich klein, handlich und im Muster asymmetrisch (mit einer Nische), so handelt es sich um einen **Gebetsteppich**, den der Gläubige in Richtung Mekka ausbreitet. Ganz wichtig: Jeder handgearbeitete Teppich muss einen Fehler im Muster haben – denn nur Allah ist vollkommen!

Stadt gehörte (2. Jh.n.Chr.). Es war dreigeschossig und hatte eine marmorverkleidete, mit Säulen, Reliefs und Statuen geschmückte *Prunkfassade*. Aus drei überwölbten Nischen sprudelte das Wasser in ein riesiges, der 52 m breiten Fassade vorgelegtes Becken, Steinsitze luden auf dem gepflasterten Vorplatz zum Ausruhen ein.

Das Wasser wurde durch eine Stichleitung vom **Aquädukt** herbeigeführt, der 150 m weiter nördlich das Stadtgebiet erreichte. Schon bei der Anfahrt sieht man mehrere *Pfeilerarkaden* des im 2. Jh.n.Chr. erbauten Aquädukts im Gelände, er brachte das Wasser von einer 30 km entfernten Nebenquelle des antiken Melas (heute Manavgat) zur Stadt, im oberen Abschnitt wurde das Wasser streckenweise in einem Felskanal geführt. Da die Halbinsel Side keine Quellen besitzt, war die Zerstörung der Leitung durch gotische Räuberhorden im Jahr 269 eine Katastrophe, doch der reiche Bürger Lollianus und seine Frau bezahlten die Reparatur. Von ihren Ehrenstatuen ist eine Basis erhalten, in deren Inschriften Lollianus als ›Ktistios‹ (Gründer) gerühmt wird (Museumsgarten).

32 Side/Selimiye

Das **Haupttor [4]** aus dem 3. Jh. v. Chr. wird in Inschriften als das ›Große Tor‹ bezeichnet; ähnlich wie in Perge und Sillyon flankierten zwei Türme einen halbkreisförmigen Hof. Im 2. Jh.n.Chr. wurde das Stadttor dekorativ verändert. Wer zu Fuß geht, kann nach dem Passieren des Haupttors einen Abstecher nach Süden (links) in das wenig ausgegrabene **Gebiet um die Bischofskirche [5]** machen. Dorthin führte eine *Kolonnadenstraße*, von der einige Säulen und Bodenmosaike erhalten blieben. Zu erkennen sind auf der östlichen Straßenseite die Fundamente der ins 5. und 6. Jh. datierten dreischiffigen, 38 m langen *Bischofsbasilika* mit Querschiff und ein daran angrenzendes *Baptisterium* für die Erwachsenentaufe. Im Süden folgen nach Fundamenten eines Martyrions die noch hoch anstehenden Mauern des *Bischofspalastes* mit der Privatkapelle. Im 7. oder 8. Jh. entstand eine Kirche über kreuzförmigem Grundriss, doch ist bisher das Gelände schlecht zu begehen. Das 9500 m² große Areal wurde vom 5. bis 9. Jh. bebaut und verändert.

Zurück auf der Asphaltstraße befindet man sich auf einer einstmals prächtigen **Kolonnadenstraße [6]** – der Hauptachse der Stadt. Einige Säulen wurden wieder aufgestellt, leider schauen aus den grün überwachsenen antiken Wohnbezirken überall Dächer neuer Pensionen hervor. Ungefähr 40 m vor der Agora kann man links (südlich) der Straße die freigelegten Ruinen vom **Kolonnaden-** und vom **Peristylhaus [7]** besichtigen; die kleinen Grundstücke wirken auf uns vertraut – sicher waren schon damals in bevorzugten Lagen die Bodenpreise hoch. Imponierend ist die geschickte Nutzung der Fläche, beide Häuser besaßen ein Obergeschoss und einen kleinen Innenhof. Bei Morgensonne hat man von der Grenzmauer im Westen einen prachtvollen Blick auf das Theater.

Die 65 x m große **Agora [8]**, die ringsum von holzgedeckten *Säulenhallen* umgeben war, konnte man von der Kolonnadenstraße aus durch einen Torbau betreten; in der Mitte des Platzes erhebt sich das Fundament eines runden *Tyche-Tempels*. Die antiken Bauherren wussten, dass an Orten mit derart starkem Publikumsverkehr **öffentliche Toiletten** nötig waren, in selten gutem Zustand findet man diese an der Nordwestecke der Agora vor. In einem geschickt ins Bühnenhaus des Theaters integrierten halbrunden, über-

wölbten Bogengang ist eine Marmorbank mit 24 Sitzen erhalten, für Frischluft und Wasser war gesorgt. Leider ist zurzeit der gesamte Bereich Agora/Bühnenhaus des Theaters nicht zugänglich.

TOP TIPP **Archäologisches Museum**

Auf der Nordseite der Agora liegt das **Museum von Side [9]** (Sommer tgl. 9–12 und 13–17 Uhr, Winter So geschl.), das über den Resten der **Agora-Thermen** erbaut wurde. Es gehört zu den schönsten der Türkei. Vor der Front steht ein Säulenschaft mit Reliefs von Gladiatoren und Venatoren, die als ›Berufskämpfer‹ gepanzert in die Arena gingen, ein Beweis für die blutigen Spiele im dafür eigens umgebauten Theater. Der **Museumsgarten** beherbergt inmitten von Blumen unter Bäumen viele Architekturfragmente, Statuenbasen und Sarkophage auf dem Gelände der ehem. Palästra. Hübsch ist der *Nereïdenfries* aus den Hafenthermen, der auf Tritonen reitende Nereïden (Töchter des Meergottes Nereus) zeigt, die Hochzeitsgeschenke für Poseidon und Amphitrite tragen. In der Mitte des 3. Jh.n.Chr. stiftete ein Bürger das mit einer Preiskrone geschmückte Marmorpodest und einen (nicht erhaltenen) vergoldeten Altar, auf dem während der Pythischen Spiele den Göttern ·geopfert wurde. Sieger in den Spielen durften sich mit einer derartigen, auch auf Münzen des 3. Jh. abgebildeten Krone schmücken – ein frühes Beispiel ebenso pompöser wie hässlicher Siegestrophäen.

Im Kaltbaderaum des Thermen-Museums hängt ein *Plan*, der über die ehem. Verwendung der Räume Klarheit schafft. Zunächst betritt man den nicht mehr überdachten **Umkleideraum** (Apodyterium), in dem jetzt eine Statue der *Siegesgöttin* (Nike) und Inschriftensteine ausgestellt sind. Der **Kaltbaderaum** (Frigidarium) besitzt ein sehr originelles rundes Kaltwasserbecken mit einer *Sonnenuhr* der Kaiserzeit und Statuentorsi in den oberen Wandnischen. Auf der gegenüber liegenden Langwand befinden sich die *Reliefs* vom Osttor [s. S.129]. Das älteste Museumsexponat ist der 1,20 m hohe *Basaltkessel* mit Lotosblüten und -knospen, der syrisch-hethitische Einflüsse verrät (7. Jh.v.Chr.). Eine schmale Tür führt in den aus Heizungsgründen stets relativ kleinen **Schwitzraum** (Sudatorium). Er ist überkuppelt und hat Ecknischen, die heute mit Vitrinen (Kleinfunde) ausge-

130

32 Side/Selimiye

Vom obersten Rang des Theaters in Side hatte man einen herrlichen Blick über die Staatsagora aufs Meer; heute ist der Zugang gesperrt

füllt sind. Die Wände waren marmorverkleidet, wobei Bleistege die Marmorplatten mehrere Zentimeter vor der Wand hielten, damit die Heißluft zwischen Mauer und Marmorplatten aufsteigen konnte.

Dass auch der Marmorfußboden durch das Hypokaustensystem angenehm erwärmt wurde, kann man durch Gitterfenster im Boden des angrenzenden **Warmbaderaums** (Caldarium) sehen. Hier waren zunächst nur an den Schmalseiten des Raums große Badebecken, später kamen die Becken vor dem Bogenfenster hinzu. In diesem größten Raum der Thermen sind *Brüstungsplatten* vom einstigen Nymphäum untergebracht, so die ›Bestrafung des Ixion‹. Dieser hatte nicht nur seinen Schwiegervater ermordet, sondern wollte sogar Hera verführen: Zeus ließ ihn zur Strafe auf ein brennendes, sich immer drehendes Rad binden. Unter den Statuen fällt außer den *Drei Grazien* der viel geprüfte *Herakles* auf, auch er eine Marmorkopie des 2. Jh. nach hellenistischem Vorbild. Er hält auf dem Rücken die Äpfel der Hesperiden, die Atlas für ihn gepflückt hatte. Ungemein ansprechend wirken die beiden sarkophagartigen kleinen Schreine *(Osteotheken)* für Asche und Gebeine. Der fragmentarisch erhaltene zeigt auf der Frontplatte eine Tür zwischen zwei Siegesgöttinnen, aus dem Türspalt spitzt ein Hund. Auf dem zweiten Aschenkasten erscheint wieder die Tür (wohl als Durchgang zum Jenseits zu sehen); Spindel,

Side/Selimiye

Im Museum von Side in den einstigen Agora-Thermen sind Statuen, Sarkophage und Büsten aus der reichen Geschichte der Stadt versammelt

Fächer und der (umgestürzte) Wollkorb erinnern an das häusliche Leben der Verstorbenen, ein Schmetterling (griechisch: Psyche) fliegt empor.

Im angrenzenden, einst mäßig warmen **Ruheraum** (Tepidarium) stehen als Blickfang zwei besonders schöne Sarkophage aus der Westnekropole von Side. Beide sind mit musizierenden, vom Wein berauschten Eroten geschmückt; der *attische Sarkophag* mit einem als Kline geformten Deckel mit dem Grabherrn. Der Deckel des zweiten, *pamphylischen Sarkophags* imitiert ein schönes, sonst Tempeln vorbehaltenes Marmorsatteldach mit Löwenkopf-Wasserspeiern. Die *Statuen* stammen fast alle aus dem sog. Kaisersaal der Bibliothek an der Staatsagora (2. Jh.) und stellen vorwiegend Götter dar. Unter ihnen fällt Hermes auf, der als Schützer der Wege, Kaufleute (und Diebe) einen Geldbeutel in der rechten Hand hält. Schließlich bezeugen Kopien von berühmten Statuen die große Wertschätzung griechischer Kunst, so der ›Sandalenbinder‹ von Lysipp oder der ›Diskuswerfer‹ von Myron. Die Statue von Kaiser Licinius (308–323) in der letzten Nische zeigt, wie sehr in schlechter werdenden Zeiten zusätzlich gespart wurde, man wechselte nicht mehr den Kopf der Statue aus, wie das ab Mitte des 2. Jh. üblich war, sondern passte den vorhandenen Kopf in Haar- und Barttracht der neuesten Mode an. Der Name auf dem Sockel sorgte für Aktualität.

Der kleine Verkaufsstand beim Museums-Eingang passt durchaus zum Charakter der ursprünglich hier angesiedelten Thermen-Ladenstraße.

Kurz nach den einstigen Agora-Thermen ist die Kolonnadenstraße durch ein **Bogentor** optisch begrenzt. Es trug wahrscheinlich eine bronzene Quadriga, nach der das Stadtviertel benannt war. Das Tor wurde im 4. Jh. der hastig hochgezogenen inneren Stadtmauer integriert und verengt. Links vor dem Tor steht das **Vespasians-Monument** [10], das noch während der Regierungszeit des Kaisers (69–79) an anderer Stelle aufgerichtet und später hierher versetzt wurde. Dabei funktionierte man es zu einem Nymphäum um. Durch einen Zufall geriet der ehrenwerte und korrekte Kaiser Vespasian so in die Nachbarschaft der Theater-Latrine und bringt den Spruch in Erinnerung, mit dem er die von ihm eingeführte Latrinensteuer rechtfertigte: »Pecunia non olet« (Geld stinkt nicht).

Auf der Nordseite des großen inneren Stadttors lagen weitere Nymphäen und Zisternen; direkt an der Seite des Theaters erhob sich ein kleiner **Dionysos-Tempel** [11], von dem nur das Fundament erhalten ist.

Man sollte sich nun nicht von der hier beginnenden **Hauptstraße** [12] Selimiyes mit ihren vielen Geschäften ablenken lassen, sondern zunächst ins **Theater** [13] gehen, auch wenn die oberen Sitzreihen, die einen schönen Überblick aufs Grabungsfeld bieten, aus Sicherheitsgründen nicht mehr zugänglich sind. Sehr gut lässt sich an der *Außenseite* beobachten, dass die Sitzreihen auf zweistöckigen Gewölbekonstruktionen ruhen. Außer den Eingängen im Erdgeschoss waren darin Läden untergebracht. Die mehr als ein Halbrund umfassende *Cavea* bot 15 000 Zuschauern Platz und ist durch ein Diazoma unterteilt. Deutlich ist der Umbau für Gladiatorenspiele und Tierhetzen erkennbar (Mauer um die Orchestra). Das einst 23 m hohe *Bühnenhaus* ist weitgehend zerstört, viele Marmorfragmente (Deckenplatten, Säulentrommeln, Statuen) geben aber einen Eindruck vom Prunk der Schaufassade, deren Sockel wieder den üblichen Relieffries aus der Dionysos-Mythologie besaß. Unter den Metropoliten Sides (seit dem 5. Jh.) nutzte man das Theater als Freilicht-Kirche und fügte vier Kapellen in die Ecken des Zuschauerraums.

Vom oberen Theaterrang konnte man südöstlich, in Verlängerung des Bühnenhauses und der **Inneren Stadtmauer** [14] (in die das Theater einbezogen war), die quadratische **Staatsagora** [15] erkennen. Sie sollte das nächste Besichtigungsziel sein. An ihrer Ostseite steht noch die – bis auf eine Nemesis-Statue – ihres Schmucks beraubte Prunkwand des ›Kaisersaals‹, von dem so viele Statuen im Museum stammen. Er war der Mittelsaal einer *Bibliothek* und besaß in der Hauptnische eine Statue von Kaiser Antoninus Pius (138–161). Natürlich waren die anderen Seiten der Agora von Säulenhallen umgeben; wozu der zweistufige Sockel in der Platzmitte diente, ist nicht geklärt.

Vom Parkplatz beim Theater führt eine schmale Straße nach Süden: Hier lag einst der **Heiligen Bezirk**, der von einer *Seemauer* geschützt wurde. Zwischen der modernen Bebauung muss man heute das **Heiligtum für den Mondgott Men** [16] suchen. Die von Hotels und Restaurants gesäumte Uferstraße (Barbaros Cad.) führt zu den einst eindrucksvoll am Meer gelegenen **Tempel von Athena** [18] **und Apollon** [17]. Beide wurden im 5. Jh. n.Chr. zerstört und durch eine dreischiffige *Basilika* mit Atrium überbaut. Obwohl der Tempel der Stadtgöttin Athena entschieden größer war als der für Apollon, wurde heute letzterer durch Wiedererrichten von Säulen restauriert, weil von ihm mehr Architekturteile erhalten blieben. Es handelte sich, wie beim größeren Athena-Tempel, um einen korinthischen

Das innere Bogentor entstand bei der Verkleinerung des Stadtgebiets im 3. Jh. Links das zu einem Nymphäum umfunktionierte Vespasians-Monument

Side/Selimiye

Abends werden die Säulen des Tempels des Apollon angestrahlt

Peripteros mit 6 x 11 Säulen, der Fries war mit Medusenhäuptern geschmückt.

Die beiden Tempel lagen an der Kaimauer, es gab ein ›Landungsfest von Athena und Apollon‹, die beiden Götter schützten Hafen und Seefahrt. So muss man nur eine kurze Strecke zurücklegen, um zum Gebiet des **Antiken Hafenbeckens [19]** zu kommen. Antike Münzen bilden den Hafen arkadengesäumt ab, heute ankern hier Ausflugsschiffe, geschützt von der auf antiken Fundamenten errichteten Mole. Zweifellos gab es früher am Kai nicht nur Lagerhäuser und Geschäfte, sondern auch Gaststätten, die wie heute den müden Ankömmling umwarben – nach der Besichtigung eine sehr erfreuliche Parallele zur Antike.

Praktische Hinweise

Information
Tuder Tourismus- und Hotelierverband, Yalı Mah. Fatih Cad., 36, Side, Tel. 02 42/753 30 00, www.sideguide.net

Hotels
***** **Club Ali Bey**, P. K.72 (20 km östlich von Side), Manavgat, Tel. 02 42/748 73 73, www.club-alibey.com. Zweigeschossige Gebäude im osmanischen Stil, großes Sportangebot, 528 Zimmer.

***** **Hotel Terrace**, Kumköyu Mev., Side, Tel. 02 42/756 17 17, www.hotelterrace.com. Direkt am Strand, 4 km westl. des Zentrums, mit 3 Pools, Tennisplatz und Garten.

**** **Defne Oteli**, Side Köyu, Side, Tel. 02 42/753 18 80, www.defne-hotel.com. Zwei- bis dreistöckiges Hotel am Sandstrand, 2,5 km vom Zentrum, 350 Betten.

**** **Hotel Asteria Side**, Kumköyu Mev., Side, Tel. 02 42/753 18 30, www.asteriahotels.com. Terrassenförmig am Hang über der westlichen Hotelzone, Garten bis zum Meer, 2 km vom Zentrum, 600 Betten.

*** **Cennet Oteli**, Side Köyu, Tel. 02 42/753 11 67, www.baruthotels.com.tr. Am Sandstrand 3 km vom Ortszentrum, 220 Betten.

Außerdem mehrere direkt am Strand gelegene Klubanlagen wie **Aldiana** (www.aldiana.de), 6 km von Side, und der **Club Magic Life Seven Seas Imperial** (www.magiclife.com) mit Aqua Park.

Restaurants
In Side – der Shoppingmeile aller Strandurlauber – herrscht Saisonbetrieb, dementsprechend häufig wechseln Köche und Qualität der Restaurants. Empfehlenswert sind das **Terrassenrestaurant des Anatolia Hotels** am Beginn des Großen Stadtstrands (Büyük Plaj), das **Maria**, ein kleines Gartenlokal am Hafen, und das nahe am Hafen gelegene **Kangal**. Im **Deniz Fish House**, mit Terrasse über dem Weststrand, gibt es teure, aber dafür gute Fischgerichte. Den Preis unbedingt vor der Bestellung aushandeln.

33 Manavgat und Seleukeia

Ein von Platanen beschatteter Rastplatz am Wasserfall und eine vergessene Ruinenstadt.

Manavgat liegt an der Küstenstraße 400, der nach dem Ort benannte Wasserfall 3 km nördlich (ausgeschildert ›Manavgat Şelalesi‹), weitere 10 km nördlich liegen die Ruinen der antiken Stadt im Pinienwald.

Die einst so verschlafene Kleinstadt **Manavgat** besitzt heute 78 000 Einwohner und expandiert weiter. Das antike **Side** ist nur noch ein kleiner (wenn auch umsatzstarker) Bereich; neben dem Tourismusgeschäft, dem viele Einwohner Arbeit und Wohlstand verdanken, lebt Manavgat weiterhin vom Umschlag der landwirtschaftlichen Produkte des fruchtbaren Hinterlands. Auf den Feldern wachsen Getreide, Sesam, Gemüse und Baumwolle. Manavgats *Montagsmarkt* ist mit seiner riesigen Menge an Gemüse und Obst für die Urlauber eine Attraktion. Gleiches gilt an jedem Tag der Woche für den großen Basar.

Manavgat-Wasserfall

Manavgat ist nach dem *Manavgat Çayı* benannt, dem antiken Fluss Melas, der bereits Side über einen Aquädukt mit Wasser versorgte. Heute wird der Fluss zum gleichen Zweck weiter oberhalb durch den *Oymapınar-Damm* zum See gestaut und braust im Frühjahr nicht mehr so gewaltig zu Tal wie früher. Vor Erreichen der Küstenebene bei Manavgat stürzt er dennoch in mehreren Katarakten über Felsen zu Tal und bildet Stromschnellen; hier wachsen am – und zum Teil im – Fluss Platanen, die feuchte Standorte lieben. Kein Wunder, dass die

Der Wasserfall von Manavgat rauscht in mehreren Katarakten zu Tal

Außergewöhnliche Kulisse: der Teegarten am Manavgat-Wasserfall

33 Manavgat und Seleukeia

Einheimischen die kühlen Plätze im heißen Sommer für ihr sonntägliches Picknick wählten! Bald richtete ein Geschäftsmann am ›großen‹ Wasserfall **Büyük Şelale** ein Teehaus ein, das schnell von den Touristen entdeckt wurde und den erholsamen Abschluss vieler Ausflüge bildet. Der Strom umspült die begehbar gemachten Felsinseln, auf denen Stühle und Tische zum Verweilen einladen. Je nach Wasserstand sprüht die Gischt empor und natürlich ist aus dem schlichten Teehaus längst ein Restaurant geworden. Seit einigen Jahren wird sogar eine Eintrittsgebühr verlangt, und immer mehr Lokale haben eröffnet. Außerdem haben Straßenhändler den Wasserfalo für sich entdeckt. Darunter hat das Flair des Platzes gelitten.

Seleukeia

Um nach Seleukeia zu kommen, folgt man von Büyük Şelale der Straße nach Norden. Die Strecke ist durchgehend gut ausgeschildert (11 km vom Stadtzentrum Manavgat) und führt durch das Dorf Bucak Sehir. Nach dem Dorf geht die Asphaltstraße in eine gute, aber kurvenreiche und relativ schmale Erdpiste über. Vom Wärterhaus (Schranke, Ticket) führt der Weg noch mehrere Kilometer durch einen Pinienwald bis zum einstigen Südtor der Stadt. Die auf einem Hügel liegende Stadt war nur hier, an der Südseite, nicht durch steil abfallende Hänge geschützt und brauchte eine Stadtmauer.

Geschichte Bei neueren Grabungen wurde ein Inschriftenstein gefunden, der die Siedlung ›Lyrbe‹ nennt und als ›alt‹, d. h. vorgriechisch, bezeichnet. Lyrbe war, an den Münzen gemessen, entschieden bedeutender als Seleukeia, das im Verzeichnis eines antiken Seehandbuchs erwähnt wird und daher eine Küstensiedlung gewesen sein müsste. Einstweilen wird der Ort Seleukeia/Lyrbe genannt. Nach dem Ruinenbefund hatte Seleukeia seine Blütezeit im 1. und 2. Jh.n.Chr. und wurde spätestens im 7. Jh. verlassen.

Der vom Wald überwachsene Ort war praktisch vergessen und nur noch Einheimischen bekannt; erst nach 1970 legte die türkische Archäologin Jale Inan die Ruinen frei. Die hier gemachten Funde wie das schöne *Orpheus-Mosaik* und eine *Bronzestatue des Apollon* sind heute im Museum Antalya zu bewundern [Nr.24], dennoch gehört die Ruinenstätte zu den sehenswertesten Pamphyliens. Da wegen der Zufahrt Seleukeia nicht zum Ausflugsprogramm der Reisebus-Agenturen gehört, besitzt die Ruinenstadt noch das wunderbare Fluidum einer stillen, im Pinienhain verborgenen Stätte, in der man auf Entdeckungstour gehen kann.

Besichtigung Auch wenn der Wächter (Bekçi) nicht am Ort ist, findet man sich zurecht. Vor dem **Südtor** erklärt eine Tafel Geschichte und Lage der Ruinen, sodass man sich im weitläufigen Waldgelände gut allein orientieren kann. Die auf einem Hügel liegende Stadt war nur hier nicht durch steil abfallende Hänge geschützt und brauchte eine Stadtmauer, von der das als Hoftor angelegte Südtor gut zu kontrollieren war. Der Waldweg führt an unidentifizierten Ruinen vorüber zur **Agora**, die durch ihre Substruktionen, Säulen und Mauern beeindruckt. Der 30 x 30 m große Marktplatz war von einer dorischen Säulenhalle umgeben, viele Säulen standen noch oder wurden wieder aufgestellt. Wie in Aspendos [Nr.30] musste die Plattform für den Marktplatz am Hanggelände künstlich durch Gewölbeunterbauten geschaffen werden, im Westen war zusätzlich eine mächtige Stützmauer notwendig. An der Nordseite führt ein *Eingang* in die Gewölbe, die in der Antike den Ladenbesitzern als Magazine dienten und heute von den Ausgräbern ähnlich genutzt werden.

Besonderer Blickfang ist das lange Marktgebäude an der Ostseite, das teilweise noch zwei- bis dreigeschossig steht. Seiner Südseite ist ein **Odeon** integriert, dessen Sitzreihen aus Holz waren. Vielleicht fanden in ihm nicht nur Musikaufführungen, sondern auch Ratsversammlungen statt. Interessant sind die leicht trapezförmigen vier Portale, die eine größere Höhe vortäuschen sollten. Die Bauinschrift auf der Frontseite erwähnt einen Bürger Nektareios als Stifter.

Im Nordwestteil der Agora wurde in christlicher Zeit eine kleine **Kapelle** errichtet, die in ihrer Bausubstanz recht ärmlich wirkt. Dagegen war der längliche Raum am Nordrand der Agora mit dem erwähnten *Orpheus-Bodenmosaik* geschmückt und auch das zweite von der Agora geborgene sog. *Ilias-Mosaik*, das am Rand ›Porträts‹ berühmter Persönlichkeiten wie Solon, Thukydides, Lykurg, Herodot, Hesiod, Demosthenes und Pythagoras zeigt, spricht von Reichtum während der hellenistischen und frühen römischen Zeit (Museum Antalya).

34 Alara-Han

Man verlässt die Agora im Norden und entdeckt etwas oberhalb im Wald die **Cella** eines Podiumtempels (mehrere Säulentrommeln im Umfeld verstreut). Ob es sich um einen Tempel oder ein Heroon handelte, ist ungeklärt. Schatzsucher haben den Cellaboden zerstört und aufgegraben. Lohnend ist der Weg in westlicher Richtung, wo am Steilhang die große **Thermenanlage** liegt, auch sie wurde durch hohe Unterbauten gestützt. Von ihren Fenstern hatte man einen weiten Blick auf die Ebene und die Badenden genossen hier sicher den gleichen Komfort wie in Side. Insgesamt dürfte in Seleukeia die Zahl der Bürger gering gewesen sein (höchstens 5000). Deshalb ist es immer wieder faszinierend, wie die römische Zivilisation in der kleinsten Stadt im Gebirge akzeptiert und realisiert wurde – und wie rasch das ganze System unter dem Ansturm von Invasoren zerbrach.

Wer noch ein wenig im Wald spazieren will, kann zur nordwestlich von den Thermen gelegenen Ruine einer **Basilika** wandern, ehe er die ›vergessene Stadt‹ wieder ihrer Waldeinsamkeit überlässt.

ℹ Praktische Hinweise

Hotels

Etwa 10 km südlich von Manavgat:

*******Grand Prestige**, Tel. 02 42/756 90 60, www.grandprestige.com. Monolithisches Hotel am hier kiesbedeckten Strand.

******Kaya Hotel**, Side-Titreyen-Göl, Tel. 02 42/756 90 94, www.kayahotels.info. Viergeschossiger Bau in Gartenanlage, Pool, am grobkörnigen Kieselstrand.

Restaurant

In Bucakşihlar gibt es nur ein *Teehaus*, mehrere gute **Restaurants** findet man in Manavgat am Ostufer des Manavgat Çayı (Fischgerichte; Preis aushandeln!).

34 Karaburun und Alara Han

Sandstrände an der Küste und eine Karawanserei im Tal des Alara Çayı.

27 km östlich Manavgat

Zwischen Manavgat und Alanya wird die Küstenzone allmählich schmaler, anstelle der ausgedehnten Baumwoll- und Getreidefelder tauchen nun häufig Bananenplantagen auf. Nach etwa 20 km erreicht die Staatsstraße **Karaburun,** das ›Schwarzen Kap‹. Die sandige Küste machte es für die Tourismusindustrie interessant, und so säumen dort zahlreiche Hotels die Küstenstraße.

Auf Karaburun folgt der treffend **Incekum,** ›feiner Sand‹, genannte Küstenabschnitt. Die Strände sind noch breiter als in Karaburun, und Kinder können dort ausgiebig Sandburgen bauen. **Hotel- und Ferienklubs** bieten Sportmöglichkeiten, Animation und Ausflüge an.

Lange Zeit war der Alara-Han vom Verfall bedroht, bevor er Ende des 20. Jh. grundlegend renoviert wurde

Alara Han

Etwa auf Höhe des Aspendos Hotels (s. u.) zweigt eine Landstraße von der Küstenstraße D 400 ab. Sie folgt dem Tal des Ulugüney Çayı und erreicht nach etwa 9 km den **Alara Han.** Unter den an der Südküste erhaltenen Karawansereien ist er der interessanteste. Er lag nahe der wichtigsten und kürzesten Straße zwischen Alanya und Konya, die von der Südküste übers Gebirge und den Beyşehir See zur seldschukischen Hauptstadt führte. Bereits die Perser und Römer besaßen Versorgungsstationen an wichtigen ›Fernstraßen‹. Doch erst aus seldschukischer Zeit sind in Kleinasien sehr umfangreiche Bauten erhalten, in denen Kaufleute mit

Alara-Han

ihren Lasttieren und Waren sicher untergebracht werden konnten. Die **seldschukischen Karawanen** bestanden häufig aus mehreren hundert Kamelen, ihre Tagesetappe betrug im Allgemeinen neun ›Kamelstunden‹, knapp 30 km. Zum Schutz vor Räubern und wilden Tieren wurden die Rastplätze mit hohen Mauern umgeben. Die türkische Literatur verdankt dem Karawanenwesen ihre wunderbaren *Märchen* (z.T. überliefert von Elsa Sophia von Kamphoevener: ›An Nachtfeuern der Karawan-Serail‹).

Der nach Norden orientierte **Alara Han** liegt unmittelbar an der Straße, seine 2 m dicke Außenmauer wird durch massive Schutztürme verstärkt und besitzt aus Sicherheitsgründen nur ein einziges *Portal*. Es ist 3,5 m breit und mit einem flachen Kreissegmentbogen und zwei Löwenkopfkonsolen ungewöhnlich schmucklos gehalten, lediglich die arabische *Bauinschrift* von 629 (nach christlicher Zeit 1233) setzt einen Akzent. Sie listet sämtliche Titel des Bauherrn **Alaeddin Kaykobad** auf, der als Enkel Kılıç Arslans das Seldschukenreich zur höchsten Blüte führte und seinen Machtanspruch in seinen Titeln deutlich macht. U.a. nennt er sich »Ländereroberer der Welt, Sultan über Land und Meer, über Rum, Syrien, Armenien und Franken«. ›Rum‹ wurden die Byzantiner genannt, die nach Abstammung und Sprache zwar Griechen, nach Staatsverständnis und Recht aber Römer (Rum) waren. Die Seldschuken in Kleinasien wurden deshalb auch ›Rumseldschuken‹ genannt. Der große

Von bezaubernder Schönheit: die violette Blütenampel einer Bananenstaude unter der ›Halskrause‹ grüner Früchte

Sultan starb 1236, wahrscheinlich ließ ihn sein Sohn und Nachfolger Kayhosrau II. (1236–1246) vergiften.

Der Eingang liegt in der Achse des mit knapp 5 m Breite ungewöhnlich schmalen und 27 m langen Innenhofs und wird links von einem **Brunnenhaus**, rechts vom Wächterzimmer flankiert. Das Brunnenhaus besitzt ein schönes Kreuzgewölbe, an der linken Wand führt eine Treppe aufs Dach. Über einen *Vorhof* gelangt man dann in den korridorartigen **Innenhof**, der im Norden durch eine Mauer abgeschlossen wird; an seinen Langseiten liegen alternierend offene und geschlossene Räume, die spitzbogig überwölbt sind und schmale Luken an den Außenwänden aufweisen. Dies waren die Zimmer für die Gäste, heute beherbergen sie kleine Läden mit touristischem Angebot. Die Tiere und vielleicht auch ein Teil der Waren wurden früher in den hallenartigen **Räumen** untergebracht, die den umbauten Hof an drei Seiten umgeben. Man erreicht sie über schmale, an den Außenmauern entlangführende Gänge. Einziger Schmuck sind die als Konsolen dienenden Löwenköpfe an den Pfeilerarkaden. Wir wissen, dass die Tore der Karawansereien nachts geschlossen waren und erst nach Kontrolle aller Waren am nächsten Morgen wieder geöffnet wurden. Auch hier sind die Vorrichtungen zum Verriegeln der Eingänge noch deutlich erkennbar.

Der Han liegt an der Ostseite vom Uluguney Çayı, nur 500 m weiter erhebt sich der auffallend kegelförmige Berg **Alara Kale**, der womöglich bereits von den Byzantinern zur Festung und Burg ausgebaut wurde. Die Seldschuken übernahmen sie von den Armeniern. Die steilen Felstunnels, Steinstufen und Festungsmauern sind dunkel, ausgeschliffen und baufällig, man sollte sich daher mit dem sehr schönen Anblick von unten begnügen. Wer trotzdem den Aufstieg durch drei übereinander gestaffelte Mauerzüge unternehmen will, sollte eine Taschenlampe mitbringen und sich einem der (hier sehr aufdringlichen) selbst ernannten ›Führer‹ anvertrauen. Auf der Oberburg ist ein türkisches Bad mit Freskenresten zu sehen.

ℹ Praktische Hinweise

Hotels

****Botanik Hotel**, Karaburun, Tel. 02 42/5 27 48 50, www.botanikhotel.

36 Alanya

In der Fußgängerzone von Alanya reihen sich die Läden für die Urlauber aneinander

com.tr. Mehrere vierstöckige Bauten am Sand-/Kieselstrand, 650 Betten, gepflegter Garten.

***Alara Hotel, Incekum. Tel. 02 42/ 517 35 50. Mehrere dreistöckige Gebäude in einem terrassenförmigen weitläufigen Garten, feiner Sandstrand zwischen Felsklippen, 250 Betten.

***Aspendos Hotel, Incekum, Tel. 02 42/517 10 91, www.aspendoshotel. com. Dreigeschossiger Bau, hübscher Garten, breiter Strand, Küstenstraße führt im Rücken der Anlage vorbei, 400 Betten.

Restaurant

Zwei einfache **Gartenlokale** befinden sich beim Alara Han, im Han selbst gibt es ein Restaurant und einige Läden. Außerdem finden ›**Türkische Folkloreabende**‹ statt (in Hotels buchbar).

35 Serapsu-Han

Seldschukische Karawanserei der etwas bescheideneren Art.

19 km östlich der Abzweigung zum Alara-Han, oberhalb der Küstenstraße 400

Der Han wurde laut Bauinschrift über dem schlichten Portal während der Regierungszeit von Ghiyaseddin Kayhosrau II. [s. S. 137] erbaut und wirkt von außen durch die zinnenbewehrten Mauern und 24 massiven Stütztürmen ganz eindrucksvoll. In den Mauern kann man Spolien entdecken, auch die Zapflöcher der Türflügel sind in alte Säulentrommeln eingelassen.

Wie beim Alara-Han fällt auch beim Serapsu-Han die Bauweise aus dem üblichen Rahmen seldschukischer Karawansereien; hier wurde die bescheidenste Ausführung gewählt. Ein Hof fehlt, der Han ist als einschiffige Halle konzipiert und wirkt bei 62 m Länge und 9 m Breite düster und bedrückend, das niedrige Tonnengewölbe wird von acht Gurtbögen getragen. Leider kann man die Innenanlage des Han zur Zeit nur bei organisierten Abendveranstaltungen kennen lernen.

36 Alanya

 Betriebsamer Ferienort mit imponierend sichtbarer Geschichte.

Die Küstenstraße wurde verbreitert und umrundet die Stadt im Norden.

In **Alanya** ist alles vereint, was Urlauber in fremde Länder lockt: ein erholsames Ambiente mit Sonnengarantie und feinem **Sandstrand**, ein liebenswertes, malerisches Städtchen mit guten Einkaufsmöglichkeiten und interessanten Bauten, die eine lange Geschichte lebendig machen.

36 Alanya

Blick über den Burgberg auf die moderne Großstadt Alanya

Geschichte Im Altertum spielte der **Korakesion** genannte Ort keine bedeutende Rolle, hier begann für antike Geographen das ›Raue Kilikien‹. Im 2. Jh. v. Chr. stand der prächtig zu verteidigende Stadtberg unter Kontrolle der Seeräuber und wurde erstmals von Historikern erwähnt, als Pompejus d. Gr. in der Seeschlacht von Korakesion (67 v. Chr.) die Seeräuber endgültig besiegte. Als Mark Anton nach seiner ersten, bedeutungsvollen Begegnung mit Ägyptens Königin Kleopatra 41 v. Chr. [s. S. 164] ganz Kilikien an seine Geliebte verschenkte, war auch Korakesion inbegriffen. Die eigentliche Morgengabe war dabei das für den Schiffsbau benötigte Holz aus den Taurusbergen, das Kleopatra für den Ausbau ihrer Flotte verwendete.

In der **römischen Kaiserzeit** stand Korakesion im Schatten von Side, prägte aber seit Beginn des 2. Jh. n. Chr. eigene Münzen. Die **Byzantiner** bauten den Burghügel aus und nannten ihn Kalonoros (›schöner Berg‹), in der Mitte des 11. Jh. okkupierten armenische Fürsten den Platz. Durch Tausch kam die Stadt schließlich in den Besitz der **Seldschuken**, die sie so glänzend befestigten und ausbauten, dass die Bauten jener Zeit bis heute das Bild der Altstadt bestimmen. Auch der Name Alanya stammt aus dem 13. Jh.: Sultan Alaeddin Kaykobad nannte sie ›Ala-iye‹, Stadt (Besitz) des Ala.

In späteren Jahrhunderten verfiel die Stadt. An die vergangene Zeit erinnert nur noch ein Wohnviertel am Hang: Häuser mit kleinen, mauerumgrenzten Gärten, in denen Orangen- und Feigenbäume üppige Früchte tragen, die niemand erntet.

Alanya war der erste Ort der ›Türkischen Riviera‹, der vom Tourismus ent-

Der Rote Turm am Hafen von Alanya gehörte einst zur Stadtbefestigung um den Burgberg

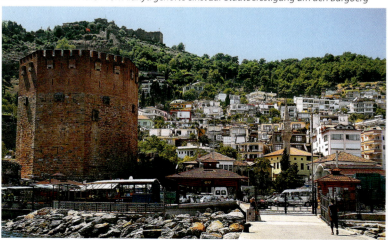

Plan S. 142　　　　　　　　　　　　　　　　　　　　　36 Alanya

deckt wurde, schon 1965 hatten viele deutsche Reiseveranstalter hiesige Hotels unter Vertrag. Seither hat das ›Tourismusgeschäft‹ seine Spuren hinterlassen: Die moderne Stadt hat sich entlang der Strände im Westen und Osten des alten Stadthügels ausgebreitet. Hotels, Geschäfte und Verkehr haben sich vervielfacht; doch auch die Restauratoren waren nicht untätig und haben sich um die Festung auf dem Burghügel, den berühmten ›Roten Turm‹ und die seldschukische Werft gekümmert.

Am Hafen von Alanya

Der **Rote Turm** ❶ (Kızıl Kule, geöffnet Di–So 8.30–18.30 Uhr) liegt nahe dem Hafen am Fuß des Burghügels und ist – als markantestes Bauwerk der Stadt – nicht zu übersehen. Der fünfstöckige Turm war der wichtigste Eckpfeiler des dreifachen Befestigungsrings, den Alaeddin Kaykobad I. rund um den Burgberg anlegen ließ. Seinen Namen verdankt er den rötlichen Backsteinen, aus denen er erbaut ist.

Der Aufstieg zur Aussichtsplattform lohnt sich trotz der unbequemen 78 Stufen. Unterwegs erschließt sich gut die geniale Konstruktion. Denn der 33 m hohe Turm kontrollierte als achteckige Bastion nicht nur Seemauer, Hafen und Landmauer, sondern fungierte gleichzeitig als Wasserreservoir.

Die oberste Plattform gewährt einen umfassenden Rundblick auf die angrenzenden Wohnviertel des Burgbergs, Wehrmauer, Stadt und Hafen.

Vom Roten Turm aus ließ sich über den Wehrgang der Seemauer die seldschukischen **Schiffswerft** ❷ (Tersane) erreichen. Inzwischen ist der Zugang aus Sicherheitsgründen gesperrt, aber bei einem Bootsausflug gut einzusehen. Die fünf mit Spitztonnen überwölbten Hallen sind die einzigen erhaltenen Werftanlagen aus seldschukischer Zeit. Über dem Eingang verkündet eine arabische Inschrift, dass Alaeddin Kaykobad, ›Herr beider Meere‹ – gemeint waren das Schwarze Meer und das Mittelmeer – die Werft erbauen ließ. Die fünf parallel angeordneten Hallen sind schlicht und schmucklos und durch überwölbte Durchgänge miteinander verbunden. Im Süden wird die Werft durch einen weiteren Turm gesichert.

🔴 TOP TIPP Der Burgberg von Alanya

Zu Fuß oder mit dem Auto kann man den **Burgberg von Alanya** erreichen. Praktische Alternative ist eine Taxifahrt auf den Hügel, zurück geht es dann zu Fuß. Die Straße führt durch das **Haupttor** ❸, das zwischen dem *Unteren Tor* und der **Nordbastion Ehmedek** ❹ liegt. Bei der folgenden Spitzkehre der Straße befindet sich in einem Wachturm die kleine byzantinische **Georgskapelle** ❺, die in seldschukischer Zeit als einfacher Betraum (Mesçit) genutzt wurde.

Im weiteren Straßenverlauf erreicht man das **alte Stadtzentrum** innerhalb des mittleren Festungsgürtels. Erhalten sind die **Süleymaniye Camii** ❻ mit zwölfeckigem Minarett, ein gedeckter *Basar* und eine zum Hotel umfunktionierte **Karawanserei** ❼. In der Nähe steht eine kleine *Grabmoschee*, die Akşebe Türbesi, die im Jahr 1230 erbaut wurde.

Folgt man der Straße weiter, gelangt man nach einer weiteren Kurve zur **Hauptfestung Iç Kale** ❽, vor der die Straße endet. Hier bieten Frauen die für Alanya typischen Seidenschals an, sie sind letzte Hinweise auf die lange Tradition der Seidenmanufaktur, die in Alanya bestand. An den *Torbau*, durch den man das Areal betritt, grenzte einst die Residenz. Die wenigen Ruinen der Iç Kale (Obere Burg) sind durch Grünanlagen verbunden; insgesamt wirkt die Festung heute wie eine große, etwas kahle Plattform, von der aus man einen herrlichen Blick nach Westen und Süden auf Meer und Küste genießt. Auf dem Weg zum Westabhang des Plateaus sollte man die winzige, aber durchaus hübsche byzantinische *Kuppelkirche* mit Freskenresten beachten. Unterhalb der Festung erstreckt sich eine schmale *Halbinsel* nach Südwesten, deren wenige noch erhaltene Gebäudereste als **Seldschukische Münze** ❾ und **Byzantinische Klosteranlage** ❿ identifiziert wurden.

TOP TIPP ▶ Das **Museum** ⓫ (tgl. 8.30–12 und 13–17.30 Uhr) von Alanya liegt nahe dem Kleopatra-Strand auf der Westseite des Festungshügels. Es zeigt Idole und Gefäße aus dem 3. und 2. Jt. v. Chr., urartä-

Plan S. 142 **36** Alanya

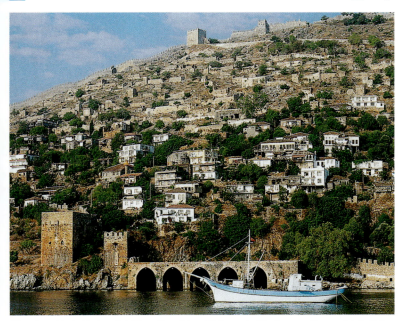

Über der seldschukischen Schiffswerft und dem Südturm der Stadtmauer Alanyas ist ein Teil der Altstadt noch bewohnt

ische Opferschalen (9.–7. Jh. v. Chr.) und natürlich Werke aus der griechischen und römischen Zeit. Interessant ist der Grabstein des Trebenis (stehend im Lederpanzer mit Lanze) inmitten seiner Familie (1. Jh. n. Chr.), der in Form eines kleinen Tempels gearbeitet ist. In der *Ethnografischen Abteilung* wird ein Wohnzimmer der osmanischen Zeit vorgestellt; bezaubernde Handstickereien erinnern an die fleißigen Hausfrauen jener Tage.

An Alanyas Stränden

Vom Museum sind es nur wenige Schritte zum kieseligen Kleopatra-Strand. Stadtauswärts flankieren ihn entlang des Ata-

In der byzantinischen Kuppelkirche auf dem Burgberg von Alanya haben sich Fresken erhalten

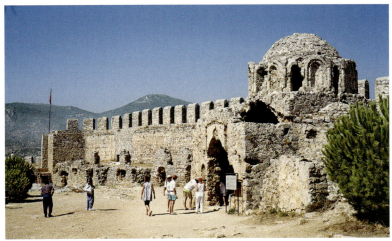

143

Alanya

Der Rote Turm in Alanya diente zugleich als Wasserreservoir und Festungsturm, der den Naturhafen schützte

türk Bulvari viele kleine Hotels, oft aus den Anfangstagen des türkischen Tourismus. Am Fuß des Burgbergs liegt die **Damlataş-Höhle** ⑫. Es handelt sich um eine Tropfsteinhöhle, deren Besuch Linderung bei Asthma- und Rheumaleiden bringen soll, da in ihrem Inneren eine gleichmäßige Temperatur von 22 Grad Celsius herrscht (Bei kurzen Aufenthalten wirkt sie fast unangenehm feucht).

Auf der anderen Seite des Burgberges beginnt der **Keykubat-Strand**. Auf 13 km wird er von Hotels begleitet. Sie werden von der Küstenstraße E 90 vom Meer getrennt, Fußgängertunnels stellen jedoch einen bequemen – und sicheren – Zugang sicher.

Ausflug

Eine weitere Tropfsteinhöhle kann man im landschaftlich sehr schönen Tal des Dim, etwa 11 km nordöstlich von Alanya erkunden. Im Inneren der auf 360 m erschlossenen **Dim Mağarası** (www.dimcave.com.tr, Juni–Aug. 9–20, Mai/Sept. 9–19, Okt.–April 9–17 Uhr) haben aus dem Karstgestein gelöster Kalk und Wasser Stalagmiten und Stalagtiten in faszinierenden Formen geschaffen.

Praktische Hinweise

Information

Damlataş Mağarası Yanı, Damlataş Cad. 1, Alanya, Tel. 02 42/513 12 40

Einkaufen

Das **Geschäftsviertel** von Alanya liegt am Fuß des Burghügels.

Hotels

TOP TIPP ******Alantur Oteli**, Dimçayi Mevkii, Alanya, Tel. 02 42/518 17 40, www.alantur.com.tr. Traditionsreiches Hotel: gut 5 km östlich vom Ortszentrum, direkt am Strand in Gartenanlage, vierstöckiges Haupthaus, Bungalows; 650 Betten, drei Pools.

*****Elysee Beach Hotel**, Kleopatra-Strand (1 km westlich des Zentrums), Alanya, Tel. 02 42/512 74 00, , www.elyseehotels.com. Fünfstöckiges Haus direkt am Strand, 100 Betten, Pool.

*****Seaport Hotel**, Iskele Cad. 82, Alanya, Tel. 02 42/513 64 87, www.hotelseaport.com. Zentrales Stadthotel mit 120 Betten nahe Hafen, dadurch etwas laut.

Restaurants

Eine Vielzahl an der Parallelstraße zum Hafen; das Preis-Leistungs-Verhältnis variiert kaum. Fischpreise vorher festlegen.

TOP TIPP **Ottoman House**, Damlataş Cad. (nahe Hafen), Alanya, Tel. 02 42/511 14 21, www.ottomanhousealanya.com. Sehr gute türkische Küche in stilvollem osmanischen Haus mit Vorgarten. Leider schon von Agenturen entdeckt, deshalb vorbestellen.

Kilikien –
hohe Berge, stolze Burgen, boomende Wirtschaft und wenig Touristen

Der gebirgige Küstenstreifen zwischen der pamphylischen Ebene und dem fruchtbaren Schwemmland um Adana wurde im Altertum ›Cilicia aspera‹, **Raues Kilikien**, genannt, im Unterschied zum **Ebenen Kilikien** beim heutigen Adana. Im Rauen Kilikien treten die Vorberge des Taurus dicht ans Meer, bilden felsige Halbinseln und unübersichtliche Buchten, die heute großenteils verlandet sind. Denn der frühzeitig einsetzende Kahlschlag an Hölzern für Schiffs- und Hausbau, Erzverhüttung und Feuerholz veränderte die Landschaft, die entwaldeten Berge wurden ihrer Humusdecke beraubt und die zahllosen Küstenbuchten mit Erdreich aufgefüllt. Noch im 1. Jh.v.Chr. boten die hinter Vorgebirgen versteckten Buchten Piratenschiffen Unterschlupf; sie konnten die von Syrien und Zypern kommenden Handelsschiffe auspähen und aus dem Hinterhalt überfallen. Kein Wunder, dass ›Cilicia aspera‹ einen miserablen Ruf besaß, denn im Inland, dem zerklüfteten Bergland Isaurien, waren die freiheitsliebenden Stämme kaum kontrollierbar und die Küste befand sich immer wieder in Seeräuberhänden.

Landschaftlich ist das Raue Kilikien durch die Kalkmassive der küstennah durchschnittlich 2000 m hohen Taurusberge geprägt: eine abwechslungsreiche **Karstlandschaft** mit steilwandigen Schluchten, Tropfsteinhöhlen und Einsturz-

Östlich von Alanya wird der fruchtbare Küstenstreifen schmaler, hier begann das Raue Kilikien

dolinen, die bisher nur ungenügend für Bergwanderer erschlossen ist. Als ›Naturwunder‹ galten bereits im Altertum die 80 m tiefen Korykischen Grotten, in denen ein unterirdischer Wasserlauf rauschte; auch das Göksu-Tal und Schluchten wie die Lamasschlucht vor Erdemli oder Şeytan Deresi (Teufelsschlucht) nahe Kızkalesi bieten grandiose Eindrücke.

Für Vogel- und Tierliebhaber ist die **Lagunenlandschaft** südlich von Silifke interessant, sie ist eine der wenigen verbliebenen Brutstätten des Purpurhuhns (Porphyrio porphyrio). Rosa- und Krauskopfpelikane, Purpurreiher und viele Watvögel machen hier Rast; und im Winter finden sich im Lagunengebiet Kraniche, Blässhühner und verschiedene Entenarten ein.

Für den **Tourismus** ist das jahrhundertelang nur vom Meer aus zugängliche Raue Kilikien durch die erst vor wenigen Jahrzehnten ausgebaute Küstenstraße erschlossen. Dennoch ist das ganze Gebiet eher ein Durchreiseland geblieben. Die Küstenstraße bietet zwar atemberaubende Ausblicke, windet sich aber in ungezählten Kurven bergauf und -ab, führt landeinwärts oder liegt hoch über dem Meer; nur manchmal locken kleine Sandbuchten dicht unterhalb der Straße. Lediglich bei den feinen **Sandstränden** von Anamur und Kızkalesi verweilt man gern länger.

Die ausgedehnte Strandzone vor Içel ist mit hässlichen Ferienapartment-Hochhäusern zugebaut und so fest in der Hand türkischer Urlauber, dass man schon zum Familien- oder Freundeskreis gehören muss, um das lebensfroh laute und dichte Beieinander erholsam zu finden. So erscheint dieser Teil der türkischen Südküste auch in keinem Urlaubskatalog deutscher Ferienveranstalter. Dennoch kann man auf der Durchreise viel Interessantes sehen, Höhepunkte sind die Burg von Anamur, das Kloster Alahan und die Ruinen von Uzuncaburç.

Im rauen Bergland Inner-Kilikiens lebte früher das kriegerische Volk der Isaurier

Seit den 1980er-Jahren wird auf küstennahen, vom Taurus geschützten Terrassen Bananenanbau betrieben

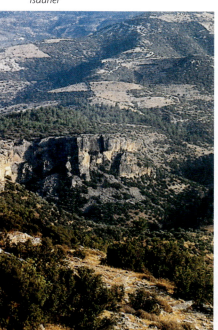

Geschichte Die Geschichte Kilikiens ist bisher erst lückenhaft bekannt. Die Passstraßen über die Taurusvorberge kontrollierten bereits die **Hethiter**. Vom 6. bis ins 4. Jh. v. Chr. beherrschten die **Perser** mit ihrer starken Flotte die Küste des Rauen Kilikien, nach dem Tod Alexanders d. Gr. konnten – im Ringen mit den Ptolemäern – die **Seleukiden** sie längere Zeit zu ihrem Einflussgebiet machen. Der Gründer der Dynastie, Seleukos I. Nikator, siedelte Bewohner im heutigen Silifke (Seleukeia) an, das zur Keimzelle griechischer Kultur wurde. Als nach 190 v. Chr. die Seleukiden nach Syrien zurückgedrängt wurden und sich in zahllosen dynastischen Kämpfen verzettelten, stiegen die **Piraten** zu wirklicher Macht auf.

Rom, das im 2. Jh. v. Chr. noch im westlichen Mittelmeer gebunden war und ständig mehr Sklaven brauchte, profitierte zunächst von den Aktivitäten der Seeräuber. Erst 67 v. Chr. konnte der mit einer enormen Flotte ausgestattete **Pompejus** in einer nur drei Monate dauernden Aktion das östliche Mittelmeer von den Piraten säubern. Viele fanden den Tod oder wurden versklavt, andere siedelte er beim heutigen Mersin an. Da die Piraten zum Teil verarmte Bauern rekrutierten, ein durchaus erfolgreiches Experiment. Anfang des 1. Jh. gehörte ›Cilicia aspera‹ zum mächtigen, Rom verbundenen Königreich von Kommagene, bis 72 n. Chr. Kaiser Vespasian die Grenzen des Römischen Reichs bis an den Euphrat vorschob und das Raue und Ebene Kilikien zur **Provinz Cilicia** zusammenfasste.

Nun entwickelten sich auch hier **Städte** mit dem Komfort der römischen Zivilisation, bis 260 der Sassanide Schapur I. (243–273) fast alle kilikischen Städte zerstörte. Kaiser Diokletian (284–305) versuchte, Verwaltung und Verteidigung des Gebiets zu verbessern, allerdings ohne dauerhaften Erfolg.

Seit dem 11. Jh. musste Byzanz nach mehrfachen Überfällen muslimischer Araber die Küstenregion christlichen Baronen überlassen, die aus Armenien vertrieben waren und sich bald vom Byzantinischen Kaiserreich lösten. Im 12. Jh. etablierte das Geschlecht der Rupeniden das **Königreich Kleinarmenien**, das je nach Bedarf mit den abendländischen Kreuzfahrerstaaten von Zypern, Edessa und Antiocheia oder auch muslimischen Reichen verbündet war. Denn in einzigartiger Weise prallten hier byzantinische (griechisch-orthodoxe), armenische (mo-

Manchmal locken unterhalb der Küstenstraße wunderschöne Strände zum Bad

nophysitische) und lateinische (katholische) Christen und muslimische Eroberer aufeinander, oft waren reine Machtfragen wichtiger als Glaubensfragen. Unter dem Ansturm der Turkstämme entwickelten sich das obere Göksu-Tal und das Bergland zwischen Alanya und Korykos zum Rückzugsgebiet der Christen. Anfang des 16. Jh. fiel Kilikien an die *Osmanen* und gehört heute zum größten Teil als *Provinz Mersin* zu den beliebten Feriengebieten der Türken.

37 Laertes und Antiocheia ad Cragum

Herbe Berglandschaft mit vielen antiken Ruinen.

Der Küstenstreifen südöstlich von Alanya besaß in der Antike viele kleine Städte und Burgen, deren Ruinen man links und rechts der Straße aufsuchen kann, ohne dass sie große Eindrücke hinterlassen. Immer wieder entschädigen jedoch die herrlichen Ausblicke auf meerum-

37 Von Alanya bis Anamur

spülte Klippen, helle schmale Strände und weite Bergpanoramen für die ›Seitensprünge‹.

Einen Halbtagsausflug muss man für den Besuch von **Laertes** veranschlagen, das rund 20 km östlich von Alanya auf 1000 m Höhe in den Bergen liegt und nach knapp einstündiger Wanderung über das Dorf Mahmutlar zu erreichen ist. Die unausgegrabene Kleinstadt wurde, wie der Ruinenbestand zeigt, in mittelbyzantinischer Zeit verlassen.

18 km östlich von Alanya liegt nördlich der Küstenstraße das Dorf Seki, von dem man zum Ruinenfeld der Stadt **Syedra** aufsteigt. In Syedra hielt sich 48 v.Chr. kurze Zeit Pompejus auf, nachdem seine Truppen bei Pharsalos von Caesar vernichtend geschlagen worden waren. Die Ruinen erstrecken sich über mehrere Terrassen und sind bisher nicht erforscht.

Die nächste antike Stadt **Iotape** (heute Aidap) wird von der Küstenstraße durchquert. Meernah liegt an einem kleinen Naturhafen die einstige Wohnstadt mit den Ruinen von Tempeln, Thermen und einer kleinen Kapelle, deren verwitterte Fresken den hl. Georg und den Kirchenstifter zeigten.

Der erste größere Ort östlich von Alanya ist **Gazipaşa**, das frühere **Selinous**. Hier erlag 117 n.Chr. **Kaiser Trajan** den schweren Verletzungen, die er sich im Partherfeldzug zugezogen hatte. Die Asche Trajans wurde im Sockel der Trajansäule in Rom beigesetzt, in Selinous, das kurzfristig in Traianopolis umbenannt wurde, ließ Hadrian für seinen Onkel und Vorgänger ein Kenotaph errichten (Spolien im seldschukischen Bau auf dem 80 × 80 m großen ›Kolonnadenplatz‹ im Ruinengelände).

Ehe die Straße Anamur erreicht, kann man noch das antike Stadtgebiet von **Antiocheia ad Cragum** besuchen, einer Gründung des Königs Antiochos IV. von Kommagene (Zufahrt: 21 km östlich Gazipaşa *vor* dem Bergdurchstich rechts auf Feldweg abbiegen).

Da die Ruinen weit verstreut liegen und speziell die Zitadelle stark überwachsen ist, muss man sich für die Erkundung mindestens zwei bis drei Stunden Zeit nehmen. Im Burggelände finden sich die Überreste mehrerer Kirchen. Die spektakuläre Lage der Zitadelle auf einer Felsklippe erklärt den Stadtnamen (ad cragum: an der Klippe).

Achtung: Östlich von Antiocheia folgen landschaftlich herrliche, starke Steigungs- und Gefällstrecken, die dem Fah-

rer große Aufmerksamkeit abverlangen (59 km bis Anamur, dort Übernachtungsmöglichkeiten).

38 Anamur

Anemourion/Eski Anamur: Ruinen einer stolzen, einst prächtigen Stadt – Mamure Kalesi: die besterhaltene Burg der Südküste.

Vor allem türkischen Urlauber verbringen in der Kleinstadt etwas abseits der Küstenstraße 400 ihren Sommerurlaub. Besonders in Iskele, dem Hafen Anamurs, gibt es daher mehrere einfache Hotels. Die Menschen in dieser Region leben von der Gemüsezucht, Treibhäuser säumen die Straßen nach Anamur. Weithin bekannt sind die Bananen und Erdbeeren aus dieser Gegend. Für die **Meeresschildkröte** Caretta Caretta ist der Strand von Anamur eine der bedeutendsten Brutstätten der Türkei – von Mai bis Ende

38 Anamur

Die Burg von Anamur war im 11.–19. Jh. eine der wichtigsten Bastionen der Südküste. Heute genießen friedliche Besucher den Blick aufs Meer

August sollte er abends daher nicht betreten werden.

Der antike Vorgängerort von Anamur liegt etwa 5 km westlich der Stadt. Vom 1. bis 3. Jh. war dieses **Anemourion/Eski Anamur** die wichtigste Stadt des Rauen Kilikien, im 7. Jh. wurde sie verlassen und im 12./13. Jh. durch Armenier neu besiedelt und befestigt.

Das Stadtgebiet besitzt zahlreiche gut erhaltene öffentliche Gebäude, mächtige Mauern und Türme; entsprechend groß ist die sehr unterschiedliche Grabtypen aufweisende Nekropole. Kanadische Archäologen untersuchten ab 1987 das Ruinengebiet.

Um die interessantesten Ruinen im weiten Gelände zu finden, sollte man sich der Führung des Wärters anvertrauen.

Die von Mauern umschlossene Stadt dehnte sich bis zum Fuß der Zitadelle hin, die das Kap im Süden beherrscht. Auf der rechten (westlichen) Seite erkennt man den **Aquädukt**, der die Zitadelle versorgte, oberhalb davon zieht sich die Nekropole am Hang hin.

Schon vor dem Stadtzentrum beim Theater liegen die Ruinen von zwei *Basiliken* und *Thermen* im Gelände, weitere Thermen befinden sich nahe der Stadtmauer. Während die Sitzreihen des an den Westhang gelehnten *Theaters* fehlen, ist das **Odeon** recht gut erhalten. Es konnte 900 Personen fassen und diente sicher auch als Ratsgebäude.

Viele Thermen und Kirchen, darunter auch die **Apostelkirche** aus dem 5. Jh. in Strandnähe, aber auch Privathäuser waren mit Mosaiken und Fresken ausgestattet. Viele von ihnen befinden sich im Museum in Iskele. Die **Zitadelle** dürfte vorwiegend Fluchtburg gewesen sein, der mühsame Aufstieg wird durch den

38 Anamur

Die ausgedehnte Hangnekropole beweist den jahrhundertelangen Wohlstand der Stadt Anemourion

großartigen Ausblick aufs Meer und die Stadt belohnt. Hier steht man an der südlichsten Stelle Kleinasiens und kann an klaren Tagen sogar Zypern am Horizont erkennen.

Zum Schluss sollte man die schönsten der mehr als 350 **Gräber** aufsuchen, z. B. das Grab mit Medusenköpfen oder das Grab mit einem Fresko des personifizierten Winters.

TOP TIPP Etwa 6 km östlich von Anamur liegt **Burg Anamur** (Mamure Kalesi, Di–So 9–17 Uhr) auf einer Landzunge. Die großartige Anlage ist bestens erhalten und entspricht mit ihren zinnenbewehrten Mauern, 36 Türmen und drei Innenhöfen genau den Ritterburgen aus Kinderträumen. Die Könige von Kleinarmenien erbauten sie im 12. Jh., dann besaßen sie nacheinander die Franken von Zypern, die Emire von Karaman (14. Jh.) und schließlich die Osmanen, die noch 1840 die kleine Moschee im Innenhof errichteten. Bei der Burg Anamur locken feinen **Sandstrände** zum Sonnen und Schwimmen, einige Lokantas säumen den Strand.

Östlich der Burg von Anamur säumen weitere Burgruinen und verlassene antike Orte die Küste: **Softa Kalesi**, wie Anamur eine kleinarmenische Gründung, dann die Ruinen der Stadt **Kelendris**, deren *Pfeilergrabmal* (2. Jh.) das Ruinenfeld überragt, schließlich die hoch über der Küste liegende **Tokmar Kalesi** (Kale = Burg) und **Liman Kalesi** über einem kleinen Naturhafen. Sie alle waren Bastionen gegen Angreifer von See.

ℹ Praktische Hinweise

Information
bei Otogar, Atatürk Bulv. 64, Anamur, Tel. 03 24/814 35 29

Hotels
***Grand Hotel Hermes**, Civari Mevkii, Iskele/Anamur, Tel. 03 24/814 39 50. Ein Pool lädt zur Erfrischung, von der Dachterrasse hat man eine herrliche Aussicht.

****Luna Piena**, Inönü Cad., Iskele/Anamur, Tel. Tel. 03 24/814 90 45 46, www.hotellunapiena.com. Die Zimmer sind solide eingerichtet und mit Klimaanlage ausgestattet.

39 Ayatekla

Einst bedeutendste christliche Wallfahrtsstätte der Südküste.

2 km westlich von Silifke, Hinweisschild ›Ayatekla/Meryamlik‹.

Gemäß einer schon im 2. Jh. schriftlich fixierten Legende war die bei Seleukeia/Silifke gelegene Höhle Wohn- und Sterbeort der **hl. Thekla**. Als Schülerin des Apostels Paulus wirkte sie als Missionarin, nach ihrem Tod wurde der Platz ein bis ins Abendland bekannter Wallfahrtsort. So gibt es den Bericht der Nonne Aetheria aus Bordeaux, die 384 auf ihrer Pilgerfahrt ins Heilige Land hier Station machte und im benachbarten Kloster wohnte. Von Seleukeia führte ein Treppenweg zur damals 3 km entfernten Pilgerstätte, die der Stadt so viel Ansehen verschaffte, dass Gregor von Nazianz (ca. 329–390) vom ›Seleukeia der hl. Thekla‹ sprach. Die Stätte war bis zum Abzug der

Griechen geachtet und ist heute durch einen Wächter geschützt.

Bei einer Besichtigung zeigt der Wärter zunächst die **Höhle**, die im 3. Jh. zu einer dreischiffigen Kirche mit dorischen Säulen erweitert wurde, heute jedoch den Charakter einer Krypta besitzt. Denn 375 wurde über der Höhlenkirche die **Thekla-Basilika** errichtet, von der noch ein Teil der Apsis steht. Diese Kirche muss äußerst eindrucksvoll gewesen sein, mit Vorhalle war sie 90 m lang; auf der Südseite erstreckte sich über die gesamte Länge der Basilika eine Säulenhalle.

Von mehreren **Zisternen** der näheren Umgebung ist die besterhaltene (beim Wärterhaus) dreischiffig (Anfang des 6. Jh.). 100 m weiter nördlich liegen die Grundmauern der sog. **Zenon-Basilika**. Kaiser Zenon (474–491) entstammte dem rebellischen taurischen Bergvolk der Isaurier, das von Ostrom erst durch Eingliederung isaurischer Truppen ins Heer gebändigt wurde, dann aber zwei Kaiser stellte. Die Zenon-Kirche war eine Kombination von Basilika und Zentralbau.

Ayatekla: Zwei Säulenreihen tragen die mächtigen Tonnengewölbe der Zisterne

40 Silifke

Hier ertrank 1190 Kaiser Barbarossa im damals Saleph genannten Göksu-Fluss.

Am Fluss Göksu und an der Kreuzung der Straße Nr. 715 mit der Küstenstraße 400 gelegen.

Silifke war seit der Bronzezeit besiedelt und wurde durch Seleukos I. Nikator (312–281 v.Chr.) zur bedeutendsten Stadt im Rauen Kilikien. Der heute Göksu genannte Fluss (der antike Kalykadnos) schuf hier eine fruchtbare Schwemmlandebene, gleichzeitig war das Flusstal Teil der wichtigen Straße zum anatolischen Hochland (Karaman und Konya). Einer der wenigen bedeutenden antiken Gelehrten der Südküste war der Peripatetiker Xenarchos, der um die Zeitenwende Lehrer des Geographen Strabo war. (Peripatetiker waren Schüler des Aristoteles; ihren Namen leiteten sie von dem Umgang bzw. der Wandelhalle ab, in welcher gelehrt wurde.)

Vom antiken Seleukeia, das seine Blüte in der frühen Kaiserzeit hatte, ist heute nichts Sehenswertes erhalten, eindrucksvoll ist jedoch die Burganlage aus dem Mittelalter. Von den Byzantinern erbaut,

Silifke

Im damals Saleph genannten Fluss ertrank 1190 Kaiser Barbarossa. Die Schönheit dieser Landschaft blieb den entmutigten und erschöpften Kreuzfahrern wohl verborgen

war sie während des ersten Kreuzzugs 1098 in der Hand der Kreuzfahrer, dann wieder byzantinisch und gehörte seit dem 12. Jh. den kleinarmenischen Rupeniden. Im 14. Jh. fiel sie an die Emire von Karaman, seit 1471 war sie im Besitz des Osmanischen Reiches.

Man erreicht die weithin sichtbare **Burg** (Kale) von der Fahrstraße Nr.715 in Richtung Mut (ausgeschildert). Der polygonale, z.T. doppelte Mauerring ist dem ovalen Hügelquerschnitt angepasst und durch 13 Bastionen verstärkt. Von den Gebäuden im Mauerring sind nur Trümmer erhalten, doch verrät der Ausblick, von welch großer strategischer und handelspolitischer Bedeutung diese Festung stets gewesen sein muss.

Nur 7 km weiter in Richtung Mut erinnert ein **Gedenkstein** oberhalb der Göksu-Schlucht an den Tod von **Kaiser Friedrich I. Barbarossa** im Jahr 1190 (Schild ›Frederik Antı‹). Barbarossa hatte den Kreuzzug durch einen Vertrag mit dem Seldschukenfürsten Kılıc Arslan gut vorbereitet, doch als das deutsche Heer seldschukisches Gebiet erreichte, wurde es attackiert: Kılıc Arslan hatte kurz zuvor das Reich an seine Söhne übergeben und diese fühlten sich nicht an den Vertrag gebunden. Am 17./18. Mai eroberten die Kreuzfahrer Konya; neu mit Proviant versorgt, überquerte das Heer den Taurus, jubelnd sahen die Christen erste Kreuze auf den Feldern Kleinarmeniens. Kurz vor Silifke ertrank dann der bereits 68-jährige Kaiser mit seinem Pferd im Fluss, niemand war Zeuge des Vorfalls. Der Tod des Anführers war eine von mehreren Gründen für das spätere Scheitern des Kreuzzugs. Heute gehört eine **Kanufahrt auf dem Göksu** sicherlich zu den eindrucksvollsten Erlebnissen in dieser Region. An Kaiser Barbarossa, der einer der schillerndsten Herrschergestalten des Mittelalters war, denkt dabei heute wohl kaum noch jemand.

An der Ausfallstraße zum Hafen Taşucu liegt das **Museum** von Silifke (Di–So 8.30–12 und 14–16 Uhr). Es birgt einen Teil des berühmten *Münzfundes von Gülnar*, der erst 1980 gehoben wurde. Fachleute vermuten, dass es sich um die Kriegskasse von Ptolemaios III. (246–221 v.Chr.) handelt. Der kaum schätzbare Fund gehört zu den wahrhaft spektakulären Münzfunden jüngster Zeit.

Taşucu, der wenig malerische Hafen von Silifke, liegt im Südwesten der Stadt. Von hier besteht die kürzeste Fährverbindung nach Kyrenia/Girne im Norden Zyperns, auch Jachten finden im Hafen Versorgungseinrichtungen. Die naturbelassene **Lagunenlandschaft** im Süden von Silifke ist besonders für Tierliebhaber interessant [s. S.146].

41 Alahan

ℹ ️ Praktische Hinweise

Information
Bilgi, Veli Gürten Bozbey Cad. 6 (nahe Göksu-Brücke und Çadir-Oteli), Silifke, Tel. 03 24/714 11 51

Restaurants
Baba-Oğlu Restoran, neben dem Busbahnhof, Silifke. Preiswert und gut.

Kale, Gartenrestaurant auf dem Hügel neben der Burg, Silifke. Gutes Essen, schöner Blick auf die Stadt.

In Taşucu sind besonders das **Baba Restoran** und das **Denizkızı Restoran** zu empfehlen.

41 Alahan

Hier befinden sich die eindrucksvollsten frühbyzantinischen Kirchenruinen in der Südtürkei.

Im Tal des Göksu, 95 km nordwestlich von Silifke. 20 km nördlich von Mut von der Durchfahrtsstraße Nr. 715 nach Osten abbiegen (ausgeschildert ›Alahan Manastir‹), dann in Serpentinen 2 km auf neu ausgebauter Straße bergan.

Die Ruinen von Alahan sind eine echte Überraschung. Hier liegen hoch über dem Göksu-Tal auf einer schmalen Felsterrasse drei frühbyzantinische Kirchenruinen hintereinander, von denen jede sehenswert ist. Sie gehörten zu einem namentlich nicht bekannten, zerstörten **Kloster**: Die weltferne Lage in 1200 m Höhe, die zur Klostergründung führte, sorgte auch für den guten Erhaltungszustand. Noch 1671 muss die Klosteranlage fast vollständig gewesen sein, denn der ›Weltreisende‹ Evliya Çelebi hielt sie für erst kürzlich fertig gestellt.

Schon die Fahrt durch das oft schmale, von Abgründen und Felswänden begrenzte Göksu-Tal ist äußerst eindrucksvoll. Bei der Ankunft auf der hoch gelegenen, lang gedehnten Südterrasse von Alahan fasziniert sofort das ungewöhnlich reich verzierte **Portal** der westlichsten Kirche, einer dreischiffigen Säulenbasilika. Portalwände und -sturz sind aus drei monolithischen Blöcken gearbeitet, Reliefs mit Akanthusranken verraten die antike Steinmetztradition, doch die figürlichen Darstellungen sind einmalig.

In der Mitte des Türsturzes prangt ein Christusmedaillon, das zwei horizontal schwebende Engel halten, links und rechts sind Medaillons mit Büsten der Evangelisten ausgearbeitet, nach denen die Basilika **Evangelisten-Kirche** heißt. Die Unterseite des Türsturzes zeigt ein Wesen mit vier Flügeln und Köpfen, einen Tetramorph. Die im Alten Testament vom Propheten Hesekiel beschriebene ›Vier-

Einsam über dem Göksu-Tal liegt, hervorragend erhalten, Alahan, die bedeutendste Klosteranlage der Südtürkei (Westfassade der Hauptkirche)

41 Alahan

Blick in die Hauptkirche von Alahan. Der aus Hausteinen errichtete Bau besaß Emporen; vermutlich trugen die Eckbogen eine Vierungskuppel aus Holz

gestalt‹ wurde im Neuen Testament (Apokalypse) als Symbol der vier Evangelisten verstanden. Im Langschiff der Basilika stehen noch sechs unkannelierte Säulen mit korinthischen Kapitellen. Die im frühen 5. Jh. erbaute Basilika ersetzte eine zweischiffige Kirche des 4. Jh. an der gleichen Stelle.

Etwas weiter östlich stößt man auf die Ruine eines zweischiffigen **Baptisteri**ums; das Taufbecken ist für die damals übliche Erwachsenentaufe im Boden des Nordschiffs eingelassen.

Ein 130 m langer *Portikus* verband die ›Evangelisten-Kirche‹ mit der im Osten hoch aufragenden **Hauptkirche**, die am besten erhalten ist und als *Kuppelbasilika* konzipiert war. Drei mit prächtigen Akanthusreliefs geschmückte *Portale* führen ins Innere, das erhöhte Mittelportal wird durch ein darüber liegendes dreiteiliges Arkadenfenster besonders hervorgehoben. Die vollständig erhaltene *Giebelfassade* verrät, dass es sich um eine dreischiffige Basilika handelte, Einlasslöcher für Vierkantbalken dienten vielleicht zur Verankerung eines Vordachs oder einer Zwischendecke.

Die drei Schiffe des in Joche unterteilten, im Vergleich zu anderen Kirchen der Zeit relativ kurzen Langhauses sind durch Säulen mit sehr schönen korinthischen Kapitellen gegliedert. Das *quadratische Joch* vor der Apsis war überkuppelt, der Übergang vom Quadrat zum Kuppelrund durch Ecktrompen und auf Konsolen stehende kleine Säulen gehört noch zu den frühen Versuchen der Kuppelkonstruktionen. Vergleiche mit frühen Bauten in Armenien lassen vermuten, dass das Vierungsquadrat von einer Holzkonstruktion mit Zeltdach überbaut war.

Die *Apsis* besitzt ein dreistufiges Synthronon und ein zweiteiliges Arkadenfenster, Teile der Halbkuppel sind erhalten und wie der ganze Bau aus Quadern gefügt. Die Kuppelbasilika wird ins ausgehende 5. Jh. datiert, Ähnlichkeiten mit der schwer zerstörten Zenon-Basilika in Ayatekla/ Meryamlik [Nr.39] lassen auf Kaiser Zenon als Bauherrn schließen. Die Klosterzellen sind zerstört, man kann aber vor der Felswand zwischen Hauptkirche und Baptisterium noch einige Felsgräber und Sarkophage des ›Friedhofs‹ sehen.

Die Hänge der Umgebung sind mit Pinien aufgeforstet und verstärken mit ihrem belebenden Grün den Eindruck einer friedvollen Oase.

Der Ausflug nach Alahan lässt sich mit dem Besuch von **Uzuncaburç** [s. S.157 f.] kombinieren, dann muss man für die kurvenreiche Strecke Mut–Uzuncaburç gut 1½ Stunden einkalkulieren. Die asphaltierte Nebenstraße Nr.33–57 überquert im Bergland auf schmalen Brücken zwei Schluchten und führt an Steilwänden, Schaf- und Ziegenherden und Dörfern vorüber durch das ›Raue Kilikien‹.

Praktische Hinweise

Am schönsten beleuchtet sind die Ruinen nachmittags. Getränke gibt es in Alahan nicht; man rastet am besten in **Mut**, wo sich direkt an der Hauptstraße ein großer schattiger Teegarten findet. Viele Lebensmittelgeschäfte und Lokantas an der Straße.

42 Demircili und Uzuncaburç/ Diokaisareia

Großartige Tempelruine mit 30 aufrecht stehenden korinthischen Säulen.

Etwa 30 km nördlich von Silifke in rund 1100 m Höhe.

Vom küstennahen Silifke steigt die Straße nach Uzuncaburç rasch an und durchschneidet dabei im Dorfgebiet von **Demircili** eine einstige Nekropole. Hier sind im steinigen, von Macchia überwachsenen Gelände vier **Tempelgräber** erhalten, die sich vermögende Grabherren aus Seleukeia errichten ließen. Vor einer weiten Linkskurve liegen etwas erhöht gut sichtbar die beiden besterhaltenen. Das linke Grab ist in Form eines Prostylos errichtet, doch sind von den vier hohen korinthischen Säulen der Vorhalle nur zwei erhalten, auch der Giebel ist eingestürzt. Der rechte Grabtempel ist zweistöckig. Auf einem Antentempel mit glatten ionischen Säulen ruht der Haupttempel als Prostylos in korinthischer Ordnung mit Faszienarchitrav und Akanthusfries,

Reiche Bürger von Seleukeia ließen ihre Grabtempel im heutigen Demircili errichten

42 Demircili und Uzuncaburç/Diokaisareia

im Giebel prangen zwei kopflose Büsten. Der durch einen offenen Bogen sichtbare Grabraum enthält drei reliefverzierte Sarkophage.

In 1100 m Höhe erreicht man dann das heutige Dorf **Uzuncaburç**, das sich in den weit verstreuten Ruinen von Diokaisareia eingenistet hat.

42 Demircili und Uzuncaburç/Diokaisareia

Links: Schroffe Felsen, karge Weiden, tiefe Schluchten sind typisch für das Raue Kilikien
Links unten: Der Zeus-Tempel von Uzuncaburç gilt als ältester korinthischer Tempel Kleinasiens
Rechts unten: Schmuck und Schutz zugleich sollte das Nordtor für Diokaisareia sein. Heute steht es etwas einsam in der Landschaft

Geschichte Hier wurde in vorgriechischer Zeit der Wettergott Tarku verehrt, an dessen Stelle *Zeus Olbios* trat. Nach Tarku nannte sich das Priestergeschlecht der **Teukriden**, das im benachbarten Ort Olba residierte und im 3. und 2. Jh. v. Chr. weite Teile Kilikiens beherrschte. Zur Zeit von Kaiser Tiberius (14–37) bekam das Heiligtum Stadtrechte und kurz danach wohl auch den Namen Diokaisareia, mit dem Zeus und die erste Kaiserdynastie (Kaisares) geehrt wurden. In byzantinischer Zeit Bischofssitz, ist das Gelände erst seit jüngerer Zeit wieder bewohnt und nach dem ›Langen Turm‹ (Uzunca Burç), dem 22 m hohen Bau im Norden, benannt.

Besichtigung Vom Parkplatz gelangt man zu fünf korinthischen Säulen eines zerstörten **Torbaus** und geht direkt auf den imposanten Säulenkranz des **Zeus-Tempels** zu. Die Tempelanlage wurde zu Beginn des 3. Jh. v. Chr. von Seleukos I. Nikator begonnen und erst im folgenden Jahrhundert fertig gestellt; die Säulen weisen durch den glatten unteren Säulenschaft ein Detail auf, das erst im 2. Jh. v. Chr. in Mode kam. Von den 6 x 12 Säulen gingen durch den Umbau zu einer Basili-

157

42 Demircili und Uzuncaburç/Diokaisareia

Narlıkuyu: Das Mosaik der luftbekleideten Grazien erfreute einst den Statthalter Roms

ka in christlicher Zeit viele verloren, u.a. die Ostreihe und die Cella.

Der Heilige Bezirk wurde 50 v.Chr. mit etwas abweichender Richtung neu ummauert, an der Nordseite verlief die mit Kolonnaden geschmückte Hauptstraße der Stadt. Am Ende des Heiligen Bezirks hält man sich rechts und biegt in den Feldweg (links), der zu den fünf noch stehenden Granitsäulen des **Tyche-Tempels** führt. Im Norden gut zu erkennen ist dann das **Stadttor**, dessen drei Bogen bestens erhalten sind.

Im Nordosten ragt der fünfstöckige **Lange Turm** auf, der bei Überfällen als Fluchtturm diente. Der Turm war wie das Stadttor in eine hellenistische Stadtmauer einbezogen.

Speziell archäologisch Interessierte können weiter nach Ura, dem einstigen **Olba**, fahren (4 km östlich von Uzuncaburç). Hier sind außer der Nekropole vor allem ein gut erhaltener Aquädukt und ein Nymphäum zu sehen.

43 Narlıkuyu und Korykische Grotten

Seit der Antike beliebter kleiner Badeort am Rande gewaltiger Einsturzdolinen.

Narlıkuyu liegt 21 km östlich von Silifke an der Küstenstraße. Vom Badeort führt eine kurze Stichstraße mit 10% Steigung zum Parkplatz vor den Korykischen Grotten (ausgeschildert ›Cennet ve Cehennem‹).

Narlıkuyu (= Granatapfel-Brunnen) erhielt am Ende des 4. Jh. ein kleines **Badehaus**, in dem klares Quellwasser aus den Karstbergen gefasst wurde. Bauherr war der Statthalter Poimenion, der sich in einer griechischen Mosaikinschrift im Baderaum als Wiederentdecker der verschütteten Quelle und als Freund »beider Kaiser« bezeichnet. Dass er bis heute nicht vergessen ist, verdankt er allerdings nur dem mit der Inschrift verbundenen **Bodenmosaik** der ›Drei Grazien‹. Die nur mit einer Halskette bekleideten Schönen stehen an einem Brunnenbecken, von

43 Narlıkuyu und Korykische Grotten

Blumen und Vögeln umgeben; das Mosaik ist aus sehr kleinen Steinen gelegt und von guter Qualität. Man kann sich vorstellen, dass die Muslime bei der Wiederentdeckung des Mosaiks die luftbekleideten Mädchen unter Verschluss hielten – als 1846 Beaufort die Küste bereiste, sah er weder das Mosaik noch die Korykischen Höhlen. Heute bilden Baderaum und Mosaik ein Museum, das die Türken ›Kızlar Hamamı‹ (Mädchenbad) nennen.

TOP TIPP ›Paradies und Hölle‹, **Cennet ve Cehennem**, heißen die **Korykischen Grotten** heute. Die schon von Strabo als »finstere Orte« beschriebenen Grotten sind gewaltige, bis zu 200 m lange und 80 m tiefe Einsturzdolinen. Sicher waren sie bereits in vorgriechischer Zeit Kulthöhlen, die Griechen hielten sie für den Sitz des Ungeheuers Typhon, das Zeus unter Mithilfe von Pan und Hermes tötete. Typhon galt als Vater des Höllenhundes Kerberos, so sah man hier auch einen Eingang zur Unterwelt.

Vom großen Parkplatz sind beide Kessel erreichbar. In die etwas höher liegende, extrem steilwandige Doline **Cehennem** (Hölle) blickt man durch Sperrgitter.

Über einen Treppenweg erschlossen ist das recht düstere **Cennet** (Paradies). Vor der Karsthöhle steht eine (verschlossene) *Marienkapelle*, deren Vorhof schöne Bogenarkaden aufweist. Der leicht abschüssige, unheimlich wirkende Höhlenraum ist seit einigen Jahren elektrisch beleuchtet; tief unten hört man den Fluss tosen, der den Gang geschaffen hat und bei Narlıkuyu ins Meer mündet. Bei den Muslimen gilt die Schlucht als geweihter, magischer Ort, nach einer weltweit verbreiteten Sitte binden sie mit Wünschen verknüpfte Stofffetzen in der Hoffnung auf Erfüllung an Büsche und Bäume.

Trotz der Beleuchtung sollte man zum Besuch der Felshöhle eine Taschenlampe mitbringen und vor allem rutschfeste Schuhe tragen. Aber auch der relativ bequeme Stufenweg zur Talsohle des Kessels vermittelt das Gefühl, in eine andere Welt einzutreten.

Nur 300 m von Cennet befindet sich die **Tropfsteinhöhle Dilek Mağarası** (auch Narlıkuyu Mağarası), zu der man über einen senkrechten Schacht hinabsteigen kann.

ℹ Praktische Hinweise

Der idyllisch gelegene Fischerhafen Narlıkuyu gehört zu den beliebten Ausflugszielen der Einheimischen; Familien aus Silifke, İçel und Adana kommen hierher, um in den Gärten der **Restaurants am Meeresufer** zu feiern.

In der Antike galten die Korykischen Grotten als Eingang zur Unterwelt. Heute ist die Cennet-Höhle ein relativ leicht begehbares Ausflugsziel

44 Korykos/Kızkalesi

Sagenumwobene Land- und Seefestung. Um die ›Mädchenburg‹ rankt sich eine traurige Geschichte.

Nur ca. 7 km von Narlıkuyu entfernt an einem herrlichen Sandstrand.

Traumhaft ist der Sandstrand von Kızkalesi, an den sanft die Wellen des Mittelmeers rollen, während der Blick hinausschweift aufs Meer zur ›Mädchenburg‹ Kızkalesi vor der Küste. Ihr verdankt der in der antike Korykos genannte Ort seinen türkischen Namen.

Geschichte Münzprägungen verraten, dass die Stadt Korykos, auf deren Gelände sich das heutige Kızkalesi erstreckt, zur Kaiserzeit unabhängig war. Bereits Ende des 6. Jh. scheint die Stadt nach Überfällen von See verarmt zu sein. Während der Kämpfe zwischen Byzantinern und Arabern wurden an der gesamten kilikischen Küste Festungen zum Schutz der Bevölkerung errichtet, in der langen Burgenkette gehören die beiden von Korykos zu den großartigsten. 1099 ließ sie der byzantinische Admiral Eustathios erbauen, noch vor 1200 kamen sie zum kleinarmenischen Königreich. Von 1360 bis 1448 unterstanden sie dem Königreich Zypern, dann konnten die Karamaniden, die bereits Herren der Burg von Anamur waren, Korykos durch Verrat in Besitz nehmen. 1482 wurden die Festungen von den Osmanen erobert.

Besichtigung Kızkalesi ist eine moderne Stadt, Hotels, Apartmenthäuser und Souvenirläden wurden hier relativ lieblos aus dem Boden gestampft. In den Sommermonaten trifft man vor allem auf türkische Familien, im Mai, September und Oktober kehrt Ruhe ein.

Die kleine **Seefestung Kızkalesi**, nach der die Stadt benannt ist, trägt eine armenische Inschrift mit dem Erbauungsjahr 1151, ihre Mauern stehen in beachtlicher Höhe. Zum Übersetzen zur Burg bieten sich Bootsfahrer an. Bei etwas bewegter See ist das Ausbooten bei der Seeburg mangels Landesteg allerdings recht schwierig. Der Name der Burg ›Kızkalesi‹ (Mädchenburg) rührt von einer geradezu tragischen Legende: Einem König war geweissagt worden, dass seine geliebte Tochter frühzeitig an Gift sterben werde. Zu ihrem Schutz ließ er sie auf der Seefestung unterbringen. Eines Tages schickte er ihr einen Früchtekorb, in dem sich eine Giftschlange verborgen hatte – und die Prophezeiung erfüllte sich.

Das von Macchia überwachsene, steinige und unübersichtliche **Ruinengebiet von Korykos** liegt nördlich der Küstenstraße. Hier imponieren vor allem die **Kirchenbauten**, so kann man (0,5 km nordöstlich der Landburg) die Ruine der sog. *Großen Kathedrale* finden, auch außerhalb der Stadtmauer liegen nahe der antiken Straße (›Via sacra‹), die das eindrucksvolle Gräberfeld durchquert, mehrere christliche Basiliken, u.a. eine Grabeskirche vom Beginn des 6. Jh. und eine Klosterkirche (Ende 6. Jh.).

Bei der **Landburg von Korykos** wurden die vorwiegend aus Spolien errichteten byzantinischen Festungsmauern von den Armeniern mit Zwinger und zweitem Mauerring verstärkt. An der fast rechtwinkligen Südecke der Außenmauer führte eine *Rampe* in den Zwinger, von ihr konnte man die Mole erreichen, die

Die Landburg von Korykos ist eine der mächtigsten Burganlagen Kilikiens

45 Provinz Mersin

Blick von der Landburg zur Seefestung Korykos. Der feine Sandstrand auf der Westseite der Landburg lockt weit mehr Besucher an als die Burgen

wahrscheinlich die Seeburg mit der Landburg verband. An der See- und Hafenseite (im Südosten und -westen) stehen die durch Türme verstärkten Mauern direkt am Wasser auf dem gewachsenen Fels, im Nordwesten sicherte ein in den Felsen geschlagener Graben die Burg. Vor dem von Türmen flankierten *Haupteingang* im Nordosten bot eine Vorburg zusätzlichen Schutz. Den Torbau ziert ein armenisches Wappen. Die Mauer ist 192 m lang und wird durch acht Türme gesichert (Eingang auf der Westseite).

Das Teufelstal

In Kızkalesi endet die Schlucht Şeytan Deresi, zu deutsch das Teufelstal. Im Frühjahr und Winter wird es von einem Wildbach durchströmt, während der Sommermonate fällt es dagegen trocken. Trittsicherheit vorausgesetzt, kann man es dann durchwandern. Unterwegs begeistert es mit seiner wilden Ursprünglichkeit. Etwa 3 km sind es vom Eingang der Schlucht neben einem Supermarkt zu den Adamkayalar, den *Menschen aus Stein*. Bei ihnen handelt es sich um Reliefs an einem römischen Grab.

Über die Landstraße vom Ortsrand von Kızkalesi aus erreicht man die Ruinen am oberen Rand der Schlucht. nach etwa 7 km. Die Abzweigung zum Parkplatz ist ausgeschildert. Den Abstieg zu den Gräbern sollten aber nur erfahrene Bergsteiger, möglichst in Begleitung eines einheimischen Führers, unternehmen.

Praktische Hinweise

Hotels

Die Hotels sind in der Saison meist ausgebucht, der Strand ist dann überfüllt.

****Kilikya Oteli**, Kızkalesi, Tel. 03 24/523 21 16, www.kilikyahotel.com. Privater Strand mit zahlreichen Wassersportangeboten, Pool, Blick auf die Burg.

***Kızkalesi Barbarossa Oteli**, Kızkalesi, Tel. 03 24/523 23 64, www.barbarossahotel.com. Direkt am Strand, schöner Blick auf die ›Mädchenburg‹.

45 Provinz Mersin

Kontraste: Ruinen, Nekropolen und der modernste Hafen der Südküste.

Im Hinterland der Küste östlich von Kızkalesi erstreckt sich die Karstlandschaft des Rauen Kilikien. Ein wenig Abenteuerlust und Entdeckerfreude vo-

45 Provinz Mersin

rausgesetzt, bieten sich auf dem Weg in die Provinzhauptstadt Mersin immer wieder reizvolle Abstecher von der Hauptstraße aus an.

Die Küstenstraße durchschneidet zunächst das Ruinengebiet des antiken *Elaioussa Sebaste*, in dem sich das Dorf **Ayas** eingenistet hat. Dann lässt sich hinter Kumkuyu ein kleiner Ausflug nach **Kanlıdivane** (3 km) unternehmen, wo die Ruinen des antiken *Kanytela* am Rand einer tiefen Doline aufragen. Der Ort gehörte im 2. Jh. v. Chr. zum Priesterfürstentum von Olba (aus dieser Zeit der Turm am Südrand der Doline). Auch hier imponieren außer der großen Nekropole frühbyzantinische Kirchenruinen, von denen eine unmittelbar am Rand des 60 m tiefen Einsturzkessels steht.

Bei **Limonlu** mündet der *Lamas-Fluss* ins Meer, auch dieser alte Grenzfluss zeigt nochmals Bilder des Rauen Kilikien: Auf 25 km Länge hat er eine tiefe, grandiose Schlucht in den Taurus geschnitten, die aber nicht für Wanderer erschlossen ist. Das Ebene Kilikien kündigt sich durch wohlbestellte Plantagen an, u. a. kann man sich auf den Erdnussfeldern überzeugen, dass die Nüsse erst kurz vor der Reife in die Erde wachsen. Die flache Mittelmeerküste ist hier hässlich verbaut und das Stadtgebiet des einst glanzvollen antiken **Soloi** (und späteren Pompeioupolis) wird immer mehr von Neubauten bedrängt: Die einzige Säulenreihe einer ehem. *Kolonnadenstraße* wirkt in dieser Umgebung wenig eindrucksvoll.

Mersin ist die moderne Nachfolgerin des antiken Soloi und mit mehr als 900 000 Einwohnern eine geschäftige Großstadt und Kapitale der Provinz İçel. In vielen Häusern stehen Spolien der antiken Stadt; die Bewohner von Mersin sind stolz auf ihre palmengrünen Parkanlagen und nahen, westlich liegenden **Badestrände**, die nicht nur von Bewohnern der Provinz Mersin, sondern auch von Feriengästen aus Zentralanatolien, insbesondere Ankara, besucht werden.

Der seit 1954 ausgebaute **Hafen** ist der drittgrößte der Türkei. Hier werden die landwirtschaftlichen Produkte der Provinz (Zitrusfrüchte, Bananen, Erdnüsse, Baumwolle und Holz) verladen. Zum türkischen Nordzypern (Girne) verkehren regelmäßig Autofähren. An den Hafen grenzt ein für Einheimische sehr attraktiver *Vergnügungspark* mit guten Restaurants. Am Ostrand der Stadt entstand ein bedeutendes Industriegebiet.

Nun beginnt das Schwemmland der Flüsse Tarsus, Seyhan und Ceyhan. Diese **Çukurova** ist das größte **Baumwollanbaugebiet** der Türkei und verliert ihre Eintönigkeit nur zur Zeit der Ernte, wenn die bunte Kleidung der Wanderpflücker Farbtupfer setzt. Auch die **Lagunenlandschaft** der Flussmündungen wirkt öde, ist allerdings für Zoologen als Überwinterungsgebiet vieler Wasservögel interessant. Dagegen blüht die Region als Wirtschaftsgebiet. Das schwüle Klima macht Sommerreisen zur Strapaze, dann sollte man auch an Malariaschutz denken.

🛈 Praktische Hinweise

Information
Yeni Mah., İnönü Bulv., Liman Girişi (Hafen-Eingang), İçel, Tel. 03 24/238 32 71

Hotels
*******Mersin Hilton**, Adnan Menderes Bulv., İçel, Tel. 03 24/326 50 00, www.hil

46 Tarsos/Tarsus

Von Tarsos bis Karatepe erstreckt sich das Hauptanbaugebiet für Baumwolle. Als Pflücker arbeiten vorwiegend Wanderarbeiter

ton.com. Im Stadtzentrum mit Blick aufs Meer, 270 Betten, Kasino, Disco.

****Mersin Oteli**, Gümrük Meydanı P.K.264, Içel, Tel. 0324/2381040, www.mersinoteli.com.tr. Gut, aber recht laut an der Straße beim Hafen und Atatürk-Park.

Toros Oteli, Atatürk Cad. Nr.33, Içel, Tel. 0324/2312201. Gepflegtes Haus im Zentrum an verkehrsreicher Straße, 10 km zum Strand.

46 Tarsos/Tarsus

Alte Hauptstadt der Provinz Cilicia und Geburtsstadt des Paulus.

42 km westlich von Adana, 8 km abseits der neuen Autobahn durch den Kilikischen Taurus.

Tarsos hat zwar als einzige Stadt der Südküste bis heute seinen antiken Namen behalten, jedoch durch die Verlandung der Flussmündung und Verlegung der Taurusstraße auch seine Bedeutung verloren. Früher war Tarsos nur 2–3 km vom Meer entfernt (heute 15 km) und über den Unterlauf des Tarsus-Flusses (antik: Kydnos) mit Schiffen erreichbar, gleichzeitig kontrollierte die Stadt den Zugang zur ›Kilikischen Pforte‹ (den 1050 m hohen Pass von Gülek Boğazı), der wichtigsten Taurus-Überquerung. Die von steilen Felswänden gerahmte ›Pforte‹ wird heute von der neuen Autobahn im Osten und der ausgebauten Schnellstraße im Westen umfahren.

Geschichte Die Siedlungsgeschichte von Tarsos reicht bis ins 5.Jt. zurück, die Hethiter besaßen hier einen Handelsplatz. Assyrer-, dann Perserkönige eroberten die Stadt, nach Alexander d.Gr.

Tarsos/Tarsus

Tarsos: Wenig glanzvoll wirkt das nach Kleopatra benannte Tor

kamen die Seleukiden, schließlich die Römer. 1198 wurde der kleinarmenische König Leo I. in Tarsos gekrönt; hier weilten die Kreuzfahrer Friedrich von Schwaben und Gottfried von Bouillon. Die Osmanenzeit begann mit Sultan Selim I.

Der berühmteste Sohn der Stadt wurde um 10 n. Chr. geboren: **Saulus**. Als Sohn jüdischer, streng pharisäischer Eltern erbte er das tarsische und römische Bürgerrecht und absolvierte mit 18–20 Jahren in Jerusalem eine Ausbildung zum Schriftgelehrten, zu der das Erlernen eines Handwerks (Zeltmacher) gehörte. Nach dem Gotteserlebnis auf dem Weg

Die Kilikische Pforte wird heute durch moderne Straßen umgangen

nach Damaskus, das ihn vom Christenhasser zum Gläubigen werden ließ, wurde er auf den Namen Paulus getauft. Anschließend blieb er fast ein Jahrzehnt in seiner Heimatstadt, ehe er Mitte der 40er-Jahre seine Missionstätigkeit als bedeutendster Apostel der Christen begann.

Besichtigung An all die großen Begebenheiten erinnert lediglich das **Kleopatra-Tor** (Kleopatra Kapısı), das mitten in der Hauptstraße (Mersin Caddesi) auf einer begrünten Verkehrsinsel steht. Es stammt aus römischer Zeit und besaß Statuen in den Nischen neben dem überwölbten Durchgang. Auf der anderen Seite des Platzes steht ein **Gedenkstein**, der an die Gewährung des römischen Stadtrechts durch Kaiser Severus Alexander (222–235) erinnert (bis dato hatte die Stadt lediglich den Status einer *Civitas libera*). Schließlich steht im Osten der Stadt der ›Donuk Taş‹ genannte Unterbau eines römischen **Tempels**, der ursprünglich mit einem Kranz von 21 x 10 Säulen vielleicht der Haupttempel der Stadt war.

Während der christlichen, vor allem kleinarmenischen Zeit entstanden mehrere große Kirchen in Tarsos, die nach der Eroberung durch die muslimischen Mamluken (1359) und unter der Herrschaft der in Adana residierenden Ramazanoğulları zu Moscheen umgebaut wurden. Zu ih-

Plan S. 167

en gehört die dreischiffige **Ulu Cami**, die Große Moschee, aus dem Jahr 1385. ie besitzt die typische, auf syrischen Einfluss hinweisende überwölbte Eingangsportal aus weißen und schwarzen Marmorbändern.

Der vor der Ulu-Moschee liegende gedeckte **Basar** wird wegen der zahlreichen kleinen Einraumgeschäfte Kırk Kaşık ›vierzig Löffel‹ genannt. Als einer der wenigen Touristen wird man hier immer noch wie ein König bedient: Ehe man sich zum Kauf entscheidet, wird man ins Gespräch verwickelt .

Ein bescheidenes **Museum** (unregelmäßig geöffnet) befindet sich 200 m südlich der Ulu Cami in der **Kubat Paşa Medresesi** aus dem 16. Jh., einer Hofmedrese mit überkuppeltem Iwan (offene Halle zum Hof). Hier findet man neben osmanischem Kunsthandwerk einige kleine antike Marmorwerke.

Ausflüge

Für die Einheimischen sind die ›Alexander-Wasserfälle‹ ein beliebter Ort fürs Picknick (in der Stadt gut ausgeschildert: ›Şelale‹). Die Wasser des antiken Kydnos rauschen in mehreren Katarakten einige Meter über Felsbrocken hinab. Wahrscheinlich holte sich hier Alexander beim Bad im eiskalten Tauruswasser eine schwere Lungenentzündung.

Ein nicht minder beliebtes Ausflugsziel mit großem Picknickplatz ist für Naturfreunde empfehlenswert: das **Tarsus-Delta** mit seinen **Eukalyptuswäldern**. Man erreicht das Delta von der Straße Nr. 400 am Südrand von Tarsos, ausgeschildert ›Karabucak, Bahşiş‹. Der Tarsus-Fluss wurde kanalisiert, das weite Sumpfgebiet der Mündung trockengelegt und mit *Fluss-Eukalyptus* bepflanzt. Die schnell wachsenden Bäume entziehen dem Boden Feuchtigkeit und werden von Stechmücken gemieden, sind also ein äußerst wirksamer Schutz in malariaverseuchten Gebieten. Der Wald bei Karabucak ist die größte zusammenhängende Eukalyptusanpflanzung der Türkei. Abseits des Picknickgeländes kann man *Prachtlibellen* und den *Braunliest* entdecken, ei-ne seltene Eisvogelart. Auf den Wanderwegen wird man vom Eukalyptusduft erfrischt.

Praktische Hinweise

Die Hotels von Tarsos sind nicht empfehlenswert, man sollte nach İçel [s. S. 162] oder Adana [s. S. 169] ausweichen.

47 Adana

Das ehemals am meisten umkämpfte Gebiet der Südküste und die wichtigste Industrie- und Handelsstadt Südanatoliens mit langer Geschichte.

Adana ist eine moderne türkische Großstadt, geprägt von Hochhäusern und Industriegebieten. Wahrzeichen ist die vielbögige Brücke über den Seyhan.

Geschichte Die große Ebene am Südfuß des Taurus rund um Adana ist die Spitze des fruchtbaren ›grünen Halbmonds‹, der sich von İçel über Nordsyrien und den Irak zum Persischen Meerbusen zieht. Zugleich bildet sie den ›Angelpunkt‹ zwischen Nordpalästina und Zentralanatolien: Wer sie beherrscht, kontrolliert den Warenstrom zwischen Süd und Nord, Ost und West.

Der Hügel Yümüktepe bei İçel ist aus 33 Siedlungsschichten aufgebaut, die bis in die Zeit um 6000 v. Chr. zurückreichen. Während des 2. Jt. v. Chr. gehörte das Ebene Kilikien zum Einflussbereich des **Hethitischen Großreichs**. Von hier stieß der hethitische Großkönig Muwatalli (1315–1282 v. Chr.) nach Süden vor und lehrte den ›großen‹ Ramses II. in der Schlacht von Kadesch am Orontes (nahe beim heutigen Antakya) das Fürchten. Im 9./8. Jh. v. Chr. war dann ›Adanija‹ Hauptstadt des späthethitischen **Königreichs Kizzuwatna**, das 696 v. Chr. von den Assyrern zerschlagen wurde. Da die Griechen und Römer Tarsos bevorzugten, gewann Adana erst später an Glanz, als die von den Mamluken eingesetzten Emire vom Turkstamm der Ramazanoğulları hier ihre Residenz einrichteten.

Tausend Jahre danach kam **Alexander d. Gr.** ins ›Ebene Kilikien‹ und besiegte bei Issos den persischen Großkönig Dareios III. und öffnete somit das Land der griechischen Kultur. Für **Byzanz** wurde die Region seit dem 7. Jh. n. Chr. zum heiß umstrittenen Grenzland: Araber, Armenier, Kreuzfahrer, Seldschuken waren Invasoren und Herren.

Die **Osmanen**, die ihr Reich bis Ägypten ausdehnten, schätzten ebenfalls die günstige strategische Lage Adanas, die Stadt wurde Station der Bagdad-Bahn, die mit Hilfe deutscher Ingenieure 1888–1918 erbaut wurde. Am Ende des Ersten Weltkriegs erhob Frankreich Ansprüche auf diesen Zipfel des Osmanischen Reichs, bis 1938 war die südlich gelegene

47 Adana

Weltberühmter Dichter: Yaşar Kemal und Orhan Pamuk

Die beiden berühmtesten Dichter der modernen Türkei sind ganz unterschiedlicher Herkunft. Der 1923 in einem Dorf in der Provinz Adana geborene Kurde **Yaşar Kemal** war Hirte, Tagelöhner und Journalist, bevor ihn 1955 sein Roman ›Memed der Falke‹ in der ganzen Welt bekannt machte. Viele seiner Werke schildern das Leben der Landlosen und Kleinbauern im vorindustriellen schwülen Klima der Çukurova; den täglichen Kampf ums Überleben in Entbehrung, Hass, Blutrache, Ausbeutung und Liebe. Yaşar Kemal erhielt neben vielen internationalen Auszeichnungen auch den Friedenspreis des Deutschen Buchhandels (1997).

Orhan Pamuk (geb. 1952) entstammt dagegen dem westlich orientierten Istanbuler Bildungsbürgertum und studierte zunächst Architektur, dann Journalismus. Seine Romane kombinieren die Erzählkunst von Orient und Okzident in völlig neuer Weise: Züge der mystischen Sufidichtung sind ebenso zu finden wie aktuelle Stilformen und Themen. So spielt der Roman ›Rot ist mein Name‹ in der geheimnisvollen Welt osmanischer Buchillustratoren um 1600, während ›Schnee‹ vor dem Hintergrund eines zum Scheitern verurteilten Putschversuchs in einem eingeschneiten Bergdorf Grundprobleme der modernen türkischen Republik thematisiert. 2005 erhielt Pamuk wie schon acht Jahre vor ihm Kemal den Friedenspreis des Deutschen Buchhandels, 2006 verlieh im die Schwedische Akademie den Nobelpreis für Literatur.

Provinz Hatay mit Iskenderun und Antakya französisches Mandatsgebiet.

Nach dem Bau mehrerer Stauseen hat die ganze Provinz Adana ein wahres Wirtschaftswunder erlebt: Die Energieversorgung wurde verbessert, zusätzliche Anbauflächen gewonnen (Agrumen, Reis) und die Baumwollindustrie intensiviert. Längst ist Adana über den Ruf der ›Baumwollstadt‹ hinausgewachsen. Mit modernen Maschinen-, Zement-, Konserven- und Getränkefabriken, aber auch Elektronikwerken, die den arabischen Markt be-

dienen, ist Adana der größte **Industriestandort** der Südküste geworden. Die 2005 in Betrieb genommene 1800 km lange Erdölpipeline von Baku nach Ceyhan etwa 50 km östlich der Stadt, die jährlich 50 Mio.l Rohöl zum Mittelmeer transportieren kann, erhöht die Bedeutung der Region. Als Universitäts- und Provinzhauptstadt verfügt sie gleichzeitig über ein reiches intellektuelles und kulturelles Leben, deutlich sind auch arabische Einflüsse, z. B. in der Küche und Musik, zu spüren. Die rasante städtebauliche Entwicklung Adanas macht die auf 2 Mio. geschätzte Einwohnerzahl glaubhaft.

Besichtigung Die sehenswerte **Altstadt** zeichnet sich durch ihre verwinkelten Gassen deutlich auf dem Stadtplan ab; im Norden trennt der breite Cemal Beriker Bulvarı, der Teil der Durchfahrtsstraße Mersin-Ceyhan ist, klar die Altstadt von der modernen Neustadt (Rathaus, Verwaltungsbauten, Bahnhof, Sportanlagen und Parks). Das sehr interessante **Archäologische Museum** ❶ (Di–So 8.30–12.30 und 13–17 Uhr) liegt an dieser Straße. Es präsentiert im *Erdgeschoss* frühgeschichtliche Funde aus der kilikischen Ebene, so urartäische Gürtel, Artefakte vom Yümüktepe bei Içel und späthethitische Orthostaten und Reliefs aus Maraş (nordöstl. Karatepe). Besonders erwähnenswert sind der Sarkophag in Mumienform mit weiblichem Kopf aus Sidon (4. Jh. v.Chr.?) und der schon erwähnte Achilleus-Sarkophag aus Tarsos (Ende 2. Jh. n.Chr.) mit prächtigen Reliefs. Auf ihm ist der greise trojanische König Priamos dargestellt, wie er kniefällig um die Herausgabe seines toten Sohnes Hektor bittet. Bemerkenswert sind auch die Bronzestatue eines römischen Senators (2. Jh. n.Chr.) und die spätrömische Büste eines Kaiserkult-Priesters. Im *Obergeschoss* sind hethitische Siegel und z.T. sehr schöne Münzen zu sehen (Abt. oft geschlossen).

Das Museum liegt nicht weit der modernen Brücke und der im Jahr 2000 eingeweihten gewaltigen **Sabancı Merkez Camii** ❷. Wie die Großmoscheen in Ankara und Istanbul besitzt sie topmoderne Versorgungs- und Einkaufszentren. Größe (Kuppelscheitel 53 m), sechs 76 m hohe Minarette und Ausstattung sind sichtbare Zeichen für Anspruch und Finanzkraft der die Wiederbelebung des Islam betreibenden Kräfte – und des

47 Adana

eichtums der Sabancıs, der zweitreichs-
en Familie der Türkei. Südlich der modernen Brücke überspannt die 310 m lange
Taş Köprü ❸ (Steinbrücke) den Seyhan.
Sie erinnert als einzige Sehenswürdigkeit
Adanas an die Antike; sie wurde zur Zeit
Hadrians mit damals 21 Bogen errichtet
und im 6. Jh. restauriert. Nach der völligen
Überholung 1949 gilt von den 14 verbliebenen Bogen lediglich der westliche als
antik (justinianisch).

Von der Taş Köprü kann man direkt zu
der bedeutendsten Moschee Adanas
gelangen, der außen wie innen
reich verzierten **Ulu Cami** ❹, die
mit hohem Minarett die Häuser
überragt. Sie ist eine Stiftung der Ramazanoğulları, begonnen 1507 von Emir Halil
Paşa, vollendet 1541 unter seinem Enkel
Mustafa Paşa, als bereits die Osmanen
herrschten. Hier befindet sich auch die
Grablege der Dynastie.

Man betritt die Anlage durch das *Ost-
portal* neben dem Minarett. Die Portalfas-
sade zeigt mit dem Wechsel von weißen,
schwarzen und cremefarbenen Marmor-
lagen wieder syrische Einflüsse, die in
Kombination mit der seldschukischen
Stalaktitenhalbkuppel das schöne hori-
zontale Koransuren-Fayencenband über
dem Türsturz fast zum dekorativen Bei-
werk degradieren. Auch das hohe, achteckige *Minarett* zeigt in seinem reichen
Schmuck syrisch-seldschukische Stil-
merkmale, sein unorthodox überdachter

*Ihrer Heimatstadt Adana schenkte die
Industriellenfamilie Sabancı die Sabancı
Merkez Camii*

Umgang wird von einem Stalaktitenkranz getragen. Über den mit Spitzboge-
narkaden umgebenen *Hof* betritt man
die dreischiffige Moschee, deren Kibla-
wand (Mekka-Seite) mit feinen Fliesen
aus Iznik geschmückt ist. Auch der im
Osten angebaute *Grabbau* mit den Sarkophagen Halils und seiner beiden Nach-

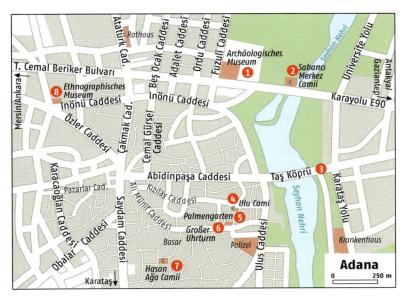

167

Mohammed, der Islam und die moderne Türkei

Seit den Reformen Atatürks in den 1920er-Jahren sind in der Türkei Religion und Staat voneinander getrennt. Trotzdem prägt der Islam weite Teile des öffentlichen Lebens. Auch die seit Anfang des 21. Jh. regierende AKP vertritt einen moderat islamischen Kurs. In den trubeligen Ferienorten entlang der Küste mag man davon wenig merken, vom gelegentlichen Ruf des Muezzin einmal abgesehen. Doch um das Land besser zu verstehen, schadet ein Blick auf seine Religion gewiss nicht.

Islam bedeutet ins Deutsche übersetzt Hingabe, nämlich an **Allah**, den einen Gott. Seine Anhänger nennen sich entsprechend Muslime, ›die sich Gott unterwerfen‹ und sehen sich als Teil der Gemeinschaft des Dar al-Islam, des ›Hauses des Islam‹. Ihm gehören etwa 1,2 Milliarden Muslime an. Judentum, Christentum und Islam beziehen sich auf Abraham als Stammvater. Die Ausprägung als eigene Religion findet der Islam jedoch erst mit Mohammed.

Der 570 in Mekka geborene Kaufmann Mohammed begegnete im Jahr 609, so glauben die Muslime, dem Erzengel Gabriel, der ihm damals und in den folgenden Jahren 114 Suren offenbarte. Nach dem Tod des **Propheten** wurden sie zum **Koran** zusammengefasst. Mohammed verbreitete diese Offenbarung in seiner Heimatstadt und scharte mit seinen Predigten von der Hingabe an Gott einige Anhänger um sich. Seine Lehren widersprachen jedoch den polytheistischen Vorstellungen der führenden Sippen Mekkas: Mohammed stellte sich in eine Reihe mit den Propheten Abraham, Mose und Jesus, forderte regelmäßige **Gebete** und Gottesdienste und beharrte vor allem auf der Existenz eines einzigen Gottes, den er Allah nannte.

Darüber kam es zum Streit und im Jahr 622 musste er mit seinen Anhängern aus Mekka in die nahe Handelsstadt **Medina** fliehen, wo sich mittlerweile ebenfalls eine islamische Gemeinde zusammengefunden hatte. Diese Flucht, die **Hidjra**, bezeichnet den Beginn der islamischen Zeitrechnung. In der Türkei gilt sie allerdings nicht, da **Atatürk** die Umstellung auf die europäische Jahreszählung anordnete.

In Medina erstarkte die religiöse Bewegung Mohammeds rasch, und viele sesshafte Beduinenstämme der Umgebung schlossen sich dem Propheten an. Schon bald kam es zum bewaffneten Konflikt mit Mekka um die regionale Vorherrschaft. Damals entstand die Vorstellung, den Anhängern Allahs sei die Pflicht auferlegt, bei einer Bedrohung ihrer Religion für deren Schutz mit Waffengewalt zu kämpfen und so auch ihre Ausbreitung zu befördern.

Im Jahr 630, zwei Jahre vor Mohammeds Tod, übergaben die Patrizier Mekkas die Stadt schließlich an den Propheten. Schon vorher hatte er die bislang geltende Gebetsrichtung (*Qibla*) von Jerusalem zur *Kaaba* in Mekka geändert, die als Haus Abrahams betrachtet wird. Jeder gläubige Muslim, ob Mann oder Frau, ist gehalten, einmal im Leben die *Hadj* zu unternehmen, die Pilgerfahrt nach Mekka, während derer die Kaaba mehrmals rituell umschritten wird. Die Hadj ist eine der fünf **Säulen des Islam**, die zu befolgen jeder Muslim verpflichtet ist. Zu ihnen gehören weiterhin das Glaubensbekenntnis (*Schahada*, ›Es gibt nur einen Gott und Mohammed ist sein Prophet‹), das Almosengeben (*Zakat*), das Fasten während des Ramazan (*Saum*) sowie das Gebet, fünf mal am Tag (*Salat*). Die **Gebetszeiten** richten sich nach dem Sonnenstand. Muezzine verkünden sie über Lautsprecher, dann begeben sich die Gläubigen in die nächste Moschee. Diese Andachten dauern unter der Woche nur einige Minuten, lediglich am Freitag wird gepredigt. Männer und Frauen beten getrennt. Auch Urlauber dürfen die Moscheen betreten, allerdings gelten einige **Benimmregeln**: Schuhe sind am Eingang auszuziehen, die Arme sind zu bedecken und Frauen müssen eine Kopfbedeckung tragen.

Weitere Kennzeichen des Islam sind das Verzehrverbot von **Schweinefleisch** sowie ein **Bilderverbot**, das auf die Koranstelle zurückgeht, Menschen sollten sich kein Bild von Gott und seiner Schöpfung machen. Daher besteht der Raumschmuck in Moscheen ausschließlich aus Ornamenten und kunstvoll ausgearbeiteten und kalligraphisch hoch stilisierten Koransuren.

Die reich verzierte Kuppel der Sabancı Merkez Camii tragen ebenso schöne Säulen

kommen ist mit herrlichen Fliesen geschmückt, die zu Recht mit denen der Rüstem-Paşa-Moschee in Istanbul gleichgesetzt werden. Im Südosten des Betsaals befinden sich die Gräber der Frauen; Fayenceschmuck ziert den Raum auf der Westseite der Moschee.

Nun geht man durch den hübschen kleinen **Palmengarten** ❺ nach Süden und kommt zum 32 m hohen **Großen Uhrturm** ❻, der 1882 im Auftrag des damaligen Gouverneurs errichtet wurde. Der Turm ist eine gute Orientierungshilfe, wenn man in den südwestlich angrenzenden **Basar** eintaucht, der ganz den Bedürfnissen der Einheimischen dient. Beim Bummel durch den Basar kann man sich zur **Hasan Ağa Camii** ❼ durchfragen, die als einzige alte Moschee im osmanischen Stil erbaut ist und dem berühmten Architekten Sinan (1489–1588) zugeschrieben wird. Interessierte können schließlich bei einem Besuch im **Ethnographischen Museum** ❽ Volkstrachten, Handarbeiten und – wie im ›Roten Turm‹ von Alanya sogar ein Nomadenzelt bewundern.

ℹ Praktische Hinweise

Information

Tourist-Infomation, in der Altstadt, nahe Akbank, Adana, Tel. 03 22/363 14 48

Hotels

In der schwülen Sommerhitze sind Klimaanlagen wichtig. Bei Fünf- und Viersterne-Hotels selbstverständlich, bei drei Sternen sind oft lediglich die Aufenthaltsräume klimatisiert.

*******Sürmeli Adana**, Kuruköprü Özler Cad., Adana, Tel. 03 22/352 36 00, www.surmelihotels.com. Elegant, mit Nachtlokal (Gazino).

******Inci Oteli**, Kurtuluş Cad. 40, Adana, Tel. 03 22/435 82 34, www.otelinci.com. Modernes Haus im Zentrum, mit Disco, Türk. Bad und Hallenbad.

Restaurants

Empfehlenswert sind das **Onbaşilar Restaurant** in der Bürohauspassage gegenüber der Tourist-Information und das **Restaurant im Hotel Seyhan** an der Durchgangsstraße. Sehr gut, aber auch teuer, isst man im **Restaurant vom Büyük Hotel** und im **Flughafen-Restaurant** (8 km vom Zentrum).

48 Karatepe

 Landschaftlich reizvoll gelegene Sommerresidenz eines späthethitischen Kleinfürsten.

Zunächst auf der vierspurigen Autobahn bis Osmaniye (85 km östlich von Adana); in Ortsmitte von Osmaniye abzweigen in Richtung Kadirli, nach wenigen Kilometern nordostwärts 26 km bis Karatepe (ausgeschildert).

Der Ausflug nach Karatepe (= Schwarzer Hügel) gehört zu den Höhepunkten im Ebenen Kilikien. Das Gebiet um die erst 1946 entdeckten Ruinen wurde als ›his-

48 Karatepe

Die Ruinen der späthethitischen Sommerresidenz wurden erst nach dem Zweiten Weltkrieg am Karatepe, dem Schwarzen Hügel, entdeckt. Die Inschriftenblöcke zwischen den Reliefs lieferten den Schlüssel zur endgültigen Entzifferung des Hethitischen

torischer‹ Nationalpark ausgewiesen (Karatepe-Aslantaş Milli parkı) – ein Waldgebiet, das die ehemalige hethitische Festung Domuztepe (Schweinehügel) und den Ceyhan-Stausee miteinbezieht. Wie alle Nationalparks ist auch dieser ein beliebtes Erholungsareal (Picknick, Angeln).

Auf dem Weg zum Karatepe durchfährt man weite Baumwollfelder, die vom Ceyhan-Fluss bewässert werden.

Auf der Anreise kann man 13 km vor Karatepe die Ruinen von **Hierapolis Kastabala** (heute Bodrumkale) besichtigen, der Hauptstadt des gleichnamigen Priesterfürstentums, das es im 1. Jh. v. Chr. gab. Hier findet man Reste der alten Kolonnadenstraße, die von der mittelalterlichen Burganlage überragt werden.

Geschichte Der Hügel war nach dem Untergang des Hethitischen Großreichs (um 1200 v. Chr.) besiedelt. In der zweiten Hälfte des 8. Jh. v. Chr. ließ sich hier Asitawanda, der Herrscher über Kizzuwatna, eines der kleinen späthethitischen Reiche, seine Residenz errichten. Anfang des 7. Jh. v. Chr. wurde das Königreich von den Assyrern erobert und die Residenz zerstört.

Der seit 1933 an der Universität Istanbul lehrende deutsche Archäologe Hellmuth Bossert entdeckte 1946 die überwachsenen Ruinen der späthethitischen Residenz. In den folgenden Jahren legte er sie zusammen mit türkischen Kollegen, vor allem Halet Çambel, frei. Der wichtigste Fund war eine Bilingue, eine über mehrere Platten laufende zweisprachige **Inschrift** in phönizischer Schrift und hethitischen Hieroglyphen, welche die endgültige Entzifferung des **Hethitischen** ermöglichte.

48 Karatepe

Besichtigung Vom Wärter- und Grabungshaus beim Parkplatz aus werden Besucher begleitet. Zunächst führt der Weg auf den Hügel zum **Südeingang**, wo auf der linken (westlichen) Seite das Relief *Asitawanda beim Mahl* zu sehen ist. Der etwas dickliche Lokalfürst sitzt gemütlich beim Mahl, von Musikanten unterhalten, während seine Diener ihm kühle Luft zuwedeln oder Speisen und Getränke herantragen. Ein Äffchen hockt unter dem Tisch. Hier wird im Unterschied zu den meisten anderen hethitischen Denkmälern ein weniger kriegerisches, eher heiteres Bild vermittelt. Dem aufmerksamen Spaziergänger werden auch die typisch hethitische Motive nicht entgehen: Löwen, Sphingen (stark zerstört), Krieger und Jagdszenen.

Nun betritt man das **Palastareal** auf dem Gipfel. Wie von der übrigen Bebauung sind von ihm nur Trümmer geblieben. Es war von einer 1000 m langen Mauer umgeben. Zu erkennen ist noch die *Statue Asitawandas*. Die Hieroglyphen berichten, dass Asitawanda und sein Volk zwar »stets in Glück und Wohlstand« lebten, aber der König auch Aufsässige aus der Gegend von Adana an die Ostgrenze deportieren ließ. Diese ›Befriedungsmethode‹ war schon bei den Großkönigen beliebt.

Anschließend geht es bergab zum **Nordtor**, das von steinernen Löwen bewacht wird. Einst waren ihre Augen mit weißer Glaspaste eingelegt. Links davon stehen mehrere Orthostaten. Diese reliefierten Steinplatten wurden von den Ausgräbern wieder aufgerichtet. Eine davon wird als *Schiffsdarstellung* bezeichnet. Darauf sind ein Kapitän und seine Ruderer zu erkennen. Einmalig im hethitischen Einflussgebiet ist die *Mutter-Kind-Szene*, weil hier eine stehenden Mutter, die ihrem ebenfalls stehenden Kind die Brust gibt, gezeigt wird.

Auffallend sind insgesamt Einflüsse aus dem assyrischen und phönizischen Raum (Flügel- und Mischwesen), die auch durch die Steintafeln mit phönizischer Schrift deutlich werden. Der Rundweg führt am Fuß des Hügels zurück zum Wärter- und Aufenthaltsraum.

Praktische Hinweise

Im **Freilichtmuseum** von Karatepe darf nicht fotografiert werden, Kameras muss man hinterlegen. Das Museumsgelände ist 12–14 Uhr (gelegentlich bis 14.30 Uhr) geschlossen, manchmal kommt einer der Wärter aber auch früher. **Getränke** sollte man mitbringen.

Die Landschaft um den Schwarzen Berg gehört heute zum Karatepe-Nationalpark. Der neue Stausee lockt Wochenendausflügler in das nahezu unbesiedelte Gebiet

Türkei-Südküste aktuell A bis Z

■ Vor Reiseantritt

ADAC Info-Service:
Tel. 018 05/10 11 12 (0,14 €/Min.)

Unter dieser Nummer können ADAC-Mitglieder kostenloses **Informations- und Kartenmaterial** anfordern.

ADAC im Internet:
www.adac.de

Türkische Ägäis im Internet:
www.goturkey.com

Reiseinformationen
Deutschland
Türkisches Fremdenverkehrsamt,
Baseler Str. 35–37, 60329 Frankfurt/M.,
Tel. 069/23 30 81, info@reiseland-tuerkei-info.de

Kulturabteilung der Türkischen Botschaft, Rungestr. 9, 10179 Berlin,
Tel. 030/214 37 52, info@tuerkei-kultur-info.de

Schweiz
Türkisches Generalkonsulat,
Kultur und Informationsamt,
Stockerstr. 55, 8002 Zürich,
Tel. 04 42 21 08 10, info@tuerkei-info.ch,
www.tuerkei-info.ch

Österreich
Informationsabteilung für Kultur und Fremdenverkehr in der Türkischen Botschaft, Singerstr. 2/8,
1010 Wien, Tel. 01/512 21 28,
www.turkinfo.at

■ Allgemeine Informationen

Reisedokumente

Für Deutsche und Schweizer genügt bei Einreise mit dem Flugzeug ein für die Dauer der Reise gültiger Personalausweis. Bei Einreise mit dem Auto muss der Fahrer seinen Reisepass vorlegen, in dem der Pkw vermerkt wird. Österreicher benötigen stets einen Reisepass und ein Visum (erhältlich an der Grenze, zahlbar in €, GBP oder US-$).

Kfz-Papiere

Führerschein und Zulassungsbescheinigung Teil 1 (vormals Fahrzeugschein). Internationale Grüne Versicherungskarte wird empfohlen, ebenso Vollkasko- und Insassenunfallversicherung.

Krankenversicherung

Auslandskrankenscheine der Krankenkassen berechtigen zur kostenfreien Behandlung in öffentlichen Krankenhäusern und bei Vertragsärzten. Falls Zuzahlungen anfallen, Rechnung mit genauer Leistungsbeschreibung ausstellen lassen. Zusätzlich empfiehlt sich eine private Reisekranken- und Rückholversicherung. *Reisemedizinische Hinweise* für ADAC-Mitglieder: Tel. 089/76 76 77

Da nicht alle **Medikamente** in der in Deutschland, Österreich und der Schweiz üblichen Zusammensetzung erhältlich sind, sollte man sie mitnehmen.

Hund und Katze

EU-Heimtierausweis mit Kennzeichnung des Tieres, tierärztliches Gesundheitszeugnis (nicht älter als eine Woche vor Einfuhr). Für Tiere über 3 Monate Impfungen gegen Tollwut, Parvovirose, Distember, Hepatitis und Leptospirose. Impfungen müssen mindestens 15 Tage vor Einreise erfolgt sein.

Zollbestimmungen

In die Türkei kann jede Person ab 18 Jahren zollfrei einführen: 400 Zigaretten, 150 Zigarillos oder Zigarren, 500 g Pfeifen- oder 200 g Kau- oder 50 g Schnupftabak, 1 Flasche Alkohol à 1 l oder 2 Flaschen à 0,75 l, 1,5 kg Kaffee, 500 g löslicher Kaffee oder Tee, 1 kg Schokolade, 1 kg Süßigkeiten, max. 600 ml Parfüm, Geschenke bis zu einem Gesamtwert von max. 300 € (vollständige Liste bei der Türk. Botschaft Berlin, www.tcberlinbe.de).

Devisen dürfen unbegrenzt eingeführt werden. Die Ausfuhr von Türkischer Lira ist bis zu einem Gegenwert von 5000 USD gestattet.

Allgemeine Informationen

Reisefreigrenzen für die **Einfuhr nach Deutschland** aus dem Nicht-EU-Land Türkei für den persönlichen Ge- und Verbrauch: pro Person ab 17 Jahren 200 Zigaretten oder 100 Zigarillos oder 50 Zigarren oder 250 g Rauchtabak, 1 l Spirituosen mit mehr als 22 % oder 2 l mit weniger als 22 %, 50 ml Parfüm, sowie andere Waren bis zu einem Wert von insgesamt 300 €, Flug- bzw. Seereisende bis 430 €. Wer Schmuck oder Teppiche kauft, muss Rechnungen vorlegen können (Informationsstelle Zoll, Tel. 03 51/44 83 45 10, www.zoll.de).

Die Ausfuhr von **Antiquitäten** (Gegenstände, die über 100 Jahre alt sind), Fossilien und behauenen Steinen ist verboten. Der Versuch kann mit Gefängnis bis zu 10 Jahren bestraft werden.

Rückerstattung der Mehrwertsteuer können Reisende beantragen, die ihren ständigen Wohnsitz nicht in der Türkei haben und das Land innerhalb von drei Monaten wieder verlassen. Erstattet wird die Steuer ab einem Mindestkaufbetrag von 100 TL per Bank- oder Postüberweisung oder bei erneuter Einreise. Entsprechende Rechnungen (in dreifacher Ausfertigung) stellen allerdings nicht alle Geschäfte aus.

Geld

Landeswährung ist die *Türkische Lira* (TL) à 100 Kuruş (K). Es gibt Banknoten zu 5, 10, 20, 50, 100, 200 TL und Münzen zu 1 TL sowie zu 1, 5, 10, 25 und 50 YK.

Banken, Hotels und die meisten Geschäfte akzeptieren die gängigen Kreditkarten. Cirrus-/Maestro-Geldautomaten (ATM) sind weit verbreitet.

Tourismusämter im Land

In allen größeren Orten (s. **Praktische Hinweise** im Haupttext) gibt es Außenstellen der *Fremdenverkehrsämter*. Sie sind im Sommer in der Regel von 8–12 und 13.30–17 Uhr geöffnet.

Informationsabteilung des Türkischen Generalkonsulats in Antalya
Ahi Yusuf Camii Yanı, Káleiçi, Tel. 02 42/247 50 42, 02 42/247 05 41, 02 42/243 15 87

Notrufnummern

Erste Hilfe: Tel. 112
Feuer: Tel. 110
Polizei: Tel. 155

Verkehrspolizei: Tel. 156
Gesundheitsberatung: Tel. 184

Hilfreich ist die **Touristenpolizei** (spricht meist englisch oder deutsch) in Antalya Tel. 02 42/243 10 61

ADAC-Notrufstation Istanbul:
Tel. 02 12/288 71 90 (deutschsprachig, rund um die Uhr)

ADAC-Notrufzentrale München:
Tel. 00 49 89/22 22 22 (rund um die Uhr)

ADAC-Ambulanzdienst München:
Tel. 00 49/89/76 76 76 (rund um die Uhr)

Bei **Unfällen** mit dem Auto ist für die Schadensregulierung ein Polizeiprotokoll erforderlich. Die ADAC Notrufstation Istanbul hilft telefonisch beim Ausfüllen. Bei Bagatellschäden muss die Polizei nicht unbedingt gerufen werden, kommt aber bei Bedarf. Alkoholtest verlangen (beugt eventuell späteren Einwendungen vor). Bei Schäden am Leihwagen die Vertretung im nächstgelegenen Ort anrufen.

Ärztliche Versorgung

An der Südküste gibt es keine ausländischen **Krankenhäuser** (Krankenhaus: türkisch: *Hastane*).

Türkische **Ärzte** sprechen meist eine Fremdsprache. Am besten ist Barzahlung und Rückerstattung zu Hause [s. S. 173].

Medikamente sind in der Türkei preiswerter als in Deutschland, Österreich oder der Schweiz, allerdings nicht alle erhältlich; deshalb gehören dringend benötigte Medikamente unbedingt ins Reisegepäck.

Diplomatische Vertretungen

Deutschland
Botschaft in **Ankara**, Atatürk Bul. 114, Tel. 03 12/455 51 00

Konsulat in **Antalya**, Yesilbahçe Mah., Pasakavaları Cad., 1447 Sok., Tel. 02 42/314 11 01

Österreich
Botschaft in **Ankara**, Atatürk Bul. 189, Tel. 03 12/405 51 90

Honorarkonsulat in **Antalya**: c/o Barut Hotels Lara Resort Spa & Suites, Güzelobah mah. Tesisler cad. 170, Lara-Antalya, Tel. 02 42/352 22 00, antalyafahrikonsolos luk@baruthotels.com

Schweiz
Botschaft in **Ankara**, Atatürk Bul. 247; Tel. 03 12/457 31 00

Besondere Verkehrsbestimmungen

Tempolimits (in km/h): Für Pkw und Motorräder außerhalb geschlossener Ortschaften 90 (Pkw mit Anhänger und Wohnmobil 80), innerhalb 50. Auf Autobahnen dürfen Pkw 120 fahren.

Es sollen zwei **Warndreiecke** im Auto sein, die im Falle einer Panne vor und hinter dem Wagen aufgestellt werden müssen. Im **Kreisverkehr** gilt rechts vor links, sofern nicht Schilder die Vorfahrt regeln.

Die **Promillegrenze** für Fahrer von Pkw ohne Anhänger liegt bei 0,5, für die aller anderen Fahrzeuge besteht absolutes Alkoholverbot am Steuer!

Helmpflicht für **Fahrradfahrer**.

Zeit

Der Zeitunterschied zwischen der Türkei und der MEZ beträgt auch während der Sommerzeit plus 1 Stunde.

◼ Anreise

Auto

Die Anreise mit dem Auto ist lang (von München nach Istanbul rund 1900 km), sehr anstrengend und teilweise mit erheblichen Problemen an diversen Grenzen verbunden. Die **Nordroute** führt von Deutschland und Österreich über Ungarn, Rumänien und Bulgarien; oder man fährt durch das Gebiet des ehemaligen Jugoslawien (serbisches Visum!) weiter über Bulgarien zur türkischen Grenzstadt Edirne. Von hier aus sind es noch einmal rund 1100 km an die Südküste nach Fethiye.

Benzin ist in der Türkei deutlich teurer als in Deutschland, Österreich oder der Schweiz.

Bahn

Die Zugverbindungen sind nicht sehr gut, entsprechend lang dauert die Reise. So gibt es z.B. von München nach Adana täglich eine Verbindung, bei der man jedoch viermal umsteigen muss und insgesamt rund 65 Stunden unterwegs ist!

Bus

Es gibt zahlreiche Überlandbusse, die in die Türkei fahren – und sicher ist dies die preisgünstigste Reiseart, die vor allem von vielen im Ausland lebenden Türken für einen Familienbesuch genutzt wird.

Doch ebenso sicher auch die strapaziöseste und daher für einen angenehmen Urlaubsbeginn nicht zu empfehlen. Info:

Deutsche Touring GmbH,
Am Römerhof 17, 60486 Frankfurt/Main,
Tel. 069/790 35 01, www.touring.de

Bosfor Reisen, Südbahnhof,
Argentinierstr. 67, 1040 Wien,
Tel. 01/505 06 44, www.bosfor.at.

Flugzeug

Der zentrale Flughafen an der Südküste ist der von **Antalya**. Er wird von verschiedenen Charter-Anbietern im Sommer mehrmals täglich angeflogen wird (Tel. 02 42/330 30 30).

Wichtig vor allem für Chartermaschinen ist **Dalaman**, weiter südwestlich gelegen (Tel. 02 52/792 52 91).

Im Osten der Südküste liegt der Şakirpaşa-Flughafen von **Adana** (Tel. 03 22/435 03 80), der allerdings von ausländischen Urlaubern deutlich weniger frequentiert wird.

◼ Bank, Post, Telefon

Bank

Banken wechseln am Flughafen und in Häfen auch am Wochenende und bis in die späten Abendstunden, sonst: Mo–Fr 8.30–12 und evtl. 13.30–17 Uhr.

Wichtig: Je nach Festlegung durch die Bezirksverwaltungen sind Behörden und Banken im Juni, Juli, August **nachmittags geschlossen**.

Post

Postämter (PTT = Post, Telefon, Telegraph) sind Mo–Fr 8.30–12 und 13–17.30 Uhr geöffnet; Sa meist nur 8.30–12 Uhr. Briefmarken (*Posta pulu*) bekommt man auch bei den Kiosken, die Postkarten (*Kartpostal*) verkaufen. Eine Karte braucht bis Deutschland ca. 7 Tage.

Telefon

Internationale Vorwahlen:
Türkei 00 90
Deutschland 00 49
Österreich 00 43
Schweiz 00 41

Es folgt die Ortskennzahl ohne die Null.

Wichtig: Nach der Null etwas warten, bis anderer Summton ertönt.

Telefonvermittlung Ausland: Tel. 115

Relativ unkompliziert ist das Telefonieren vom **PTT-Amt**: Man meldet sich am Schalter an, wählt in der Kabine selbst und zahlt danach. – Mittlerweile sind auch **Kartentelefone** weit verbreitet. Man ist gut beraten, am Ferienort beim Postamt eine Telefonkarte (*Telefon carti*) im Wert von 120 Einheiten zu kaufen – häufig kann man dadurch Wartezeiten vermeiden.

Natürlich kann man auch vom Hotel aus telefonieren, es ist aber – je nach Hotelkategorie – entsprechend teurer.

Mobiltelefone sind problemlos nutzbar.

■ Einkaufen

Öffnungszeiten der Geschäfte: In der Regel Mo–Sa 9–13 und 14–19 Uhr.

Die Türkei ist ein Einkaufsparadies. Es gibt – neben den üblichen Souvenirs – eine Vielzahl traditionsreicher Produkte. Beim Kauf dieser Produkte kann man fast immer handeln oder am nächsten Tag wiederkommen und sich erst dann entscheiden. Es gilt allerdings als unhöflich, sehr lange und intensiv zu handeln und dann doch nicht zu kaufen.

Blaues Glas

Blaues Glas wird in Form eines Auges oder einer Hand angeboten. Sowohl das Auge wie die ›Hand der Fatima‹ (Fatima war die Tochter Mohammeds) besitzen durch Form und Farbe doppelte Amulettfunktion und schützen den Träger vor bösen Einflüssen. Manchmal bekommt man ein ›Auge gegen den bösen Blick‹ geschenkt.

Fliesen und Fayencen

Die Keramikfertigung gehört ebenfalls zu den traditionsreichen Handwerken. Bereits die Seldschukenfürsten schmückten ihren Palast bei Beyşehir mit Fliesen, später waren Iznik und Kütahya berühmte Zentren der Fliesenherstellung für den wundervollen Fliesenschmuck der osmanischen Moscheen. Teller, Schalen und Vasen waren Nebenprodukte. Bei Kauf auf *sorgfältige Bemalung* achten, die Farbe darf bei der Glasur nicht ausgelaufen (verwaschen) sein. Es gibt wunderschöne abstrakte Muster mit Koransuren und bezaubernde florale Motive.

Kleidung

Lederjacken, -mäntel, -kostüme und -röcke gehören zu den beliebtesten Mitbringseln aus der Türkei, denn in einem Land, in dem sehr viel Schafzucht betrieben wird, gehört die **Lederverarbeitung** zu den bedeutenden Industriezweigen. Die Auswahl ist groß, allerdings ist türkische Lederbekleidung manchmal etwas bieder geschnitten. Auch hier gilt: Viele verschiedene Läden aufsuchen und vergleichen, man kann gut handeln – allerdings nur, solange kein großes Kreuzfahrtschiff im Hafen liegt.

Typisch sind auch die lustig-bunten **gestrickten Handschuhe und Strümpfe**, die ursprünglich von den Frauen im Hochland aus Wolle hergestellt wurden und Muster der Clans besaßen. Heute werden die Strickwaren jedoch auch in Kunstfasern gefertigt.

Meerschaumpfeifen

Sie gelten immer noch als Tipp für Pfeifenraucher. Sie, und auch die im Land beliebte *Wasserpfeife* (Nargileh), kauft man am günstigsten im Basar von Antalya.

Naturschwämme

Vielfach werden Naturschwämme angeboten, die wie seit Jahrhunderten von Schwammfischern geborgen werden. Naturschwämme sind wesentlich saugfähiger als synthetisch hergestellte, allerdings teurer und nicht ganz so langlebig wie diese.

Onyx

Onyx wird in vielen Manufakturen der Türkei bearbeitet und in den Touristenorten in Form von Vasen oder Schalen verkauft. Angesichts ihres Gewichtes gilt es, an das entsprechende Limit für Fluggepäck zu denken!

Schmuck

Hier sollte man besonders gut überlegen. Der Goldpreis steht täglich in der Zeitung, Schmuck wird nach Gewicht berechnet. Da die Türkinnen heute nur Goldschmuck kaufen und der Goldpreis ohnhin steigt, ist es teuer.

Alten Silberschmuck bekommt man kaum noch. Es gibt viel auf ›antik‹ gearbeiteten Modeschmuck, der oft sehr ansprechend ist. Das häufig mit Blei versetzte Silber dunkelt stark nach.

Spielbretter

Spielbretter für Tavla, ähnlich Backgammon, sind meist gut gearbeitet und viel preiswerter als in Deutschland. Man kauft sie am besten im Basar in Antalya.

Teppiche

Nachgerade grenzenlos ist das Angebot an geknüpften und gewebten Teppichen, ›Hali‹ bzw. ›Kilim‹ genannt. Ursprünglich besaß jede Region oder jeder Nomadenclan seine eigenen Muster, leider haben sich die Unterschiede etwas verwischt; man kann sogar türkische Teppiche in Art eines Ghum etc. kaufen. Knotenzahl, Muster, Material und Farben (Natur- oder Chemiefarben) sind wichtig. Wer nicht sachkundig ist, sollte sich zunächst in mehreren Geschäften die verschiedensten Teppiche unverbindlich vorlegen lassen, man bekommt dabei ständig Tee angeboten und kann sehr viel lernen.

Man kauft in sog. Familienbetrieben nicht günstiger. In den Basaren der Touristenregion sind Auswahl und deshalb auch Vergleichsmöglichkeiten größer.

Der Preis orientiert sich an der Knotenzahl, am Material (Schaf-, Ziegen-, Kamelwolle, Baumwolle, Seide) und an der Lage und Ausstattung des Geschäfts.

Wichtig: Vorsicht beim Kauf von Seidenteppichen, sie werden in Polyester und anderen Kunstfasern (›Pappelseide‹) imitiert. – Viele Teppiche werden auch künstlich ›gealtert‹ oder auf seidigen Glanz gewaschen.

Man kann die Ware anzahlen und nach Deutschland schicken lassen. *Mehrwertsteuer* fällt immer an (auch wenn die Händler dies bestreiten).

Speziell beim Teppichkauf sollte man sich viel Zeit nehmen, nicht beim ersten Besuch kaufen, nicht durch ›Schlepper‹ in Läden bringen lassen (die natürlich vom Kauf profitieren). Handeln, der Händler erwartet das!

Was man nicht kaufen sollte

Antiquitäten (Münzen, Vasen, Statuen etc.): Sind die Stücke unecht (sehr wahrscheinlich), ärgert man sich sowieso. Sind sie echt, bekommt man Ärger, denn die

Die Kunst des Feilschens

Auf den Basaren der Türkei gelten beim Einkauf besondere Regeln. Hier bezahlt man nicht was verlangt wird, sondern handelt einen für alle Beteiligten **angemessenen Preis** aus. Dabei geht es nicht darum, den jeweils anderen zu übervorteilen, sondern dass am Schluss beide Parteien mit Kauf wie Verkauf zufrieden zu sein.

Vor Verhandlungsbeginn sollte man eine Vorstellung von Angebot und üblichem Preis haben. Informationen kann man zum Beispiel an der Hotelrezeption einholen. Es schadet auch nicht, mehrere Händler nach ihren Einstiegspreisen zu befragen – selbst diese können erheblich voneinander abweichen. Bei Goldschmuck ist es zudem sinnvoll, den aktuellen Börsenpreis für das Edelmetall zu kennen.

Sobald man **Interesse** an einer bestimmten Ware äußert, wird man ins Geschäft gebeten, bekommt eine Tasse Tee serviert und lässt sich das Angebot zeigen. Die meisten Verkäufer sprechen mindestens eine Fremdsprache, zumeist englisch, oft auch deutsch. Man plaudert über das Heimatland des Kun-

den – gerade Deutschland ist vielen Türken bestens vertraut –, spricht über die Kinder, die Arbeit und Hobbies.

Erst nach geraumer Zeit wird der Händler seinen Preis nennen. Als Faustregel gilt, dieses Angebot um mindestens die Hälfte zu unterbieten. Darauf folgt ein im besten Fall humorvoller Dialog zur eigentlichen **Preisfindung**. Je mehr Zeit man nun investiert, desto größer sind die Chancen auf ein günstiges Angebot. Sollte man sich nicht mit dem Verkäufer einigen, kann man die Verhandlung jederzeit abbrechen – auch mehrere Gläser Apfeltee verpflichten zu nichts. Hat man aber zu guter Letzt einem Preis zugestimmt, so ist der **Kauf** beschlossen. Es wäre außerordentlich ungehörig, nun noch einen Rückzieher zu machen und die Bezahlung zu verweigern.

Abschließend ein Rat für alle, die keine Lust haben, sich auf dieses Handelsprozedere einzulassen: Es ist nie falsch, sich ein Stück auszusuchen, den verlangten Preis zu zahlen, wenn die Ware es einem wert ist – und zufrieden von dannen zu ziehen.

Essen und Trinken

Das kulinarische Wörterbuch

Der Bummel über die farbenprächtigen Wochenmärkte vermittelt bereits eine Vorstellung vom riesigen Angebot und der ebenso großen Nachfrage an Gemüsen – tatsächlich zeichnet sich die türkische Küche besonders durch hervorragende Gemüsegerichte aus. Sie werden mit Öl zubereitet und köstlich gewürzt.

Verlockend sind die im Restaurant angebotenen warmen und kalten Gerichte:

Das Menü

meze	Vorspeisen
arnavut çiğeri	gebackene Leberstückchen
biber dolması	gefüllte Paprika
caciği	Joghurt mit Gurkenstückchen und Knoblauch
çerkez tavuğu	Hühnerpastete mit Walnüssen
çiğ köfte	ungekochte Klößchen aus *bulgur* (Weizengrütze) und gehackten Tomaten, Zwiebeln, Paprika und Petersilie
patlıcan kızartma	in Öl ausgebackene Auberginenscheiben mit Joghurt
piyaz (plaki)	Salat aus weißen Bohnen
sigara böreği	Blätterteigröllchen mit Schafskäse
tarama	Fischrogen
turşu	in Salz eingelegte Gemüse
yaprak dolması	gefüllte Weinblätter

çorba	Suppen
mercimek çorbası	Linsensuppe
bulgur çorbası	aus Tomaten und Weizengrütze
balık çorbası	Fischsuppe
işkembe çorbası	Kuttelsuppe

Es gibt auch spezielle Suppenlokale (*çorbacı*).

sebze yemekleri Gemüsegerichte

meist mit Hackfleisch (*dolma*) gefüllt:
kabak dolması	gefüllte Zucchini
biber dolması	gefüllte Paprika
lahana dolması	gefüllte Kohlblätter
Imam bayıldı	gefüllte Auberginen (heißt wörtlich: der Imam fiel in Ohnmacht!)

Angeblich gibt es etwa 40 verschiedene Arten der Zubereitung von Auberginen – wer also Auberginen mag, ist in der Türkei richtig.

etler	Fleischgerichte

Diese sind häufig mit Gemüse zusammen bereitet, z.B.
güveç	Gemüseeintopf mit Fleischstückchen
kebap	geschnetzeltes Fleisch mit *bamya* (Okraschoten) oder *patlıcan* (wei- ßen Bohnen und Kichererbsen)

Reine Fleischgerichte:
köfte	gegrillte Hackfleischbällchen
tavuk haşlaması	gekochtes Huhn
pirzola	Lammkotelett
şiş kebabı	Fleisch am Spieß
piliç ızgara	gegrilltes Hähnchen
dana snitsel	Kalbsschnitzel
bon filet	Rinderfilet

pirinç pilavı Reis

Man kann Reis als Beilage wählen, er ist aber eigentlich ein eigenes Gericht und wird sehr verschieden, z.B. mit Leberstückchen, Pistazien, Rosinen etc. zubereitet.

balıklar	Fisch
barbunya	Seebarbe
dil balığı	Seezunge
kalkan	Steinbutt
kefal	Meeräsche
palamut	kleiner Thunfisch
levrek	Seebarsch

Levrek gilt als besonders gut. Man findet ihn daher auf fast jeder Speisekarte, obwohl er eigentlich sehr rar ist. Die Lösung des Rätsels: Meist wird Meeräsche als Seebarsch angeboten.

tatılar	Süßspeisen
baklava	Blätterteig mit Nüssen oder Pistazien und Zuckersirup

| *kadın göbeği* | ›Frauennabel‹, runde Plätzchen in Zuckersirup |

Die Getränke

Das Leitungswasser ist in fast allen Städten gechlort, deshalb besser: Mineralwasser trinken!

Hauptgetränk der Türken ist nicht der ›türkische Mokka‹, sondern der an der Schwarzmeerküste angebaute Çay – Tee, den man in typischen Gläschen ständig angeboten bekommt. Er erfrischt an heißen Tagen mehr als Cola-Getränke oder andere Softdrinks!

maden suyu	Mineralwasser
su	Wasser
ayran	verdünnter Joghurt
portakal suyu	Orangeade
limonata	Limonade

Hervorragend sind die verschiedenen **Obstsäfte:**

| *vişne suyu* | Kirschsaft |
| *şeftali suyu* | Pfirsichsaft |

Für den Ausschank **alkoholischer Getränke** ist eine Lizenz notwendig; in Tourismusgebieten gibt es damit kaum Probleme: Zu den Vorspeisen *(Meze)* trinkt man gewöhnlich

rakı	Anisschnaps, der auch mit Wasser verdünnt wird und – weil er dann milchig ausfällt – ›Löwenmilch‹ (*Aslan sütü*) genannt wird
bira	helles Bier, es gibt das einheimische *Efes-Bier* und mehrere in Lizenz gebraute Biere
şarap	Wein
beyaz	Weißwein
kırmızı	Rotwein (bekannte Marken sind *Villa Doluca*, *Efes Güneşi* und *Doruk*)

Es gibt importierten Cognac, der wegen der hohen Zölle sehr teuer ist. Man kann auch den billigeren lokalen *Brandy* verlangen. Allerdings kam es in jüngster Zeit mehrfach zu Skandalen um gepanschte Spirituosen.

Ausfuhr ist verboten und wird mit Gefängnisstrafen von bis zu 10 Jahren geahndet.

Parfums: An vielen Plätzen bieten fliegende Händler ›französische Markenparfums‹ an. Sie sind (3 Stück z.B. 30 €) so preiswert, dass man jedes Mal in Versuchung gerät. Die Verpackung ist täuschend echt, der Inhalt eine Katastrophe, billigste ›Hausmacherqualität‹.

■ Essen und Trinken

Die Türken unterscheiden verschiedene Speiselokale. Das einfache **Lokanta** hat wenig Aufmachung und bietet meist tadellose Qualität und Auswahl. Man geht an die Theke und zeigt auf die entsprechenden Gerichte. Oft gibt es in Lokantas keine alkoholischen Getränke.

Etwas anderes ist der **Kebap salonu**, in dem hauptsächlich Gerichte aus gebratenem Fleisch (an Spießchen) und Hackfleischbällchen angeboten werden. Legt man Wert auf Döner Kebap, sollte man darauf achten, dass an dem großen Drehspieß wirklich nur hauchdünne Fleischscheiben, kein Hackfleisch rotiert (der große Drehspieß steht meist im Fenster). Mit Döner Kebap beim Straßenverkäufer sollte man vorsichtig sein.

Ein **Restoran** ist etwas ›Besseres‹, zumindest in der Aufmachung des Lokals. Man bestellt nach Karte, die Auswahl ist größer, die Speisen sind teurer, aber nicht unbedingt schmackhafter. Dafür gibt es auch alkoholische Getränke und die Zubereitung ist oft international. In Touristenorten nennt sich allerdings fast jedes Speiselokal ›Restoran‹ oder ›Restaurant‹.

Die als **Bars** ausgewiesenen Lokale sind in den Städten beliebter Treffpunkt der jungen Leute, entsprechen aber nicht unseren Nachtlokalen. Es gibt alle Arten von Getränken, aber nicht überall Alkohol. Meist bekommt man hier aber Bier (manchmal sogar vom Fass) und Rakı.

■ Feste und Feiern

Staatliche Feiertage

1. Januar:	Neujahr
23. April:	Tag der Unabhängigkeit und der Kinder
19. Mai:	Atatürk-Gedenktag und Tag der Jugend und des Sports

30. August: Tag des Sieges (über die Griechen 1922)

29. Oktober: Tag der Republik (Gründung der Türkei 1923)

Islamische Feiertage und Feste

Schon seit dem Jahr 1873 orientierte sich die Zeitrechnung des Osmanischen Reiches am Sonnenjahr. Im Jahr 1341 nach islamischer Zeitrechnung ordnete dann Atatürk den Sprung ins 20. Jh. an: Fortan zählte die Türkei die Jahre wie das christliche Europa. Die islamischen Feste richten sich dagegen auch heute noch nach dem Mondjahr, das nur 354 Tage hat. Daher verschieben sich die Feiertage und Feste in jedem Jahr und liegen immer 10 oder 11 Tage früher als im Vorjahr.

Zwei religiöse Feste werden in der Türkei offiziell gefeiert:

Şeker Bayramı – Zuckerfest. Es ist das Fest des Fastenbrechens am Ende des dreißigtägigen Fastenmonats Ramadan (türk. Ramazan) und dauert 3 Tage. Man trägt neue Kleidung, tauscht Glückwünsche aus und besucht die älteren Verwandten und Nachbarn. Dort bekommt man selbst gebackenes Baklava, man »isst süß und redet süß« – daher der Name ›Zuckerfest‹.
2012: 19.–21. Aug. / 2013: 8–10. Aug. / 2014: 28–30. Juli.

Kurban Bayramı – Opferfest. Es ist das wichtigste islamische Fest und dauert 4 Tage. Es beginnt 68 Tage nach dem Zuckerfest am 10. Tag des Pilgermonats und erinnert an das Opfer Abrahams (Koran, Sure 37, 99–109). Man schlachtet ein Schaf, von dem ein Drittel die Nachbarn, ein weiteres Drittel die Armen bekommen. Das Fest wird traditionell in der Großfamilie gefeiert, man kauft neue Kleider und verschickt Grußkarten. Auf den Straßen herrscht starker Verkehr. Viele Ferienorte sind überfüllt, weil berufstätige jüngere Leute die Tage auch als Kurzurlaub nutzen.
2012: 25.–28. Okt. / 2013: 15–18. Okt. / 2014: 4.–7. Okt.

Klima und Reisezeit

Die beste Reisezeit an der Südküste ist von April bis Anfang Oktober. Bis in die erste Maiwoche und ab der zweiten Oktoberwoche sind kurze, aber sehr heftige Regenschauer nach Gewittern möglich.

Klimadaten Antalya

Monat	Luft (°C) min./max.	Wasser (°C)	Sonnenstd./Tag	Regentage
Januar	11/15	17	5	11
Februar	11/15	17	6	9
März	13/16	17	7	6
April	16/17	18	8	4
Mai	19/21	21	10	3
Juni	23/25	24	12	1
Juli	25/28	27	13	1
August	28/28	28	12	1
September	25/26	27	11	1
Oktober	21/23	25	8	4
November	16/20	22	6	5
Dezember	12/17	19	5	11

Kultur live

Die **Festivals** sind keineswegs nur für Touristen aus dem Westen gedacht, sondern – speziell in der Provinz Adana – für Teilnehmer und Besucher aus dem Vorderen Orient.

Mai
Silifke: Internationales Musik- und Folklorefestival
Adana: Seyhan Belediyesi Kültür Senlinği – Kulturwoche

Juni
Alanya: Alanya Tourismus Festival
Finike: Finike-Festival – Fest mit Musik und Ausstellungen

Juli
Manavgat/Side: Tourismusfest mit Musik und Ausstellungen

September
Kemer: Kemer Karneval – weniger Karneval als buntes Programm für Touristen
Adana: ›Altın Koza‹ (›Goldener Kokon‹) – Filmfestspiele

September/Oktober
Antalya: ›Akdeniz‹ (›Mittelmeer‹) – Musikfestival
Mersin: Internationale Messe/Kultur- und Kunstfestival – Treffen von in- und ausländischen Künstlern

Oktober
Antalya: ›Altın Portakal‹ (›Goldene Orange‹) – internationaler Filmwettbewerb
Alanya: Internationaler Triathlon

Bei mehreren Veranstaltungen wird das hervorragend erhaltene Theater von **Aspendos** benutzt; bei der Touristen-Infostelle im Urlaubsort fragen!

Moscheen

Während der Gebetszeiten kann man keine Moschee besichtigen. Außerhalb der Gebetszeiten findet man im Normalfall einen Wärter, der die Moschee betreut und evtl. aufschließt (Spende). Dezente Kleidung sollte selbstverständlich sein, Frauen benötigen ein *Kopftuch* und sollten ein Kleidungsstück mit Ärmeln tragen, Männer *keine Shorts*.

Der Gebetsruf (Ezan) des Muezzin ertönt fünfmal zu Zeiten, die von Tag zu Tag leicht variieren und sich nach dem Sonnenstand richten: 1. Abendgebet; 2. Gebet zur Nachtruhe; 3. Morgengebet; 4. Mittagsgebet; 5. Nachmittagsgebet.

Jeder Moscheebesucher muss die Schuhe ablegen, Muslime müssen Waschungen vornehmen (bei jeder Moschee gibt es Waschbrunnen und Toiletten).

Oft findet man Betende auch außerhalb der Gebetszeiten in der Moschee: Man geht nie vor ihnen, sondern immer hinter ihnen vorbei.

Die schönste Moschee der Südküste ist die Ulu Cami in Adana [Nr. 47]. Sehenswert auch die Tekeli Mehmet Paşa Camii in Antalya [Nr. 24].

Museen und Ausgrabungsstätten

Die staatlichen Museen sind in der Regel täglich außer Montag von 9–12 und 14–17 Uhr geöffnet. Die archäologischen Ausgrabungsstätten sind in den Sommermonaten in der Regel täglich und ohne Unterbrechung zugänglich.

Nachtleben

Discos und Nachtlokale (Gasinos) gibt es in vielen großen Hotels. Oft steht *Bauchtanz* auf dem Programm der Touristenhotels, wobei die Qualität der Tänzerinnen sehr unterschiedlich ist. Einheimische sind Kenner und stecken der Tänzerin, wenn sie speziell vor ihnen kurze Zeit tanzt, einen großen Geldschein zu; be-

kannte Bauchtänzerinnen verdienen außergewöhnlich gut. Spielkasinos (Casino) sind seltener; Ausweis erforderlich.

Sport

Bergsteigen und Bergwandern

Die Türkei ist kein typisches Wanderland, markierte Pfade wie in Mitteleuropa darf man also nicht erwarten. Das Tourismus-Ministerium gibt einen speziellen Prospekt ›Turkey-Mountaineering‹ heraus. Die beiden Fernwanderwege *Lycian Way* und *St. Paul's Way* [s. S. 38] durch Lykien sind eher etwas für Abenteuerlustige.

Mountainbiking

Für Mountainbiker sind die Berge hinter der Küste ein traumhaftes Revier, allerdings gilt hier das gleiche wie für das Wandern: Eine Beschilderung fehlt, um den Ausritt genießen zu können, sollte man sich einem Guide anvertrauen. Ein eigenes Markierungssystem, bietet:

Great Outdoor Sports, P.K. 15 Turunçova, Finike/Antalya, Tel. 0242/862 30 59, www.greatoutdoorsports.com

Golf

Das Golfparadies an der türkischen Südküste ist Belek (**National Golfclub**, Belek Tourism Merkezi, Tel. 0242/725 46 20, www.nationalturkey.com).

Paragliding

Paragliding wird (mit Motorboot) vielfach, v. a. bei Kemer, angeboten. Zentrum des ›echten‹ Paragliding ist Ölu Deniz bei Fethiye (Flug vom Baba Dağ, 2000 m). Auch Tandemflüge für Einsteiger.

Rafting und Kanu

Diese Wassersportarten werden von Hotels und privat angeboten, organisierte Touren gibt es auf den Flüssen Köprü im Köprülü-Nationalpark, Manavgat Çayı und Göksu bei Silifke.

Segeln

Die lykische Küste gilt als Traumrevier der Segler und Motorskipper!

Privatjachten benötigen ein Transit-Log und können zur Überwinterung oder Überholung bis zu 2 Jahre in türkischen Gewässern bleiben.

Man kann Segeljachten jeder Klasse oder die etwas behäbigeren Motorjachten vom Typ Gulet mit Mannschaft chartern. Sie werden vorwiegend in Bodrum gebaut und zeichnen sich durch die charakteristische, aus Holz gedrechselte Reling am Achterdeck aus. Die Charterjacht sollte unbedingt die *Lizenz des Tourismusministeriums* besitzen.

Tauchen

Außer für Baden und Wasserski ist die gesamte Südküste auch fürs Tauchen ideal. Tieftauchen mit Sauerstoff nur mit Sondergenehmigung. Auskünfte erteilen Hotels und Touristen-Information.

Tennis

Fast alle größeren Hotels besitzen mehrere Tennisplätze.

■ Statistik

Lage: Die türkische Mittelmeerküste liegt zwischen dem 29. und 36. Längengrad; der südlichste Punkt bei Eski Anamur auf dem 36. Breitengrad. Die Küste ist ca. 1500 km lang, dabei in Lykien stark, weiter nach Osten kaum gegliedert. Höchste Erhebung bildet im Lykischen Taurus der Ak Dağ östlich Fethiye mit 3024 m.

Politik: Die Türkei ist eine demokratische Republik. Staatsoberhaupt ist der Präsident. Die Regierung wird vom Ministerpräsidenten geleitet. Das Parlament, die Große Türkische Nationalversammlung, wird für jeweils vier Jahre gewählt. Es gilt eine Zehn-Prozent-Hürde.

Derzeit (2011) regiert die konservativ-islamische AKP mit absoluter Mehrheit und stellt sowohl den Präsidenten als auch den Ministerpräsidenten.

Verwaltung und Bevölkerung: Die Mittelmeerküste gehört von West nach Ost zu vier Provinzen: Muğla, Antalya, Içel (Mersin) und Adana, wobei die einzelnen Provinzen größere Areale als den Küstenbereich umfassen. Die Gesamtbevölkerung der Türkei wird derzeit auf knapp 71 Mio. geschätzt

98 % aller Türken sind Muslime, wobei die Mehrheit der sunnitischen Richtung angehört. Die Zahl der Christen wird Jahr für Jahr geringer.

Wirtschaft: Mit dem Beginn des 21. Jh. begann in der Türkei ein rasanter **Wirtschaftsaufschwung**, seit 2003 hat sich das Bruttoinlandsprodukt vervierfacht. Die Provinzen Muğla und Antalya sind

Traumstrände und Türkisbuchten

Der moderne Tourismus weckte die türkische Südküste mit ihren wundervollen Naturschönheiten aus einem echten Dornröschenschlaf. Die feinen, weißen Sandstrände von **Patara** und **Ölü Deniz** blieben – rechtzeitig unter Schutz gestellt – unbebaut und bezaubern sogar im buntfarbigen Muster, das die vielen Tagestouristen ihnen aufprägen. Auch die weiten Strände von **Side** und **Kemer** sind – trotz des Urlauberansturms – ein Badeparadies geblieben.

Boote bringen Urlauber in strandlose, von piniengrünen Ufern gesäumte, stille Buchten, deren glasklares Wasser je nach Tiefe von Türkisblau nach Dunkelgrün changiert. Auf dem Sonnendeck eines Bootes träumen, ab und zu ins Meer springen, auf einer kleinen Insel picknicken: Erlebnisse, die deutsche Regentage mit sehnsüchtiger Erinnerung füllen …

führend im Anbau von Agrumen, Tomaten, Blumen; bedeutend sind ferner Lederverarbeitung, Teppichmanufaktur und Marmeladenindustrie. Wichtigster Wirtschaftszweig ist in beiden Küstenzonen der Tourismus.

In der Provinz Adana überwiegt der Anbau von Baumwolle, während die verarbeitende Industrie im Umkreis der Städte Içel und Adana exportstarke Maschinen-, Konserven-, Elektronik- und Zementfabriken aufweist. Die Pipeline nach Ceyhan sorgt ebenfalls für Impulse.

■ Unterkunft

Camping

Die im offiziellen Campingführer (erhältlich in allen Fremdenverkehrsbüros) verzeichneten Anlagen sind im Allgemeinen von April/Mai bis Oktober geöffnet und von akzeptablem bis gutem Standard. Darüber hinaus verzeichnet der jährlich erscheinende **ADAC Camping Caravaning Führer** *Südeuropa* (auch als CD-Rom erhältlich) eine Auswahl geprüfter Plätze. Manchmal laden auch Einheimische die Urlauber ein, das Zelt auf ihrem Grundstück aufzustellen. Das wilde Zelten ist jedoch verboten.

Hotels

Hotels sind bei den entsprechenden Orten angegeben. Sie werden mit * (sehr bescheiden) bis ***** (Luxushotel) klassifiziert. Die Standards sind allerdings deutlich niedriger angesetzt als in Mitteleuropa, 4 bis 5 Sterne sollten es also schon sein. In der Hauptreisezeit Juni bis August empfiehlt sich die Reservierung von Deutschland aus. Bei Ankunft ist es üblich, das Zimmer vor dem Beziehen anzusehen.

Kleinere Hotels und Privatpensionen sind entschieden preiswerter, besitzen aber oft nur Etagen-WC und -Dusche sowie Mehrbettzimmer. In der Saison von Einheimischen meist ausgebucht.

Jugendherbergen

Über Jugendherbergen geben die staatlichen Fremdenverkehrsbüros Auskunft. Für Jugendliche werden mancherorts auch Unterkünfte in Studentenwohnheimen oder Camps angeboten.

Das vom Türkischen Fremdenverkehrsministerium herausgegebene *Youth Travel Guide Book* informiert darüber – sowie über die anderen Vergünstigungen für jugendliche Türkei-Reisende.

■ Verkehrsmittel im Land

Bahn

Die türkische Eisenbahn ist preiswert, aber nicht besonders leistungsfähig. An der Südküste führt keine Trasse entlang, doch lohnt sich ein Abstecher von Adana aus nach Norden. Hier kann man den interessantesten Abschnitt der berühmten ›Bagdad-Bahn‹ bei der Taurusüberquerung kennen lernen. Bei entsprechender Planung (Information Bahnhof Adana oder Tourismus-Informationsbüro Adana) lässt sich der Ausflug als Tagestour arrangieren, man muss den Gegenzug vom Gebirge zurück nach Adana abwarten.

Bus

Der Busverkehr ist in der Hand von konkurrierenden Privatfirmen und perfekt ausgebaut, zwischen allen größeren Orten *schnelle und häufige Verbindungen*. Die Busfirmen unterhalten in den Ortszentren **Büros**, sog. *Yazıhanes*; es empfiehlt sich, am Tag vor der Fahrt ein Ticket zu kaufen (feste Plätze). Renommierte Firmen sind z.B. Pamukkale, Akdeniz, Va-

ran. Der **Busbahnhof** *(Otogar)* liegt meistens am Stadtrand, dorthin sollte man am besten ein Taxi nehmen.

Auf Nebenstrecken verkehren **Dolmuşe**, Kleinbusse als Sammeltaxis. Ein Ausrufer ruft den Namen des Zielorts; das Dolmuş fährt ab, wenn es voll ist (Dolmuş heißt ›voll, gefüllt‹).

Mietwagen

Bei Mietwagen gilt: Billiger ist nicht unbedingt besser! Häufig sparen die kleinen Anbieter vor Ort am Versicherungsschutz oder der Verkehrssicherheit des Autos, ausgesprochen unangenehme Überraschungen bei Unfällen sind da vorprogrammiert. Daher sollte man entweder immer akribisch das Kleingedruckte der Verträge überprüfen – Vollkasko sollte inbegriffen, Kilometerzahl unbegrenzt und bei größerem Schaden ein Ersatzwagen garantiert sein, außerdem vor Ort **unbedingt** eine Insassen-Zusatzversicherung abschließen – oder gleich bei einem internationalen Anbieter buchen.

In Deutschland
Avis, Tel. 018 05/21 77 02
Europcar, Tel. 018 05/80 00
Hertz, Tel. 018 05/33 35 35

Für Mitglieder bietet die **ADAC Autovermietung GmbH** günstige Konditionen. Buchungen über die ADAC-Geschäftsstellen oder unter Tel. 018 05/31 81 81 (0,14 €/Min).

Schiff

Einen Linienverkehr entlang der Südküste gibt es nicht. Eine Autofähre verkehrt u. a. zwischen Izmir und Antalya: **Türkiye Denizcilik Isletmeleri** (TDI), Konyaalti Cad., Göksoy Apt. 40/19, Tel. 02 42/241 11 20 und 02 42/241 26 30). In vielen Urlaubsorten warten jedoch kleine Ausflugsboote privater Betreiber auf die Urlauber.

Taxi

Im Vergleich zu europäischen Preisen sind Taxis sehr billig. In der Stadt sollte man auf Einschalten des Taxameters achten. Verschiedene Preise sind festgelegt (Flughafen – Innenstadt), Gepäckstücke werden extra berechnet. Bei längeren Fahrten außerhalb der Stadt unbedingt den Preis vorher aushandeln, eventuell inkl. Wartezeit.

Sprachführer
Türkisch für die Reise

Das Wichtigste in Kürze

Ja/Nein	Evet/Hayır
Bitte/Danke	Lütfen/Teşekkür
In Ordnung!/	Taman!/
Einverstanden!	Kabul ediyorum!
Entschuldigung!	Özür dilerim!
Wie bitte?	Nasıl lütfen?
Ich verstehe Sie nicht.	Sizi anlamıyorum.
Ich spreche nur	Ben çok az Türkçe
wenig Türkisch.	konuşuyorum.
Können Sie mir	Lütfen bana yardım
bitte helfen?	edermisiniz?
Das gefällt mir (nicht).	Bunu beğendim
	(beğenmedim).
Ich möchte …	Ben … istiyorum.
Haben Sie …?	Sizde … varmı?
Gibt es …?	… varmı?
Wie viel kostet das?	Bunun fiyatı nedir?
Wie teuer ist …?	… fiyatı nedir?
Kann ich mit Kredit-	Kredi kartı ile öde-
karte bezahlen?	yebilirmiyim?
Wie viel Uhr ist es?	Saat kaç?
Guten Morgen!	Günaydın!
Guten Tag!	İyi günler!
Guten Abend!	İyi akşamlar!
Gute Nacht!	İyi geceler!
Hallo!/Grüß dich!	Hallo!/Selam!
Wie ist Ihr Name,	Sizin isminiz,
bitte?	lütfen?
Mein Name ist …	İsmim …
Wie geht es Ihnen?	Nasılsınız?

Auf Wiedersehen!	Tekrar görüşmek üzere!
Tschüs!	İyi günler!
Bis bald!	Yakında görüşmek
	üzere!
Bis morgen!	Yarın görüşmek üzere!
gestern/heute/	dün/bügün/
morgen	yarın
am Vormittag/	öğleyin/
am Nachmittag	öğleden sonra
am Abend/	akşam
in der Nacht	gece
um 1 Uhr/2 Uhr …	saat 1'de/ 2'de …
um Viertel vor	saat …'e çeyrek kala
(nach) …	('yi çeyrek geçe)
um … Uhr 30	saat … otuzda
Minute(n)/Stunde(n)	dakika(lar)/saat(ler)
Tag(e)/Woche(n)	gün(ler)/hafta(lar)
Monat(e)/Jahr(e)	ay(lar)/yıl(lar)

Wochentage

Montag	pazartesi
Dienstag	salı
Mittwoch	çarşamba
Donnerstag	perşembe
Freitag	cuma
Samstag	cumartesi
Sonntag	pazar

Monate

Januar	ocak
Februar	şubat
März	mart
April	nisan
Mai	mayıs
Juni	haziran
Juli	temmuz
August	agustos
September	eylül
Oktober	ekim
November	kasım
Dezember	aralık

Zahlen

0	sıfır	19	ondokuz
1	bir	20	yirmi
2	iki	21	yirmibir
3	üç	22	yirmiiki
4	dört	30	otuz
5	beş	40	kırk
6	altı	50	elli
7	yedi	60	altmış
8	sekiz	70	yetmiş
9	dokuz	80	seksen
10	on	90	doksan
11	onbir	100	yüz
12	oniki	200	ikiyüz
13	onüç	1 000	bin
14	ondört	2 000	ikibin
15	onbeş	10 000	onbin
16	onaltı	100 000	bir milyon
17	onyedi	$^1/_4$	çeyrek
18	onsekiz	$^1/_2$	yarım

Maße

Kilometer	kilometre
Meter	metre
Zentimeter	santimetre
Kilogramm	kilogram
Pfund	yarım kilo
Gramm	gram
Liter	litre

Unterwegs

Nord/Süd/West/ Ost	kuzey/güney/batı/ doğu
oben/unten	alt/üst
geöffnet/geschlossen	açık/kapalı
geradeaus/ links/ rechts/ zurück	direk/ sol/ sağ/ geri
nah/weit	yakın/uzak
Wie weit ist das?	Ne kadar uzak?
Wo sind die Toiletten?	Tuvaletler nerede?
Wo ist (die) (der) nächste …	En yakın …
Telefonzelle/	telefon kulübesi/
Bank/	banka/
Polizei/	polis/
Geldautomat?	para otomatiği … nerede?
Bitte, wo ist …	Lütfen …
der Bahnhof/	tren garı/
der Busbahnhof/	otogar/
der Fährhafen/	liman/
der Flughafen?	havalimanı nerede?
Wo finde ich …	
eine Apotheke/	Eczane/
eine Bäckerei/	Fırın/
Fotoartikel/	Fotoğrafcı/
ein Kaufhaus/	Alış veriş mağazası/
ein Lebensmittel- geschäft/	Gıdapazarı/
den Markt?	Pazaryeri … nerede bulabilirim?
Ist das der Weg/ die Straße nach …?	… giden Yol/ giden cadde bu mu?
Ich möchte mit …	Ben …
dem Zug/	tren/
dem Schiff/	gemi/
der Fähre/	feribot/
dem Flugzeug nach … fahren.	uçak ile … gitmek istiy- orum.
Gilt dieser Preis für Hin- und Rückfahrt?	Bu fiyat gidiş-geliş için geçerlimi?
Wie lange gilt das Ticket?	Bilet nekadar süreyle geçerlidir?
Wo ist … das Fremdenverkehrsamt/ ein Reisebüro?	Turizm dairesi/ Seyahat acentası … nerede?
Ich benötige eine Hotelunterkunft.	Bana bir otel odası lazım.
Wo kann ich mein Gepäck lassen?	Eşyalarımı nereye bırakabilirim?

Zoll, Polizei

Ich habe etwas (nichts) zu verzollen.	Gümrüklük eşyam (yok) var.
Ich habe nur per- sönliche Dinge.	Benim sadece özel eşyam var.
Hier ist die Kauf- bescheinigung.	Bu satın alma belgesi.
Hier ist mein(e) …	Bu benim …
Geld/Pass/ Personalausweis/ Kfz-Schein/ Versicherungskarte.	param/passaportum/ nüfus cüzdanım/ arabamın kağıdı/ sigorta karte.
Ich fahre nach … und bleibe … Tage/ Wochen.	Ben … gideceğim ve … gün kalacağım/ hafta.
Ich möchte eine Anzeige erstatten.	Ben bir şikayet de bulunacağım.
Man hat mir …	Benim …
Geld/die Tasche die Papiere/ die Schlüssel/ den Fotoapparat/ den Koffer/ das Fahrrad gestohlen.	paramı/ çantamı evraklarımı/ anahtarlarımı/ fotoğraf makinemi/ valizimi/ bisikletimi çaldılar.
Verständigen Sie bitte das Deutsche Konsulat.	Lütfen arayın Alman Konso- losluğunu.

Freizeit

Ich möchte ein …	Ben bir tane …
Fahrrad/	bisiklet/
Motorrad/	motorsiklet/
Surfbrett/	surfboard/
Mountainbike/	dağ bisikleti/
Boot/ Pferd mieten.	kayık/ at kiralamak istiyorum.
Gibt es ein(en) …	Yakında bir …
Freizeitpark/	eğlence parkı/
Freibad/	açık yüzme havuzu/
Golfplatz in der Nähe?	golf sahası varmı?
Wo ist die (der) nächste Bademöglichkeit/ Strand?	En yakın … yüzme imkanı/ sahil?
Wann hat … geöffnet?	… ne zaman açık?

Bank, Post, Telefon

Ich möchte Geld wechseln.	Ben para bozdurmak istiyorum.
Brauchen Sie meinen Ausweis?	Kimliğimi isti- yormusunuz?

Hinweise zur Aussprache

c	wie ›dsch‹, Bsp.: Naci = Na*dsch*i, Haci = Ha*dsch*i
ç	wie ›tsch‹, Bsp.: Çoban = *Tsch*oban
ğ	Bsp.: Oğlan = Owlan (das w nur mitschwingen lassen, wie im Englischen: Howard)
ı	(i ohne Punkt) zwischen ›a‹ und ›i‹ liegend
ş	wie ›sch‹

185

Wo soll ich unterschreiben?	Nereye imza atmam gerekir?
Ich möchte eine Telefonverbindung.	Ben telefon açmak istiyorum.
Wie lautet die Vorwahl für …?	… telefon kodu nedir?
Wo gibt es … Münzen für den Fernsprecher/ Telefonkarten/ Briefmarken?	Telefon kulübesi için jeton/ Telefon kartı/ Posta pulu … nerede var?

Tankstelle

Wo ist die nächste Tankstelle?	En yakın benzinlik nerede?
Ich möchte … Liter … Super/ Diesel/ bleifrei/ verbleit mit … Oktan.	Ben … litre … süper/ dizel/ kurşunsuz/ kurşunlu … oktanlı istiyorum.
Volltanken, bitte!	Lütfen depoyu doldurun!
Bitte prüfen Sie … den Reifendruck/ den Ölstand/ den Wasserstand/ das Wasser für die Scheibenwischanlage/ die Batterie.	Lütfen … teker basıncını/ yağ durumunu/ su seviyesini/ cam sileceği için su/ aküyü … kontrol edin.
Würden Sie bitte … den Ölwechsel vornehmen/ den Radwechsel vornehmen/ die Sicherung austauschen/ die Zündkerzen erneuern/ die Zündung nachstellen.	Lütfen … yağ değişimini yapınız/ teker değişimini yapınız/ sigortayı değiştirin/ bujileri değiştiriniz/ ateşlemeyi ayarlayınız.

Panne, Mietwagen

Ich habe eine Panne.	Benim arabam arızalandı.
Der Motor startet nicht.	Motor çalışmıyor.
Ich habe die Schlüssel im Wagen gelassen.	Ben anahtarları araba da unuttum.
Ich habe kein Benzin.	Benim benzinim kalmadı.
Gibt es hier in der Nähe eine Werkstatt?	Burada yakında bir tamirhane varmıdır?
Können Sie meinen Wagen abschleppen?	Arabamı çeke bilirmisiniz?
Können Sie den Wagen reparieren?	Arabayı tamir edebilirmisiniz?

Bis wann?	Ne zamana kadar?
Ich möchte ein Auto mieten.	Ben bir araba kiralamak istiyorum.
Was kostet die Miete pro Tag/pro Woche/ mit unbegrenzter km-Zahl/ mit Kaskoversicherung/ mit Kaution?	Günlük/Haftalık/ Sınırsız kilometre/ Kasko ile sigorta/ Kapora … kiralama fiyatı ne kadar?
Wo kann ich den Wagen zurückgeben?	Ben arabayı nerede geri teslim edebilirim?

Unfall

Hilfe!	Yardım!
Achtung!/Vorsicht!	Dikkat!
Rufen Sie bitte schnell … einen Krankenwagen/ die Polizei/ die Feuerwehr.	Lütfen, acilen … bir ambulanz/ polisi/ itfaiyeyi çağırınız.
Es war (nicht) meine Schuld.	Bu benim suçum (değildi).
Geben Sie mir bitte Ihren Namen und Ihre Adresse.	Lütfen bana isminizi ve adresinizi veriniz.
Ich brauche die Angaben zu Ihrer Autoversicherung.	Bana hakkında bilgi vermeniz gerekir araba sigortanız.

Krankheit

Können Sie mir einen guten deutschsprechenden Arzt/ Zahnarzt empfehlen?	Siz bana iyi Almanca konuşan bir doktor/ bir diş doktoru tavsiye edebilirsiniz?
Wann hat er Sprechstunde?	Ne zaman görüşme saatı var?
Wo ist die nächste Apotheke?	En yakın eczane nerede?
Ich brauche ein Mittel gegen … Durchfall/ Halsschmerzen/ Fieber/ Insektenstiche/ Verstopfung/ Zahnschmerzen.	Benim … ishale/ boğaz ağrısına/ ateşe/ böcek ısırmasına/ kabıza/ diş ağrısına … karşı ilaca ihtiyacım var.

Im Hotel

Können Sie mir ein Hotel/eine Pension empfehlen?	Siz bana bir hotel/ bir pansiyon tavsiye edebilirmisiniz?

h habe bei Ihnen ein Zimmer reserviert.	Ben sizde bir oda rezervasyon yaptım.
▪aben Sie …	Sizde …
ein Einzelzimmer/	bir kişilik/
Doppelzimmer …	iki kişilik …
mit Bad/Dusche/	banyolu/duşlu/
für eine Nacht/	bir geceliğine/
für eine Woche/	bir haftalığına/
mit Blick aufs Meer?	deniz gören bir oda varmı?
Vas kostet das Zimmer	Oda fiyatı ne kadar
mit Frühstück/	kahvaltı ile/
mit Halbpension/	yarım pansiyon/
mit Vollpension?	tam pansiyon?
Wie lange gibt es Frühstück?	Kahvaltıyı saat kaça kadar veriyorsunuz?
Wie ist hier die Stromspannung?	Buradaki cereyan akımı nasıl?
ch reise heute Abend/ morgen früh ab.	Ben bu akşam/ yarın sabah erkenden ayrılıyorum.
Haben Sie ein Faxgerät/ einen Hotelsafe?	Sizde faks/ emanet kasası var mı?
Nehmen Sie Kreditkarten an?	Kredi kartı alıyormusunuz?
Kann ich Geld wechseln?	Para bozdura bilirmiyim?

Im Restaurant

Wo gibt es ein gutes/ günstiges Restaurant?	Nerede iyi/ hesaplı bir restoran vardır?
Die Speisekarte/ Getränkekarte, bitte.	Yemek listesi/ içecek listesi, lütfen.
Welches Gericht können Sie besonders empfehlen?	Özellikle hangi yemeği tavsiye edebilirsiniz?
Ich möchte das Tagesgericht/Menü …	Ben günün menüsünü/ menüyü … istiyorum.
Ich möchte nur eine Kleinigkeit essen.	Az bir şey yemek istiyorum.
Haben Sie vegetarische Gerichte?	Sizde vejetaryan yemekleri varmı?
Haben Sie offenen Wein?	Açık şarabınız varmı?
Welche alkoholfreien Getränke haben Sie?	Alkolsüz içeceklerden hangileri mevcut?
Haben Sie Mineralwasser mit/ ohne Kohlensäure?	Sizde madensuyu/ asitsiz maden- suyunuz varmı?
Das Steak bitte … englisch/ medium/ durchgebraten.	Bu bonfileyi, lütfen … ingiliz/ medyum/ iyi pişmiş.
Können Sie mir bitte … ein Messer/ eine Gabel/ einen Löffel geben?	Bana, lütfen … bir bıçak/ bir çatal/ bir kaşık … verebilirmisiniz?
Darf man rauchen?	Sıgara içiliyormu?
Die Rechnung, bitte!	Hesap, lütfen!

Essen und Trinken

Apfel	elma
Apfelsine	portakal
Aubergine	patlıcan
Banane	muz
Bier	bira
Braten	kızartma
Brot/Brötchen	ekmek
Butter	tereyağ
Ei yumurta	
Eintopf	güveç
Eiscreme	dondurma
Erdbeere	çilek
Espresso	espresso
Espresso mit einem Schuss Milch	sütlü espresso
Essig	sirke
Fisch	balık
Flasche	şişe
Fleisch	et
Fleischspieße	şiş
Fruchtsaft	meyva suyu
Frühstück	kahvaltı
Geflügel	kanatlı hayvan eti
Gemüse	sebze
Glas	bardak
Gurke	salatalık
Hackfleischspieße	köfte
Honigmelone	kavun
Huhn	tavuk
Kaffee	kahve
Kalb	dana
Kartoffeln	patates
Käse	peynir
Kebap	kebap
Kirschen	kiraz
Knoblauch	sarmısak
Krug/Karaffe	bir fincan
Meeresfrüchte	deniz ürünü
Milch	süt
Milchkaffee	sütlü kahve
Mineralwasser	madensuyu
Nachspeisen	deser
Öl	yağ
Oliven	zeytin
Orangensaft	portakal suyu
Pfeffer	karabiber
Pilze	mantar
Reis	pilav
Rindfleisch	sığır eti
Salat	salata
Salz	tuz
Schinken	pastırma
Suppe	çorba
Süßigkeiten	tatlı
Tee	çay
Thunfisch	tonbalığı
Vorspeisen	meze
Wassermelone	karpuz
Wein	şarap
Weintrauben	üzüm
Zucker	şeker

ADAC

Mehr erleben, besser reisen

Ägypten	■	■	Ibiza & Formentera	■	■	Polen	■	■
Algarve	■	■	Irland	■	■	Portugal	■	■
Allgäu	■	■	Israel	■		Prag	■	■
Alpen – Freizeitparadies	■		Istanbul	■	■	Provence	■	■
Amsterdam	■	■	Italien – Die schönsten Orte und Regionen	■	■	Rhodos	■	■
Andalusien	■	■	Italienische Adria	■	■	Rom	■	■
Australien	■		Italienische Riviera	■	■	Rügen, Hiddensee, Stralsund	■	
Bali & Lombok	■	■						
Baltikum	■	■	Jamaika	■		Salzburg	■	■
Barcelona	■	■				St. Petersburg	■	■
Bayerischer Wald	■	■	Kalifornien	■	■	Sardinien	■	■
Berlin	■	■	Kanada – Der Osten	■	■	Schleswig-Holstein	■	■
Bodensee	■	■	Kanada – Der Westen	■	■	Schottland	■	■
Brandenburg	■	■	Karibik	■		Schwarzwald	■	■
Brasilien	■		Kenia	■		Schweden	■	■
Bretagne	■	■	Korfu & Ionische Inseln	■	■	Schweiz	■	■
Budapest	■	■				Sizilien	■	■
Bulgarische Schwarz- meerküste	■	■	Kreta	■	■	Spanien	■	■
Burgund	■		Kroatische Küste – Dalmatien	■	■	Südafrika	■	■
			Kroatische Küste – Istrien und Kvarner Golf	■	■	Südengland	■	
City Guide Germany	■					Südtirol	■	■
Costa Brava und Costa Daurada	■		Kuba	■	■	Sylt	■	
Côte d'Azur	■	■	Kykladen	■				
						Teneriffa	■	■
Dänemark	■	■	Lanzarote	■	■	Tessin	■	
Deutschland – Die schönsten Autotouren		■	Leipzig	■	■	Thailand	■	■
Deutschland – Die schönsten Orte und Regionen	■	■	Lissabon	■	■	Thüringen	■	■
			London	■	■	Toskana	■	■
						Trentino	■	■
Deutschland – Die schönsten Städtetouren	■		Madeira	■	■	Tunesien	■	
Dominikanische Republik	■		Mallorca	■	■	Türkei – Südküste	■	■
Dresden	■	■	Malta	■	■	Türkei – Westküste	■	■
Dubai, Vereinigte Arab. Emirate, Oman	■	■	Marokko	■	■			
			Mauritius & Rodrigues	■	■	Umbrien	■	
			Mecklenburg-Vorpommern	■	■	Ungarn	■	■
Elsass	■	■				USA – Südstaaten	■	
Emilia Romagna	■		Mexiko	■		USA – Südwest	■	■
			München	■	■	Usedom	■	■
Florenz	■	■						
Florida	■	■	Neuengland	■	■	Venedig	■	■
Franz. Atlantikküste	■	■	Neuseeland	■	■	Venetien & Friaul	■	
Fuerteventura	■		New York	■	■			
			Niederlande	■	■	Wien	■	■
Gardasee	■	■	Norwegen	■	■			
Golf von Neapel	■	■				Zypern	■	■
Gran Canaria	■	■	Oberbayern	■	■			
			Österreich	■	■			
Hamburg	■	■	Paris	■	■	■ **ADAC Reiseführer**		
Harz	■	■	Peloponnes	■		144 bzw. 192 Seiten		
Hongkong & Macau	■		Piemont, Lombardei, Valle d'Aosta	■	■	■ **ADAC Reiseführer plus** (mit Extraplan) 144 bzw. 192 Seiten		

Stand: 11/2011   Foto: © photocreo – Fotolia.com

Mehr erleben, besser reisen … mit ADAC Reiseführern!

Register

odal Musa, Derwisch 73
dana 165–169, 180, 181
  Archäologisches Museum 167
  Ethnographisches Museum 169
  Hasan Ağa Camii 169
  Sabancı Merkez Camii 168
  Taş Köprü 168
  Ulu Cami 168, 180
dana, Provinz 163 f., 182
etheria, Nonne aus Bordeaux 150
grippina, Gemahlin des Germanicus 53
idap siehe Iotape
k-Dağ 37
Akurgal, Ekrem 35
kşu Çayı 108, 113
laeddin Kaykobad, Sultan 95, 116, 137, 140
lahan 14, 146, **153 ff.**
Alanya 8, 13, 90, 124, **139–144**, 147, 180
lara Çayı 136, 138
Alara-Han 137 f.
lara Kale 138
Alexander d. Gr. 12, 13, 18, 20, 35, 39, 64, 79 f., 82, 83 f., 89, 100, 117, 119, 127, 165 f.
Alketas, mak. Feldherr 100, 104
Altınkaya Köyü 124
Altınkaya siehe Selge
Amasis, ägypt. König 80
Amphilochos 12
Andrakos, Fluss 61, 62
Anamur 146, 147, **148 ff.**
  Mamure Kalesi 148, 149, **150**
  Stadt, antike 149 ff.
  Zitadelle 150
Andriake 41, **61 ff.**
Anemourion siehe Anamur
Antalya 13, 80, 88, **90–100**, 107, 108, 180, 181
  Alaeddin Camii (Ulu Cami) 95 f.
  Altstadt, südöstliche 91 ff.
  Atatürk-Denkmal 94
  Basar 96
  Hafen 91, **94 f.**
  Hıdırlık Kulesi 93
  Hadrianstor **91**, 93
  Iskele Camii 94
  Karatay Medrese 96
  Kesik Minare 92
  Konakturm 96
  Konvent der Mevlani-Derwische 95
  Lara-Strand 88
  Medrese 96
  Mehmet Bey Türbe 95
  Murat Paşa Camii 96
  Museum 14, 28, 64, 68, 75, **96 ff.**, 107, 108, 110, 116, 136
  Nigar Hatun Türbe 95
  Stadtpark 93
  Stadtviertel, nördliches 92 ff.
  Stadtviertel, seldschukisches 95
  Tekeli Mehmet Paşa Moschee 96, 180
  Yivli Minare 3, 95 f.

Antigonos, mak. Feldherr 39, 100
Antiocheia ad Cragum 148
Antiochos III. 127
Antiochos IV. 148
Antiochos VII. 127
Antiphellos siehe Kaş
Antoninus Pius, röm. Kaiser 13, 133
Aperlai 50
Aristoteles 80, 151
Arrian 35, 108, 117
Arrtum̄para, Herrscher über Telmessos 67
Artaxerxes III., pers. König 30
Arykanda 69 ff.
Arykandos, Fluss 69
Asas Dağ 48
Asitawanda 12, 170, 171
Aspendos 9, 12, 88, 89, 108, **115–121**, 136
  antike Stadt 119
  Aquädukt 119, **120 f.**
  Brücke, seldschukische 115 f.
  Theater 7, 116, **117 ff.**
Atatürk (Mustafa Kemal) 13, 14, 15, 90, 94, 123
Attaleia siehe Antalya
Attalos II. 13, 90, 101
Augustus, röm. Kaiser 13, 67
Avlanbeli-Pass 72
Avlan-See 72
Ayas 162
Ayatekla 150 f., 155

B

Bakırlı Dağ 99
Bayburtluoğlu, Cevdet 70
Bean, George E. 34, 35, 46, 48, 54, 56, 75, 77, 102, 114, 124
Beaufort, Sir Francis 128
Bektaschı-Orden 67, 73
Belek 121, 181
Beldibi 12, **87**
Bellerophon 20, 32, 78, 100
Beyazıt I. Yıldırım, Sultan 13, 64
Beyazıt II., Sultan 95
Bezoarziege 105 f.
Bodrumkale 170
Borchhardt, Jürgen 54, 64 f.
Bossert, Hellmuth 170
Bozburun Dağı 123, 125
Brutus, röm. Politiker 24
Büyük Şelale 135

C

Caesar, Gaius Julius, röm. Imperator 147
Cambazlı 161 f.
Çambel, Halet 170
Caracalla, röm. Kaiser 111
Cennet ve Cehennem siehe Korykische Grotten
Chimaira/Chimäre 12, 20, 76, **78 f.**
Cicero, Marcus Tullius 108
Ciller, Tansun 15
Cockerell, Charles Robert 64
Çukurova 10, 166
Curtius Auspicatus 117
Curtius Crispinus 117

D

Dekadrachemenort **73**, 98, 127
Demetrios Poliorketes 39
Demircili 155
Demirel, Suleyman 14
Demosthenes 136
Demre siehe Myra
Dilek Mağarası, Tropfsteinhöhle 160
Diodoros Siculus 100
Diokaisareia siehe Uzuncaburç
Diokletian, röm. Kaiser 13, 128, 147
Düzlerçamı-Nationalpark 106 f., 181

E

Elaioussa Sebaste 162
Elmalı, Hochebene von 70, 72 f.
Elmalı 12, **72 f.**
Elmalı Dağ 72
Erbakan, Necmettin 14, 15, 123
Eudemus von Patara 39
Eurymedon siehe Köprü Çayı
Eustathios, byzant. Admiral 160
Evliya Çelebi 64, 153

F

Fellows, Charles 22, 24, 25, 32, 34, 35, 56, 65, 70, 128
Fethiye 19– 24, 56
Finike 64, 180
Forbes, E. 34, 64
Friedrich I. Barbarossa 13, 151, 152

G

Gaius Caesar, Augustus-Enkel 64, 67
Gazipaşa 148
Gelemiş 39
Germanicus 53
Geta, röm. Kaiser 111
Ghiyaseddin Kayhosrau II. 137, 138
Göcek 22
Göksu Çayı (Silifke Çayı) 13, 145, 146, 151, 152, 153, 181
Gottfried von Bouillon 163
Gregor von Nazianz 150
Gülek Boğazı 163
Güllük Dağı 100, **104 f.**, 181
Güver-Schlucht 106

H

Hadrian, röm. Kaiser 41, 62, 63, 80, 82, 83, 91, 97, 112, 148
Halikarnassos 27, 80
Halil Paşa 168
Hannibal 104, 127
Hardun (Agama stellio) 40
Harpagos, pers. Feldherr 24
Herodot 24, 39, 80, 136
Hesiod 136
Hierapolis Kastabala 170
Homer 12, 18, 20, 24, 25, 100

I

Inan, Jale 136
Incekum 139
Iotape 148
Isinda 50

J

Jason, Sohn des Nikostratos 48
Julia Domna, Gemahlin des
  Septimus Severus 97, 111

K

Kalchas 108, 112, 124
Kale **51**
Kale (Simena) siehe Simena
Kale Köy siehe Tlos
Kalkan 43–44
Kalykadnos siehe Göksu Çayı
Kanlı Ali 32, 33
Kanlıdivane 162
Kanytela 162
Kapıtaş-Strand 43
Kara Ada, Insel 50
Karabucak 165
Karaburun 139
Karain, Höhle 12, 89, 97, **107**
Karamanbeyli-Pass 68
Karataş Semayük 72
Karataş Kumluğu 181
Karatepe 12, **169–171**
Karatepe-Nationalpark **169 ff.,**
  181
Karpi-Bucht 22
Kaş 45–47, 50
Kaya Köyü 23
Kaygusuz Abdal, Sultan 73
Kekova, Bucht von **51**
Kekova, Insel 46, 50, **51**
Kelendris 150
Kemal, Yaşar 166
Kemer 76, **84–87,** 180, 181, 182
Kestros siehe Akşu Çayı
Kherei, Sohn des Harpagos 27
Kilikien 6, 12, 13, **145–171**
Kilikische Pforte 163 f.
Kimon, athen. Feldherr 12, 80,
  116
Kılıc Arslan, Seldschukenfürst
  137, 152
Kınık siehe Xanthos
Kızıl Dağ 21
Kızkalesi siehe Korykos
Kleopatra, ägypt. Königin 13, 140,
  164
Knidos 80
Koca Çayı siehe Xanthos, Fluss
Kocadere 124
Köprü Çayı 80, 115 f., 121, 124, 181
Köprü-Schlucht 123, 125
Köprülü Kanyon-Nationalpark
  123 f., 181
Konstantin IX. Monomachos 58
Konstantin VII. Porphyro-
  gennetos 12, 57, 128
Korakesion siehe Alanya
Korkuteli 72
Korydalla 75
Korykische Grotten 145, **159,** 181
Korykos 145, 146, **160 f.**
Kumluca 75, 98
Kyaneai 48 f.
Kydnos siehe Tarsus Çayı

L

Laertes 147
Lamas-Fluss 145, 162
Letoon 18, 22, **29,** 43
Licinius, röm. Kaiser 132
Liman Kalesi 150
Limonlu 162
Limyra 12, 27, **62–68**
Limyros, Fluss 64
Livissi siehe Kaya Köyü
Livius, Titus 127
Lollianus 129
Lucius Aelius Caesar, Adoptiv-
  sohn Hadrians 125
Lykien 12, **18–87**
Lykischer Bund 12, 19, 31, 39, 40,
  50, 53, 64, 69, 75, 77, 80
Lykischer Taurus 6, 18, 72, 76, 84, 93
Lykurg 136
Lyrbe 135

M

Makri siehe Fethiye
Manavgat 4, 129, **135,** 180
Manavgat Çayı 135
Mansel, Arif Müfid 108, 129
Marc Aurel, röm. Kaiser 78, 118
Marcus Antonius 13, 140, 164
Mausolos von Halikarnassos 27,
  80
Mavi Mağara 43
Maximus, röm. Kaiser 69
Megiste, griech. Insel 44, 46
Melas siehe Manavgat
Melesandros von Athen 27
Menekrates 35
Mersin/Içel 146, 147, 161, **162,** 180
Meryamlık 13, **150 f.,** 155
Methodius, Bischof von
  Olympos 77
Mettius Modestus 40
Minare 35
Mopsos 12, 75, 89, 108, 114, 116
Mustafa Paşa 169
Mut 155
Myra 9, 19, 32, 50, **53–61,** 63

N

Narlıkuyu 158 f., 160
Nektareios 136
Nikolaus, Heiliger, Bischof von
  Myra 13, 19, 39, 54, **57 f.,** 59
Nikolaus, Zar von Russland 59
Nollé, Johannes 135

O

Ölü Deniz 7, 19, **22 f.,** 182
Özal, Turgut 14, 15
Olympos 76 ff., 80
Opramoas von Rhodiapolis 26,
  32, 34, 39, 53, 64, 75, 76
Ovid 20, 29

P

Pamphylien 6, 12, 13, 88, 89, 101,
  108, 114
Parmenion, mak. Feldherr 84
Patara 13, 39 **–42,** 62, 182
Paulus, Apostel 13, 19, 39, 53, 94,
  108, 150, **164**

Pausanias 80
Pegasos (Fabelwesen) 20, 32
Perge 4, 9, 13, 88, 97, 98, **108–113**
  Agora 113
  Akropolisnymphäum 112 f.
  Grabmal der Plancia Magna
    110
  Nymphäum 111
  Prachtstraße 112
  Stadion 110
  Stadtmauer 113
  Stadttor 110 f., 129
  Tempel der Artemis Pergaia
    13, **108**
  Theater 109 f.
  Thermen 111, 113
Perikles von Limyra 12, 20, 63 f.
Phaselis 12, 20, 61, 63, 76, **79–84**
Phellos 44
Phoinikos siehe Finike
Pinara 32, **35 –39,** 40
Pisidien 89, 100
Pixodaros, pers. Satrap 30
Plancia Magna 97, 110, 112
Plinius d. Ä. 44
Plutarch 80, 164
Poimenion, röm. Statthalter 158
Polybios 125
Pompeioupolis siehe Mersin/Içe
Pompeius Magnus 13, 140, 147
Ptolemaios III. 152
Pythagoras 136

R

Rhodiapolis 53, 75 f.
Rhodos 64, 75, 79

S

Sabina, Gemahlin Kaiser
  Hadrians 41, 62, 63, 91, 97
Şahinkaya 70
Saklıkent 23, 43, 98
Saleph siehe Göksu Çayı
Schapur I. 147
Scharf, George 35
Schildkröte (Caretta caretta)
  39, 40
Seleukeia siehe Silifke
Seleukeia (Bucakşihler) 98,
  135–137
Seleukos I. Nikator 146, 151, 158
Selge 13, 121, **124 f.**
Selim I., Sultan 163
Selimiye siehe Side
Selinous siehe Gazipaşa
Septimius Severus,
  röm. Kaiser 69, 97, 111
Serapsu-Han 139
Severus Alexander,
  röm. Kaiser 69, 164
Şeytan Deresi 161
Side 4, 9, 18, 39, 88, 90, 98, 116,
  125–134, 180
Silifke 13, 98, 145, 150, **151 ff.,** 180
Sillyon 110, **114 f.,** 117, 130
Simena 49, **50 ff.,** 63
Sinan, Architekt 169
Softa Kalesi 150
Soloi siehe Mersin/Içel
Solon 136
Solymos siehe Güllük Dağı
Spratt, Theodore A. 34, 46, 64
Strabo 19, 53, 77, 81, 124, 151, 159
Syedra 147

htalı Dağ 77, 81, 82
ırsos/Tarsus 13, **163ff.**, 167, 181
ırsus-Delta 165
ışucu 152
ekkeköy 73
ekirova 85
elmessos siehe Fethiye
ermessos 49, **100–104**
ermessos-Nationalpark 105ff., 181
ersane, Ort 50, 52
ersane, Insel 22
exier, Charles 22, 108
hekla, Heilige 13, 150
heodektes 79f., 82
heodosius I. 13, 39
heodosius II. 54
hukydides 136
los **30**, 37, 70
oçağ Dağı 64
okmar Kalesi 150
oprak Ada, Insel 50
raianopolis siehe Gazipaşa

Trajan, röm. Kaiser 62, 90, 97, 148
Türkische Riviera 7, **88–144**

Üçağız 49f.
Uzuncaburç 146, 155, 156, **157**

Verres, Gaius 13, 108, 117
Vespasian, röm. Kaiser 40, 133f., 147
Vilia Procula 40

W

Wurster, Wolfgang 35

X

Xanthos 12, **24–28**, 40, 43, 63
  Agora, römische 27
  Akropolis, lykische 26
  Akropolis, römische 28
  Harpyien-Monument 24f.
  Inschriftenpfeiler 27
  Kloster, byzantinisches 28
  Löwen-Sarkophag 28
  Nekropole 28
  Nereïden-Monument 24, **27**, 68
  Pfeilergrab 24f.
  Sarkophag der Tänzerinnen 28
  Theater 25f.
  Vespasians-Bogen 27
Xanthos, Fluss 24, 26, 31, 35
Xenarchos 151

Y

Yanartaş 78
Yavu 47
Yümüktepe 165, 167

Z

Zeniketes, Seeräuber 77
Zenon, Baumeister 118
Zenon, byzant. Kaiser 151, 155

Impressum

Chefredakteur: Dr. Hans-Joachim Völse
Textchefin: Dr. Dagmar Walden
Chef vom Dienst: Bernhard Scheller
Lektorat und Bildredaktion:
Johannes Graf von Preysing
Aktualisierung: Thomas Paulsen
Klappenkarten: ADAC e.V. Kartografie/KAR
Karten Innenteil: Mohrbach Kreative Kartographie
Layout: Martina Baur
Herstellung: Ralph Melzer
Druck, Bindung: Rasch Druckerei und Verlag
Printed in Germany

Ansprechpartner für den Anzeigenverkauf:
Kommunalverlag GmbH & Co KG,
MediaCenterMünchen, Tel. 089/92 80 96 44

ISBN 978-3-89905-976-2

Neu bearbeitete Auflage 2012
© ADAC Verlag GmbH, München

Das Werk einschließlich aller seiner Teile ist urheberrechtlich geschützt. Jede Verwendung ohne Zustimmung des Verlags ist unzulässig und strafbar. Das gilt insbesondere für Vervielfältigungen, Übersetzungen, Mikroverfilmungen und die Verarbeitung in elektronischen Systemen. Die Daten und Fakten für dieses Werk wurden mit äußerster Sorgfalt recherchiert und geprüft. Wir weisen jedoch darauf hin, dass diese Angaben häufig Veränderungen unterworfen sind und inhaltliche Fehler oder Auslassungen nicht völlig auszuschließen sind. Für eventuelle Fehler können die Autoren, der Verlag und seine Mitarbeiter keinerlei Verpflichtung und Haftung übernehmen.

Bildnachweis

Titel:
Traumstrand bei Kalkan.
Foto: AWL Images (Masterfile)

AKG: 14 – **AP**: 15 – **Werner Dietrich**: 8.1 – **Rainer Hackenberg**: 74.3 – **Hillside SU**: 5.4 (Wh.), 99 – **Huber Bildagentur**: 2.1 (Wh.), 4.1 (Wh.), 3.3 (Wh.), 89, 126, 127 (Schmid) – **imagetrust**: 44 (Franken) – **Lonely Planet Images**: 11.3 (Dallas Stoibley) **imago**: 60 (Bahnmüller) – **Jahreszeiten Verlag**: 93, U4.1 (Schmitz) – **Waltraud Klammet**: 63, 65, 161 – **Siegfried Kuttig**: 20 – **laif**: 77 (N.N.), 16, U4.2 (Jens Schwarz), 19, 45.2, 47, 52, 113, 134 (Tueremis), 24, 25, 38, 40 (Knop), 2.2 (Wh.), 4.4 (Wh.), 5.2 (Wh.), 23, 32, 81, 83, 120.2, 123, 135.2 (Harscher), 34 (Celentano), 49, 68 (Amme), 55 (Liebsch), 4.4 (Wh.), 5.3 (Wh.), 116, 122 (Schliack), 141 (Standl) – **Knut Liese**: 3.4 (Wh.), 7.2, 10.2, 61, 71, 72, 88, 103, 105, 131, 138, 144, 145, 147, 150, 155, 156, 163, 170 (2), 171 – **Masterfile**: 59 (Harding) – **Mauritius**: 41 (Spirit), 43, 84, 86, 143.2 (World Pictures), 7.1, 31, 50, 112, 117 (Wh.), 119, 157.2 (N.N.), 2.4 (Wh.), 91, 95, 140 (Özdemir), 101 (imagebrokers), 87 (Pigneter), 5.1 (Wh.), 97.2, 149 (AGE), 139 (Kaiser) – **Werner Neumeister**: 3.2 (Wh.), 6, 7.3, 8.2, 9.1, 29, 57, 125, 143.1, 146 (2), 151, 152, 167, 169 – **picture alliance**: 79 (dpa) – **Werner Stuhler**: 3.1 (Wh.), 9 unten, 21, 96, 118 – Wilkin Spitta: 28, 36, 39, 56, 58, 106, 158 – **Ernst Wrba**: 120.1, 121, 132, 137, 159, 160 – **Erika Wünsche**: 109, 153, 154, 156.2, 164 (2) – **Martin Thomas**: 2.3 (Wh.), 4.3, 11.2, 37, 74.1, 74.2, 74.4, 76, 85, 97.1, 133 – **Ulstein Bild**: 115

191

Für Ihren Urlaub: Die Reisemagazine vom ADAC.

Alle zwei Monate neu.

www.adac.de/shop